Heinrich Ludolf Ahrens

Über die Göttin Themis

Heinrich Ludolf Ahrens
Über die Göttin Themis
ISBN/EAN: 9783743333000
Manufactured in Europe, USA, Canada, Australia, Japa
Cover: Foto ©Lupo / pixelio.de

Heinrich Ludolf Ahrens

Über die Göttin Themis

Schulnachrichten des Lyceums zu Hannover.

Ostern 1862.

Daneben
1) Ueber die Göttin Themis. Erster Theil.
2) Plan einer Einrichtung von Parallelklassen zu dem Lyceum und der H. Bürgerschule.

Vom
Director Dr. H. L. Ahrens.

Hannover.
Schrift und Druck von Fr. Culemann.
1862.

Die Göttin Themis.

Von

Dr. Heinrich Ludolf Ahrens, Director.

Erste Abtheilung.

Die Göttin Themis.

Die Göttin Themis spielt in dem griechischen Götterglauben anscheinend nur eine untergeordnete Rolle, ist aber nichtsdestoweniger für die älteste Geschichte des griechischen Geistes eine sehr bedeutsame Erscheinung, welche eine eingehende Betrachtung wohl verdient. In der neuesten Zeit hat sie an Interesse noch dadurch gewonnen, daß in den lebhaften Discussionen über den Aeschylischen Prometheus auf die anscheinende Neuerung des Dichters dem Prometheus die Themis zur Mutter zu geben mehrseitig ein großes Gewicht gelegt und in diesem Umstande gewissermaßen der Schlüssel zum Verständnisse des tiefsinnigen Werkes gesucht ist. Um nun das Wesen dieser Gottheit sicherer zu erkennen, will ich 1) die alten Ueberlieferungen über die Themis zusammenstellen, 2) den älteren Gebrauch des appellativen θέμις mit seiner Sippe besprechen, 3) die richtige Etymologie des Namens darzulegen suchen, 4) die Symbole der Themis nachweisen und besprechen, endlich 5) zu der Betrachtung des Wesens und der Bedeutung der Göttin zurückkehren.*)

---

*) Ich fühle mich verpflichtet mit dem größten Danke anzuerkennen, daß bei dem beklagenswerthen Mangel an archäologischen Hülfsmitteln in hiesiger Stadt ein wesentlicher Theil dieser Schrift nur durch die ausgezeichnete Gefälligkeit des Hrn. H. Kestner möglich geworden ist, welcher mir theils aus dem Kestner'schen Museum theils aus seiner Privatbibliothek viele werthvolle Werke aufs bereitwilligste zur Benutzung überlassen und mich theilweise mit förderndem Rathe unterstützt hat. Anderes habe ich meinen Freunden Grotefend hierselbst, Hoeck und Wieseler in Göttingen zu verdanken; manches habe ich schmerzlich vermißt.

Abschn. I. Ueberlieferungen aus dem Alterthum.

A. **Schriftliche Ueberlieferungen.**

§ 1. Die gewöhnliche Ueberlieferung seit der hesiodischen Theogonie zählt Themis zu den Titanen, den Kindern des Uranos und der Gaea [1]). Nicht erheblich ist die Abweichung, wenn Hygin Praef. ihr wie den Titanen, von denen sie hier gesondert ist, Aether und Terra zu Eltern giebt; denn Aether ist offenbar nur eine andere Benennung für Uranos. Nur durch Irrthum scheint sie auch Tochter des Kronos genannt zu werden [1b]). Eigenthümlicher wird sie von Lykophron vs. 129 als Tochter des Helios bezeichnet. Mit der vorherrschenden Annahme stimmt es, wenn sie wiederholt eine alte Göttin genannt wird, Aesch. Pr. 876 παλαιγενής (wie Kronos Pr. 222 und die Moeren Eum. 173), Apollon. IV, 800 πρέσβειρα, Aristid. I p. 837 θεῶν ἡ πρεσβυτάτη, Claudian. Rapt. Pros. I, 217 longaeva, Serv. ad Aen. 4, 246 antiquissima

---

[1]) Hesiod. Th. 135; Apollod. I, 1, 3; Diod. V, 66; Orph. fr. 8, 22 (Lobeck Aglaoph. p. 505); Clem. Hom. 6, 2; Cornut. 17, 178. Als Τιτανίς wird sie auch Clem. Strom. I, p. 133, 34 Pott., Scholl. D. Il. T. 94, bezeichnet und von Aeschylos Pr. 877, Eum. in., an der letzteren Stelle zugleich als Tochter der Γαῖα oder Χθών, wie denn die Titanen nach Pr. 207 Οὐρανοῦ τε καὶ Χθονός τέκνα sind. Tochter des Uranos und der Gaea heißt Themis Orph. h. 78, der Gaea Eur. Iph. T. 1259, Paus. X, 5, 3. Die Abkunft vom Uranos wird auch durch das Epitheton οὐρανία, richtiger Οὐρανία, Pind. fr. 7 bezeichnet, vgl. Aesch. Pr. 164 δάμναται οὐρανίαν γένναν (besser Οὐρανίαν, Sch. Med. τὴν Τιτανικήν, τὴν ἐξ οὐρανοῦ, scr. Οὐρανοῦ); denn Themis wird dort erst zum Olymp geführt und dadurch eine θεά οὐρανία, s. Anm. 5. In Soph. El. 1064 ist der Sinn des Beiwortes zweifelhafter, s. unten.

[1b]) Menand. π. ἐπιδ. IX p. 152. Walz. tadelt, wenn sich ein Mythus widerspricht, ὥσπερ ἐν ἐκείνῳ τῷ μύθῳ, ὅτι Ζεὺς πρὸ πάντων ἐγένετο, καὶ θεῶν ἁπάντων ἐστὶ πατήρ, καὶ τὴν Θέμιν, οὖσαν τοῦ Κρόνου, τὸ παλαιὸν γυναῖκα ἠγάγετο. ἦν μὲν γὰρ πρὸ πάντων καὶ Θέμιδος (Walz unrichtig mit Heeren Θέμις)· εἰ δ' ἦν πρὸ Διὸς Θέμις, οὐ πρὸ πάντων. Es wird zu schreiben sein Θέμιν, οὖσαν τοῦ Οὐρανοῦ τὸ παλαιὸν, γυναῖκα ἠγάγετο. Uebrigens scheint Menander die orphische Theogonie im Sinne gehabt zu haben, s. Lobeck Aglaoph. I p. 521 ff.

dearum (deorum?) vates. Auch ist sie h. Apoll. 91 mit andern alten Göttinnen, Dione Rhea Amphitrite, zusammengestellt. Dagegen bei Homer Il. O, 84 ff. erscheint sie auf dem Olymp heimisch wie sonst kein einziger der Titanen. Ebendahin setzen sie auch die Benennung οὐρανία Soph. El. 1064 (wenn nicht auch hier Οὐρανία richtiger ist, s. Anm. 1) und die Berichte, welche sie zur Gemahlin oder Beisitzerin des Zeus machen, s. § 2 und § 5; im Procemium der hesiodischen Theogonie vs. 16 ist sie mitten unter den neuen Göttern aufgezählt, getrennt von den Titanen Kronos und Japetos, welche vs. 19 mit andern alten Gottheiten den Reigen schließen. Im h. Ven. 94 ist sie mit Artemis, Leto, Aphrodite, Athene zusammengestellt. Auch sind, während sich nur sehr geringe Spuren eines wirklichen Cultus der übrigen hesiodischen Titanen finden, für Themis ziemlich zahlreiche Cultusstätten bezeugt. Heiligthümer und Tempel derselben sind bekannt zu Athen Paus. I, 22, 1, zu Theben IX, 25, 4, zu Tanagra IX, 22, 1, zu Epidauros II, 27, 5, ferner ein Altar in Olympia V, 14, 10 und ein βωμὸς Θεμίδων in Troezen II, 31, 5; auch in dem thessalischen Ichnae wurde sie verehrt nach Strabo IX p. 435 und in dem gleichnamigen macedonischen Orte nach Hesych. s. v. Ἰχναίην, vgl. § 10. — Nach Corp. Inscr. nr. 2852 gehörte sie zu den im Milesischen Didymaeon verehrten θεοὶ σωτῆρες, s. Anm. 34, und nach C. I. nr. 451 hatte sie auch in dem Tempel der Nemesis zu Rhamnus einen Antheil an dem Cultus, vgl. Anm. 45. Auf ihren Cultus zu Bucheta in Epirus läßt sich aus einer auf diesen Ort bezüglichen Sage schließen ²). Endlich werde ich auch in Anm. 46 einen Cultus in Lakonika nachzuweisen suchen. Zeugnisse der späteren Zeit beweisen, daß der Cultus der Themis theilweise ein mystischer war. ³)

---

²) Harpocr. Βούχετα: πόλις τῆς Ἠπείρου — ἥν φησι Φιλοστέφανος ἐν τοῖς Ἠπειρωτικοῖς ὠνομάσθαι διὰ τὸ τὴν Θέμιν ἐπὶ βοὸς ὀχουμένην ἐλθεῖν ἐκεῖ κατὰ τὸν Δευκαλίωνος κατακλυσμόν. Ebenso Suid. s. v., wo aber für Φιλοστ. ἐν τ᾽ Ἠπ. unrichtig Φιλόχορος; so auch Et. M. 210, 34, wo außerdem überliefert ist τὴν Λητὼ ἤτοι Θέμιν.
³) Clem. Al. Protr. p, 6. 45. καὶ προσέτι τῆς Θέμιδος τὰ ἀπόρρητα σύμβολα, ὀρίγανον, λύχνος, ξίφος, κτεὶς γυναικεῖος, ὅ ἐστιν, εὐφη-

Die religiöse Verehrung der Themis ist auch durch eine Anzahl von Personennamen bekundet, welche von ihrem Namen in derselben Weise gebildet sind wie von den Namen anderer vielverehrter Götter. Dahin gehören namentlich:

Θεμισταγόρας, vgl. Διαγόρας, Ἡραγόρας, Ἀθηναγόρας, Ἑρμαγόρας.

Θεμιστογένης, vgl. Διογένης, Ζηνογένης, Ἀθηνογένης, Ἑρμογένης.

Θεμιστόδαμος, vgl. Διόδημος, Ἡρόδαμος, Ἑρμόδημος.

Θεμιστοδίκη, vgl. Ἡρόδικος, Ἑρμόδικος.

Θεμιστοκλῆς und Θεμιστόκλεια, vgl. Διοκλῆς, Διόκλεια, Ἀθηνοκλῆς.

Θεμιστοκράτης, vgl. Ζηνοκράτης, Ἀπολλοκράτης, Ἑρμοκράτης.

Man vergleiche hiermit, daß einerseits von den übrigen Titanen keinerlei übliche Personennamen hergeleitet sind (Κρόνιππος Arist. Nub. ist nur scherzhaft gebildet), andererseits auch von Δίκη, welche der Themis sehr ähnlich scheint, kein einziger zusammengesetzter Name⁴), woraus man schließen darf, daß Dike den Griechen viel weniger eine wahrhafte persönliche Gottheit war als Themis. Uebrigens läßt Herodot II, 50 die Themis sammt ihrem Namen, wie viele andere hellenische Götter, nach der Angabe der Aegyptier aus Aegypten stammen.

§ 2. Nach der Theogonie vs. 901 war Themis die zweite unter den sieben succeffiven Gattinnen des Zeus, und auch Pindar fr. 7 erzählt, wie die Moeren sie von den Quellen des Okeanos zum Olymp führten, um die alte Gemahlin (ἀρχαία ἄλοχος) des Zeus zu sein⁵); spätere betrachten sie nur als Geliebte⁶). Von Zeus gebar die Themis

---

μως καὶ μυστικῶς εἰπεῖν, μόριον γυναικεῖον, und daher Euseb. Pr. ev. II, 3. Ferner Orph. h. 78 (überschr. Θέμιδος θυμίαμα, λίβανον) schließt ἀλλὰ μάκαιρ' ἔλθοις — εὐιέρους ἐπὶ μυστιπόλους τελετάς σεο κούρῃ. Vgl. auch Anm. 46.

⁴) Δικήρης Et. M. 165, 55 ist vielmehr auf das appellative δίκη zu beziehen, wie denn von Götternamen kein einziger Personennamen auf -ηρης gebildet ist.

⁵) Pind. fr. 7. πρῶτον μὲν εὔβουλον Θέμιν οὐρανίαν | χρυσέαισιν ἵπποις Ὠκεανοῦ παρὰ παγᾶν | Μοῖραι ποτὶ κλίμακα σεμνάν | ἆγον Οὐ-

a) nach Hesiod und der gemeinen Annahme die drei Horen Eunomia, Dike und Eirene⁷). Nicht gerade widersprechend ist es, wenn Bakchylides fr. 29 die Dike eine Begleiterin (ἀκόλουθος) der Eunomia und Themis nennt.

b) nach Theog. 904 und Apollod. I, 3, 1 auch die drei Moeren. Aber die Theogonie selbst kennt an einer andern Stelle vs. 217 die Moeren als Kinder der Nacht, und Andere geben außerdem verschiedene andere Genealogien. Die Abstammung von der Themis ist nicht in den herrschenden Glauben übergegangen, wie denn auch Pindar in der erwähnten Stelle sie nicht anerkennt. Jedoch ist es vielleicht kein Zufall, daß nach Paus. IX, 25, 4 in Theben die Heiligthümer der Themis und der Moeren benachbart waren, und auch in einer Erzählung aus der Kindheit des Zeus sind sie zusammen thätig, s. Anm. 20.

c) nach Pherekydes⁸) auch die in einer Höhle am Eridanus wohnenden Nymphen, welche dem die Gärten der Hesperiden suchenden Herakles Anweisung gaben, wie er von dem weißagenden Nereus Kunde erhalten könne. Man hat mit Wahr-

λύμπου λιπαρὰν καθ' ὁδόν | σωτῆρος ἀρχαίαν ἄλοχον Διὸς ἔμμεν· | ἃ δὲ ιὰς χρυσάμπυκας ἀγλαοκάρπους τίκτεν ἀλαθέας Ὥρας. Man hat also zu denken, daß Themis bei den Quellen des Okeanos ebenso von Tethys aufgezogen war, wie es Lucian Tragodop. 91 von der Hera angibt, vgl. II. Ξ, 201 ff. Auch die orphische Theogonie kannte die Themis als Gemahlin des Zeus Procl. in Tim. p. 121, vgl. Lobeck Aglauph. p. 514. 539, und daher wol der Rhetor Menander s. Anm. 1ᵇ.

⁶) Apollod. I, 3, 1, Noun. Dion. V, 620, Claudian. Rapt. Pros. I, 307, vgl. Steph. Byz. 342, 19. Ἰχναία ἡ Θέμις. διωκομένη γὰρ ὑπὸ τοῦ Διὸς κατελήφθη ἐν τοῖς τῶν Ἰχναίων τόποις, καὶ ἀπὸ τοῦ διωχθῆναι κατ' ἴχνος ὠνομάσθη. Als Gattin wird sie zu denken sein, wenn sie nach Ammian. XXI, 1 veteres theologi in cubili solioque Jovis collocarunt, vgl. h. Ap. Pyth. 166. Andere berichten nur von den Kindern des Paares.

⁷) Hesiod. Th. 901; Apollod. I, 3, 1; Pind. Ol. 13, 6 und ohne die Namen der Horen Pind. fr. 7; Orph. ap. Procl. in Tim. II p. 121 vgl. Aglauph. p. 539; Hygin. Praef. Als Mutter der Horen hatte sie nach Paus. V, 17, 1 im Heraeon zu Olympia eine Bildsäule neben jenen. Eunomia wird Tochter der Themis genannt Pind. Ol. 9, 6.

⁸) Pherecyd. fr. 30 aus Scholl. Apoll. IV, 1396, und danach abgekürzt Apollod. II, 5, 11.

scheinlichkeit angenommen, daß in der Glosse des Hesychius Θεμιστιάδες (cod. — δαι): Νύμφαι der Name dieser Nymphen erhalten sei⁹), derselbe bedeutet Töchter der Themis. d) nach Pherekydes in Scholl. Eur. Hipp. 742 auch die Hesperiden, die sonst ganz anders genealogisirt werden; aber Heyne's Annahme zu Apollod. p. 413, daß diese Angabe auf einer Verwechslung mit jenen andern Nymphen beruhe, hat vieles für sich.¹⁰)

§ 3. Sehr eigenthümlich sind die persönlichen Verhältnisse der Themis im Prometheus des Aeschylos dargestellt. Allerdings ist sie auch hier Titanin und somit Tochter des Οὐρανός und der Χθών = Γαῖα, s. Anm. 1. Aber zu Zeus steht sie

---

⁹) Weshalb M. Schmidt vorgezogen hat, ohne weitere Rechtfertigung Θεμιστιάδαι als corrumpirt aus Θεστιάδες zu bezeichnen, ist mir nicht klar.

¹⁰) Euripides erwähnt dicht vorher den Eridanos, ἔνθα πορφύρεον σταλάσσουσ' εἰς οἶδμα πατρὸς τριτάλαιναι κόραι Φαέθοντος οἴκτῳ δακρύων τὰς ἠλεκτροφαεῖς αὐγάς, indem er offenbar die Bernstein-Nymphen, welche gewöhnlich für Heliaden gelten, als Töchter des Eridanos bezeichnet. Sehr leicht konnte nun ein Scholiast der Meinung sein, und wol mit Recht, daß die von Pherekydes erwähnten Nymphen am Eridanos von jenen nicht verschieden seien; die betreffende Bemerkung aber Φερεκύδης δὲ Διὸς καὶ Θέμιδός φησιν αὐτάς konnte leicht zu den gleich nachher genannten Hesperiden abirren. (Gerhard d. Orak. d. Them. A. 17 sucht Themis als Mutter der Hesperiden durch den Umstand zu schützen, daß im Heraeon zu Olympia nach Paus. V, 17, 1 diese die Statue der Themis begleitet hätten. Aber Pausanias, der die Statuen der Themis und der Horen ausdrücklich als zusammengehörig bezeichnet, deutet mit keinem Worte an, daß die Gruppe der Hesperiden, deren Aufstellung im Tempel der Hera an sich nichts auffälliges hat, mit jener andern in Beziehung gestanden hätte. Eher ließe sich aus dem hütenden Drachen Ladon etwas für den Zusammenhang der Hesperiden mit der Themis folgern, s. Abschn. V.

In Forcell. Thesaur. s. v. Themis und Pauly's Realencycl. VI p. 1788 finde ich noch die Angabe, daß Themis vom zweiten Zeus die Athena und Asträa geboren habe, wovon aber in den angezogenen Stellen nichts steht. Wenn bei den Schriftstellern über die Sternbilder die Παρθένος unter Berufung auf Hesiod eine Tochter der Themis genannt wird, so ist mit ungenauem Ausdrucke nur Dike gemeint, s. Schömann Opusc. II p. 416.

in keiner nähern Beziehung, als daß sie im Titanenkampfe auf seine Seite getreten ist vs. 219. Es ist jedoch glaublich, daß Aeschylos annahm, erst nach der Aussöhnung des Zeus mit den Titanen und Prometheus sei Themis zu jenem in ein engeres Verhältniß getreten, wenn auch nicht als Gattin oder Geliebte, doch als πάρεδρος vgl. § 7. Ferner ist Themis hier die Mutter des Prometheus, s. vs. 18. 211. 877, während diese bei Hesiod Klymene, bei anderen Asia heißt. Endlich am merkwürdigsten ist, daß Themis für identisch mit Gaea erklärt wird vs. 209:

ἐμοὶ δὲ μήτηρ οὐχ ἅπαξ μόνον Θέμις
καὶ Γαῖα, πολλῶν ὀνομάτων μορφὴ μία,
τὸ μέλλον ᾗ κραίνοιτο προυτεθεσπίκει.

Denn mit Recht ist die Stelle nicht allein in Scholl. A.P. und von Tzetzes [11]), sondern auch von den meisten neuern Interpreten [12]) so verstanden, da diese Auffassung nicht allein an sich die natürlichste ist, sondern auch durch den Schluß des Stückes bestätigt wird, wo Prometheus ausruft:

ὦ μητρὸς ἐμῆς σέβας, ὦ πάντων
αἰθὴρ κοινὸν φάος εἱλίσσων,
ἐσορᾷς μ᾽ ὡς ἔκδικα πάσχω.

Denn wegen der Zusammenstellung der Mutter mit dem Aether kann man nicht wohl umhin, in jener die Gaea zu erkennen [13]).

---

[11]) Tzetz. Exeg. in Il. 50, 24. Αἰσχύλος Θέμιν λέγει τὴν Γῆν ἐν τῷ Προμηθεῖ προφανῶς, ad Hes. Op. 9. Θέμις ἡ Γῆ κατ᾽ Αἰσχύλον, ad vs. 55. Θέμις, ἤτοι ἡ Γῆ, τοῦ στοιχειακοῦ Προμηθέως μήτηρ ἐστί.

[12]) Ich nenne besonders G. Hermann zu der Stelle, Welcker Tril. p. 40 ff. und Götterl. I p. 325, Gerhard d. Gr. d. Them. p. 6 und Mythol. I §. 153, 3, Preller Mythol. I p. 373, Keck theol. Char. d. Zeus p. 23 und N. Jahrb. f. Philol. LXXXI p. 405. Dagegen haben nach dem Vorgange von Jacobs Att. Mus. III p 405 außer einigen früheren Herausgebern auch Schömann Prom. p. 291 und Caesar Philol. XIII p. 608 (vgl. d. Prom. d. Aesch. p. 34) lieber verstehen wollen, daß Themis und Gaea als zwei Personen die Weissagung ertheilt haben, eine Auffassung, deren Mißlichkeit von Keck nachgewiesen ist.

[13]) Schon in Scholl. Med. wird erklärt ὦ Γῆ ἢ ὦ Θέμις, in Scholl. A. ὦ μῆτερ ἐμὴ Γῆ. Unter den Neueren hat zuerst Welcker Tril. p. 40 auf die Beweiskraft dieser Stelle aufmerksam gemacht, dann Keck (der aber den Ausdruck σέβας ganz falsch versteht) und G. Hermann. Keck schließt auch aus dem Scholion Τιτανὶς Θέμις] ἡ

Zugleich läßt sich aus dieser Stelle sehen, daß Aeschylos als Vater des Prometheus nicht den Japetos angenommen habe, obgleich dies Schömann Opusc. II p. 116 für unzweifelhaft hält. Denn wenn die mit dem Aether zusammengestellte Mutter für die Gaea zu halten ist, so folgt anderseits aus derselben Zusammenstellung auch, daß der Dichter den Αἰθήρ persönlich und als den Gatten der Gaea und Vater des Prometheus gedacht hat. Darin liegt auch nicht viel auffallendes. Wie αἰθήρ nicht selten mit οὐρανός synonym ist, so tritt auch der personificirte Αἰθήρ als Gatte der Γαῖα an die Stelle des Οὐρανός, am deutlichsten Hygin. praef., wo unter den Kindern des Aether und der Terra die Titanen, ferner Briareus, Gyas, Steropes und die Furien aufgezählt werden, alle nach Hesiod Kinder von Οὐρανός und Γαῖα, dann aber auch Atlas, nach Hesiod und der herrschenden Ueberlieferung der Bruder des Prometheus. Als Söhne des Uranos und der Klymene werden Prometheus, Epimetheus und Atlas bezeichnet Scholl. Arat. 254; ich werde aber § 19 nachweisen, daß Κλυμένη nur eine Benennung der Gaea ist. Auch wenn Prometheus ein Τιτάν genannt wird Soph. OC. 26, Eur. Ph. 1122. Ion. 455, wie Atlas Aesch. Pr. 426, scheint es richtiger, dies im strengeren Sinne zu nehmen, so daß sie damit als Söhne des Uranos und der Gaea bezeichnet sind, als anzunehmen (wie Schömann Opusc. II p. 121), daß der Ausdruck auf die Titanensöhne übertragen sei. Auf das Elternpaar Aether und Gaea kommt es in Wahrheit aber auch hinaus, wenn Prometheus von Euphorion fr. 134 [14]) ein Sohn des Giganten Eurymedon und der Hera

καταχθόνιος δαίμων in Scholl. B. zu vs. 877, daß der Scholiast Themis als identisch mit Gaea betrachtet habe. Aber die Erklärung bezieht sich nur auf Τιτανίς, wie auch Suid. Et. M. 760, 38, Scholl. Clem. Al. IV p. 100 Τιτᾶνες durch οἱ καταχθόνιοι δαίμονες erklären. Ebensowenig hätte Welcker Götterl. II p. 258 aus jenem Scholion schließen dürfen, daß nach der Meinung des Erklärers Themis mit den andern Titanen in den Tartaros gestürzt sei.

[14]) Aus Scholl. Il. Ξ, 295, vgl. Eustath. 987, 15, wo Eurymedon ein Titan genannt wird; und Scholl. Theocr. 7, 46. lin. 7 (zu ʼΩρομέδοντος) ἄλλοι δὲ μοιχὸν Ἥρας εἶναι τοῦτον, was sich auf die Lesart Εὐρυμέδοντος bezieht.

genannt wurde; denn Εὐρυμέδων ist nur eine Benennung des Αἰϑήρ, vgl. Empedocl. 426 St. εὐρυμέδοντος αἰϑέρος, und daß Hera ursprünglich die Erdgöttin ist, hat Welcker siegreich nachgewiesen Götterl. I p. 362 ff. Es ist glaublich, daß Aeschylus den Αἰϑήρ, welcher schon in den kosmogonischen Genealogien bei Hesiod Th. 124 und Akusilaos fr. 29 eine Rolle spielt, an die Stelle des überlieferten Vaters Οὐρανός setzte, um die genealogische Verwirrung, welche bereits durch die Titanin Themis = Gaea entstand, nicht noch zu vermehren [15]). Es ist aber auch denkbar, daß derselbe in Local=Mythen Zeus und Gaea als Elternpaar des Prometheus vorfand; denn diese waren im Cultus mehrfach, namentlich auch in Attika als ein Paar verbunden, s. Welcker I p. 322 ff. Dann war noch dringendere Veranlassung da für Zeus den Aether zu substituiren, welchen schon Pherekydes von Syros unter seinem Ζεύς verstanden haben soll Pherec. p. 42, und der später häufig als identisch mit Zeus betrachtet wird, wie Eurip. fr. 836. 1047 W., Lucret. I, 25, Virg. Georg. II, 325. Auch Pan wird der Sohn der Nymphe Οἰνόη bald mit Αἰϑήρ bald mit Ζεύς genannt, s. Scholl. Theocr. I, 3 mit meiner Anmerkung. Uebrigens ist der Vater des Prometheus von Aeschylos sonst recht geflissentlich ignorirt. In vs. 88 ff. werden δῖος αἰϑήρ und später παμμήτωρ γῆ von Prometheus offenbar nicht als die Eltern, sondern als die Naturwesen angerufen. Daß aber Aeschylos auch die Gleichstellung der Themis mit der Gaea nicht einer eigenen Speculation, sondern einem wirklich vorgefundenen Glauben entnommen hat, wird sich in Abschn. V noch deutlicher herausstellen.

§ 4. Andere ganz abweichende Angaben über die Themis enthalten diejenigen Ueberlieferungen, in welchen sie als Mutter des Evander mit der italischen Carmenta identificirt wird.

---

[15]) Gewiß mit Absicht, um seine aus lokalem Glauben geschöpfte Gleichsetzung der Γαῖα und Θέμις mit der hesiodischen Genealogie einigermaßen in Einklang zu bringen, hat Aeschylos Pr. 207 die Mutter der Titanen, bei Hesiod und sonst Γαῖα, eigenthümlich als Χϑών bezeichnet, um sie von der gleich darauf genannten Titanin Γαῖα = Θέμις zu unterscheiden. Im Anfange der Eumeniden dagegen sind Γαῖα und Χϑών einander gleichgesetzt; hier war kein Grund zur Scheidung vorhanden.

Nach Dion. Ant. I, 31 war Euandros der Sohn des Hermes und νύμφης τινὸς Ἀρκάσιν ἐπιχωρίας, ἣν οἱ Ἕλληνες Θέμιν εἶναι λέγουσιν; nach Paus. VIII, 43, 2 des Hermes und einer Tochter des Ladon; nach Plutarch Morall. 278. B. hieß Carmenta, die Mutter des Euandros, früher Themis oder nach Einigen Nikostrate. Wenn man diese Angaben zusammenhält, so erhält man eine arkadische Nymphe Themis als Tochter des Ladon und Mutter des Euandros vom Hermes. Nikostrate wird die Mutter des Evander außer bei Plutarch auch von Strabo V, 230 genannt, ferner Serv. ad Aen. VIII, 51, Mythogr. Vat. II, 153, wo erzählt wird, sie habe den Evander angereizt, seinen Vater zu erschlagen, auch Myth. Vat. I, 70; dann Serv. ad Aen. VIII, 130, wo als ihr Vater Mercurius genannt wird, und ad VIII, 336, wo außerdem aus den Schriftstellern über res Arcadum berichtet wird, Carmentis sei eine der sechs arkadischen Nymphen gewesen. Daß wirklich diese Angabe über die Mutter des Evander auf echten arkadischen Sagen beruhen, werden die Zusammenstellungen in Abschn. V sicher machen. Als Nymphe ist übrigens Themis auch in der Erzählung Anm. 17 bezeichnet. Eine κούρη wird sie in Orph. h. 78 genannt, virgo durch Verwechslung mit Dike Marc. Cap. II, 42.

§ 5. Bei Homer, welcher von den verwandtschaftlichen Verhältnissen der Themis nichts erwähnt, erscheint dieselbe nur in einem sehr beschränkten Wirkungskreise, nämlich als Vorsteherin und Ordnerin von Versammlungen. In Od. β, 68 bittet Telemach in der Volksversammlung die Ithakesier beim olympischen Zeus und der Themis, ἥ τ᾽ ἀνδρῶν ἀγορὰς ἠμὲν λύει ἠδὲ καθίζει. In Il. Υ, 4 ruft Themis auf Befehl des Zeus die Versammlung der Götter zusammen. In Il. Ο, 84 wird Hera, als sie zu den auf dem Olymp versammelten Göttern kommt, zuerst von Themis, welche gleichsam die Honneurs macht, mit dem Becher bewillkommnet und sagt dann vs. 95 zur Themis „ἀλλὰ σύ γ᾽ ἄρχε θεοῖσι δόμοις ἔνι δαιτὸς ἐΐσης", sodaß damit der Themis gewissermaßen das Amt eines Symposiarchen bei dem Göttermahle zuerkannt ist. Auch in Il. Λ, 807 ἵνα σφ᾽ ἀγορή τε θέμις τε scheinen alte Interpreten die persönliche Θέμις verstanden zu haben, wie die Bemerkung in Schol. A. ἡ γὰρ Θέμις ἐπόπτης τῶν ἐκκλησιῶν andeutet.

Aus einem Scholion zu Od. β, 68 sieht man dann weiter, daß man unter jener Θέμις sich ein auf dem Platze der Volksversammlung aufgestelltes ἄγαλμα der Göttin dachte¹⁶), dessen Beschaffenheit später klar werden wird, s. Abschn. IV. Die Bedeutung der Themis als Vorsteherin von Versammlungen wird aber auch noch von späteren Schriftstellern anerkannt, welche, wie die Ausdehnung auf Rathsversammlungen bezeugt, nicht bloß aus Homer geschöpft haben können. So Aristid. I p. 837 ἐκκλησίαι καί βουλευτήρια, ἅ θεῶν ἡ πρεσβυτάτη συνάγει Θέμις, und Plutarch Morall. p. 802. B. nennt den Staatsmann einen προφήτης τῆς Πολιάδος Ἀθηνᾶς καί τῆς Βουλαίας Θέμιδος. Auch war in Theben das Heiligthum der Themis dem des Ζεύς Ἀγοραῖος nahe Paus. IX, 25, 4.

§ 6. Aber in den nachhomerischen Quellen ist die Thätigkeit der Themis keineswegs auf jenen engen Kreis beschränkt. Zuerst erscheint sie auch als Götteramme. Sonst als Gemahlin oder Geliebte des Zeus betrachtet, erhält sie nach einer auf Musaeos zurückgeführten Erzählung das Zeuskind gleich nach seiner Geburt zur Pflege übergeben und zieht es auf mit Hülfe der (Nymphe oder Ziege) Amaltheia¹⁷). Als Amme des Zeus scheint sie in der italischen Anna Perenna wiedererkannt zu sein¹⁸). Auch Apollon ist nach h. Ap. Del. 124 von

---

¹⁶) Scholl. Q. Od. β, 68. τὴν γὰρ προεστηκυῖαν τῶν ἐκκλησιῶν θεάν ἐπικαλεῖται· τινὲς δὲ ᾠήθησαν Θέμιδος ἄγαλμα ἐκφέρεσθαι εἰς τὰς ἐκλησίας, Eustath. 1434, 41. τινὲς δὲ ἄγαλμα Θέμιδος ἐνόμισαν τοῖς ἐκκλησιάζουσιν εἰσκομίζεσθαι, πρὸς ὃ καὶ κάθηνταί φασι καὶ ἐγείρονται.

¹⁷) Eratosth. Cat. 13. Μουσαῖος γάρ φησι Δία γεννώμενον ἐγχειρισθῆναι ὑπὸ Ῥέας Θέμιδι, Θέμιν δὲ Ἀμαλθείᾳ δοῦναι τὸ βρέφος, τὴν δὲ ἔχουσαν αἶγα ὑποθεῖναι. Hygin. P. A. II, 13. Musacus autem dicit Jovis nutrices Themidem et Amaltheam nymphas, quibus eum mater Ops tradidisse existimatur. Amaltheam autem habuisse capram etc., Scholl. German. 156. Musaeus autem de capra hoc refert: datur Jovis infans nutriendus Themidi Almatheae, quae fuit domina caprae (scr. et Amaltheae). Scholl. Il. O, 229 τὸ δὲ παιδίον εἰς Κρήτην διακομίσασα (Ῥέα) ἔδωκε τρέφειν Θέμιδι καὶ Ἀμαλθείᾳ, ἣ ἦν αἴξ.

¹⁸) Ovid. Fast. III, 658 pars Themin, Inachiam pars putat esse bovem. Jnvenies, qui te nymphen Atlantida dicat, teque Jovi primos Anna dedisse cibos.

Themis als Kind mit Nektar und Ambrosia genährt, nachdem sie vorher vs. 91 der Leto in ihren Geburtsschmerzen mit andern Göttinnen beigestanden hatte. Als Amme der jungen Athene ist sie in sehr corrumpirten alten theogonischen Versen zu erkennen ¹⁹). Nonnus läßt sie Dion. XLI, 162 bestimmter

¹⁹) Es sind die bei Galen. de Hippocr. et Plat. dogm. III p. 273 (V p. 349 Kuehn.) aus einem Werke des Chrysippos erhaltenen Verse eines alten theogonischen Dichters, über welche zuletzt Schömann Opusc. II p. 417 ff. gehandelt hat. Dieser hat sie, nach den Besserungen von Ruhnken und Göttling folgendermaßen geschrieben:

Ἐκ ταύτης ἔριδος ἡ μὲν τέκε φαίδιμον υἱόν
Ἥφαιστον τέχνῃσιν ἄνευ Διὸς αἰγιόχοιο,
ἐκ πάντων παλάμῃσι κεκασμένον Οὐρανιώνων.
αὐτὰρ ὅγ᾽ Ὠκεανοῦ καὶ Τηθύος ἠυκόμοιο
5. κούρῃ νόσφ᾽ Ἥρης παρελέξατο καλλιπαρῄῳ,
ἐξαπατῶν Μῆτιν καίπερ πολύιδριν ἐοῦσαν·
συμμάρψας δ᾽ ὅγε χερσὶν ἐὴν ἐγκάτθετο νηδύν,
δείσας μή τέξῃ κρατερώτερον ἄλλο κεραυνοῦ.
Τοὔνεκά μιν Κρονίδης ὑψίζυγος αἰθέρι ναίων
10. κάππιεν ἐξαπίνης· ἡ δ᾽ αὐτίκα Παλλάδ᾽ Ἀθήνην
κύσατο· τὴν μὲν ἔτικτε πατὴρ ἀνδρῶν τε θεῶν τε
πὰρ κορυφῆς, Τρίτωνος ἐπ᾽ ὄχθῃσιν ποταμοῖο.
Μῆτις δ᾽ αὖτε Ζηνὸς ὑπὸ σπλάγχνοις λελαθυῖα
ἧστο, Ἀθηναίης μήτηρ τέκταινα δικαίων,
15. πλεῖστα θεῶν εἰδυῖα καταθνητῶν τ᾽ ἀνθρώπων.
ἔνθα θεὰ παρέλεκτο Θέμις παλάμαις περὶ πάντων
ἀθανάτων ἐκέκασθ᾽, οἳ Ὀλύμπια δώματ᾽ ἔχουσιν,
αἰγίδα ποιήσασα φοβέστρατον ἔντος Ἀθήνῃ,
σὺν τῇ ἐγείνατό μιν πολεμήια τεύχε᾽ ἔχουσαν.

Vs. 2 τέχνῃσιν ist unverständlich und wol aus einer Glosse zu παλάμῃσιν in den Text gekommen; ich vermuthe Ἥφαιστον τεχνῆντα, vgl. Apoll. III, 229 τεχνήεις Ἥφαιστος. — Vs. 6. Gal. πολὺ δινεύουσαν, geändert von Ruhnken, richtiger πολυδήνε᾽ ἐοῦσαν, vgl. Hesych. πολυδήνεα, πολύβουλον. — Vs. 12. Gal. πὰρ κορυφήν, von Göttl. in πὰρ κορυφῆς geändert, was wol heißen soll aus dem Haupte, wobei παρὰ statt ἐκ doch höchst unglaublich ist; ich vermuthe κὰκ κορυφήν, wie Pindar Ol. 7, 36 von derselben Sache κορυφὰν κατ᾽ ἄκραν sagt. — Vs. 13 ff. sind trotz einiger schon gemachten Aenderungen ganz sinnlos. Göttling hat vs. 16 geschrieben παρέλεχθ᾽· ἣ μὲν, was Sch. mit Recht verwirft; dieser vermuthet vs. 18 αἰγίδα δ᾽ ἐξεπόνησε oder δ᾽ ἀσκήσασα, womit auch wenig gewonnen wird. Mir scheint es klar, daß von τέκταινα an als Geburtsgöttin auftreten, indem hier Θέμις Εἰλείθυια der Aphrodite bei der Geburt der Beroea hülfreich ist.

§ 7. Wichtiger noch ist die Function der Themis als vertraute Rathgeberin und Beisitzerin des Zeus. Schon in seiner frühesten Kindheit, wo sie auch nach der Ueberlieferung aus Musaeos bei Eratosthenes (Anm. 17) gleichsam als seine Oberhofmeisterin agirt, wehrt sie ihm, mit den Moeren verbunden, die Räuber seines nährenden Honigs sofort mit dem Blitze

---

von Themis die Rede ist; denn diese wird deutlich durch τέκταινα δικαίων bezeichnet und der folgende Vers πλεῖστα κτλ. ist freilich Hes. Th. 887 mit einer unwesentlichen Verschiedenheit von Metis gesagt, paßt aber eben so gut auf Themis, f. § 7. Themis kann hier aber nicht wol in einem andern Verhältniß zur Athene dargestellt sein als in dem der Pflegerin. Demgemäß vermuthe ich

Μῆτις δ' εὖτε Ζηνὸς ὑπὸ σπλάγχνοις λελαθυῖα
ἧστο 'Αθηναίῃ μήτηρ, τέκταινα δικαίων,
15. πλεῖστα θεῶν εἰδυῖα καταθνητῶν τ' ἀνθρώπων,
ἔνθα θεὰ παρέδεκτο Θέμις, παλάμαις δὲ πρὸ πάντων
ἀθανάτων σκέπασεν, τοὶ 'Ολύμπια δώματ' ἔχουσιν,
αἰγίδα ποιήσασα φοβέστρατον ἐντὸς 'Αθήνῃ,
σύν τ' ἐτιθήνατό μιν πολεμήια τεύχε' ἔχουσαν.

Hier ist vs. 13 εὖτε als quandoquidem zu nehmen, wie Soph. Ai. 716. Phil. 1099 und oft ὅτε. Vs. 14. Gal. 'Αθηναίῃ, von Ruhnken in den Genetiv geändert; aber der Dativ, den Göttl. früher gesetzt hat, scheint mir richtig, „weil die Mutter Metis der Athene fehlte". Der Hiatus ist vielleicht durch ἧστ' ἄρ' zu beseitigen. Vs. 17. Gal. ἑκέκαστο 'Ολ., Ruhnk. ἑκέκασθ' οἵ; man kann auch ἐπύκασσ' οἵ vermuthen. Vs. 19 vgl. Lucian. Tragodop. 94. "Ηραν ἐπιθήνατο Τηθύς. Mit der Aegis steht Themis auch nach der Erzählung in Anm. 21 in enger Beziehung. Wenn übrigens Welcker Tril. p. 278 angenommen hat, freilich sehr unglaublich, in vs. 12 ff. würden Metis und Themis als identisch zusammengestellt, so hätte er sich auf Apollod. I, 3, 6 berufen können, wo nach den Handschriften von Themis oder Thetis erzählt wird, was bei Hesiod von Metis; aber Heyne's Aenderung Μήτιδι scheint doch ganz nothwendig.

Gerhard Mythol. §. 594 giebt auch noch an, Themis sei als Tochter der Mutter Erde zur Pflegerin der Hera erwählt; woher dies genommen, habe ich weder selbst noch durch meinen gelehrten Freund Wieseler auffinden können.

zu ſtrafen²⁰). Dem erwachſenen Zeus gibt Themis dann im Kampfe mit den Titanen den Rath, das Fell der Ziege, welche ihn genährt hatte, als Schild zu gebrauchen, weil dieſes ihm den Sieg bringen werde²¹). Nach den Kyprien berieth ſich Zeus mit ihr über den Troiſchen Krieg²²), nämlich wie er dieſen anſtiften könne, um die Erde von der übermäßigen Laſt der Menſchen zu erleichtern, und erhielt von ihr ohne Zweifel die Rathſchläge, durch welche die Hochzeit des Peleus mit der Thetis und das Urtheil des Paris herbeigeführt wurden. Im h. Hom. XXIII wird von Zeus geſagt, daß er Θέμιστι ἐγκλιδὸν ἑζομένῃ πυκινοὺς ὀάρους ὀαρίζει, womit zu vergleichen, daß Minos Od. τ, 179 Διὸς μεγάλου ὀαριστής genannt wird. Nach Ammian. XXI, 1 ſetzten die alten theologi ſie „in solio Jovis", alſo als πάρεδρος. Wo ſie aber von Andern ſo genannt wird, wie häufiger die Dike (Lobeck Aglaoph. p. 396), bezieht ſich dies vorzugsweiſe auf ihr Amt als Vorſteherin des

---

²⁰) Ant. Lib. 19. Μοῖραι δὲ καὶ Θέμις ἐκώλυσαν· οὐ γὰρ ἦν ὅσιον αὐτόθι θανεῖν οὐδένα.
²¹) Scholl. Il. O, 229, wo geſagt iſt Θέμις συνεβούλευσε. Die Erzählung knüpft ſich unmittelbar an die von der Erziehung des Zeus durch Themis (Anm. 17) und ſcheint nach Eratosth. Cat. 13 gleichfalls von Muſaeos herzuſtammen; jedoch gebraucht dieſer, ohne die Themis zu nennen, den Ausdruck θεσπισθῆναι αὐτῷ, wie Hygin. P. A. II, 13 responsum est ei. In der gemeinſchaftlichen Quelle wird von einem weiſſagenden Rathe der Themis geſprochen ſein.
²²) Procl. Chrest. p. 472 Gaisf. aus den Kyprien: Ζεὺς βουλεύεται μετὰ τῆς Θέμιδος (ſo Gaisf. richtig für Θέτιδος) περὶ τοῦ Τρωικοῦ πολέμου. παραγενομένη δὲ Ἔρις εὐωχουμένων τῶν θεῶν ἐν τοῖς Πηλέως γάμοις νεῖκος περὶ κάλλους ἐνίστησιν Ἀθηνᾷ, Ἥρᾳ καὶ Ἀφροδίτῃ. Eine Verderbung des Namens Θέμις in Θέτις werde ich auch Anm. 46 nachweiſen. Hier wird die Aenderung Θέμιδος beſtätigt durch Plat. Rep. II, 380. A. οὐδὲ θεῶν ἔριν καὶ κρίσιν διὰ Θέμιτός τε καὶ Διός (sc. ἐάν τις φῇ γεγονέναι, οὐκ ἐπαινεσόμεθα), welche Stelle ſich offenbar nicht auf Il. T, 4 bezieht, wie man angenommen hat, ſondern auf die Erzählung der Kyprien. Zugleich erkennt man aus Plato, daß nach den Kyprien in der βουλή des Zeus mit Themis der Streit zwiſchen den Göttinnen und das Urtheil des Paris vorher beſchloſſen war, um den troiſchen Krieg zu erregen. In einer ſpäteren Faſſung Scholl. AD. Il. I, 5 iſt an die Stelle der berathenden Themis Momos getreten.

Rechtes [23]), vgl. § 11. Mit ihrer allgemeineren Function als Rathgeberin des Zeus, aber auch mit ihrer Bedeutung für Volks= und Raths=Versammlungen, stehen diejenigen Epitheta in engem Zusammenhange, welche ihre Weisheit bezeichnen: εὔβουλος Pind. Ol. 13, 8. Isthm. 8, 31 und fr. 7, ὀρθόβουλος Aesch. Pr. 18, κεχαρημένη εὔφρονι βουλῇ h. Orph. 78, πινυτή Bacchyl. fr. 29, auch πλεῖστα θεῶν εἰδυῖα καταθνητῶν τ' ἀνθρώπων in den theogonischen Versen Anm. 19, wenn ich hier richtig geurtheilt habe.

§ 8. Mit der Stellung der Themis als Rathgeberin des Zeus hängt aufs innigste ihre weißagende Thätigkeit zusammen. Ammianus XXI, 1 nennt sie die Vorsteherin aller Weißagung, Orph. in Mus. 23 ἱεροσκόπος ἀνδρῶν; Diodor schreibt ihr die Erfindung der Mantik zu [24]). Selbst weißagend erscheint sie zunächst unter den Göttern, namentlich in der Urzeit [24b]) vor der Feststellung der Herrschaft des Zeus. Schon dem Kronos hat sie geweißagt, daß er durch einen Sohn gestürzt werden könne [25]). Dem Zeus weißagt sie beim Beginn

---

[23]) Pind. Ol. 8, 21 Διὸς ξενίου πάρεδρος, und allgemeiner Διὸς πάρεδρος Plut. Morr. p. 781, Eustath. 735, 55.

[24]) Diod. V, 67. Θέμιν δέ μυθολογοῦσι μαντείας καὶ θυσίας καὶ θεσμοὺς τοὺς περὶ τῶν θεῶν πρώτην εἰσηγήσασθαι καὶ τὰ περὶ τὴν εὐνομίαν καὶ εἰρήνην ἀποδείξασθαι . διὸ καὶ θεσμοφύλακας καὶ θεσμοθέτας ὀνομάζεσθαι τοὺς τὰ περὶ τοὺς θεοὺς ὅσια καὶ τοὺς τῶν ἀνθρώπων νόμους διαφυλάττοντας· καὶ τὸν Ἀπόλλωνα, καθ' ὃν δὴ χρόνον τοὺς χρησμοὺς διδόναι μέλλει, θεμιστεύειν λέγομεν ἀπὸ τοῦ τὴν Θέμιν εὑρέτριαν γεγονέναι τῶν χρησμῶν. Vgl. Zonar. p. 1029. Θέμις, μαντικῆς δυνάμεως σύμβολον. — Auf die weißagende Kraft der Themis könnte man auch speciell die Epitheta εὔβουλος und ὀρθόβουλος (§. 7) beziehen wollen, s. Welcker Nachtr. z. Tril. p. 194. Aber bei Pind. Ol. 13, 8. und fr. 7. ist eine umfassendere Bedeutung des εὔβουλος entschieden vorzuziehen.

[24b]) Serv. ad Aen. IV, 246 in der Erzählung von der dem Atlas gegebenen Weißagung nennt Themis antiquissima dearum (deorum?) vates, und Mythogr. Vat. II, 114 in derselben Erzählung sagt „a Themide, quae antistes deorum initio fuerat", wo antistes im Sinne von μάντις, προφῆτις gesetzt scheint, vgl. Anm. 25 b.

[25]) Serv. ad. Aen. IV, 304, Mythogr. Vat. I, 104. II, 16. III, 15, 10, Lactant. ad Stat. Ach. II, 190.

des Titanenkampfes, daß er durch die Aegis den Sieg gewinnen werde, s. Anm. 21. Am berühmtesten ist die Weißagung, daß der Sohn der Thetis stärker sein werde als sein Vater, wodurch sie Zeus (und auch Poseidon) von der Ehe mit dieser abhält.²⁵ᵇ) Bei Aeschylos hat Prometheus seine Kunde dieses Schicksalspruches (Pr. 168 ff., 520 ff., 757 ff., 911 ff., 952. 1000) ohne Zweifel von seiner Mutter Themis, obgleich dies nirgends ausdrücklich gesagt wird. Aber nach bestimmter Angabe vs. 209 ff. hat diese ihm geweißagt, daß die Titanen durch List, nicht durch Gewalt siegen würden, und vs. 874, daß Herakles ihn befreien würde; sicherlich hat Prometheus auch in anderen Stücken seine Kunde des Verborgenen ihr zu verdanken. Römische Dichter haben dann auch gedichtet, Themis habe dem Jupiter mitgetheilt, daß Proserpina durch das Schicksal dem Jupiter bestimmt sei Claud. Rapt. Pros. I, 117, und unter den Göttern auch über die Schicksale des Amphiaraus und Alcmaeon geweißagt Ovid. Met. IX, 403. ff.

§. 9. Insbesondere ist aber ihre weißagende Thätigkeit an das pythische Orakel geknüpft. Nach der Erzählung der Pythia Aesch. Eum. in. besaß dieses der Sage zufolge zuerst die Urprophetin (πρωτόμαντις) Gaea, die es ihrer Tochter Themis überließ, diese dann wieder ihrer Schwester Phoebe, welche es schließlich dem Apollon übergibt; ebenso auch Scholl. Eur. Or. 160, aber mit Auslassung der Phoebe. Pausanias X. 5, 3 berichtet aus den Εὐμόλπια des Musaeus, daß ursprünglich das Orakel zwischen Gaea und Poseidon getheilt war, und weiter aus der Sage, daß jene ihren Antheil ihrer Tochter Themis überließ, diese dem Apollon, der zugleich den Antheil des Poseidon durch einen Tausch erwarb. Nach den lateinischen Mythographen hat sie das Orakel als antistes Terrae ²⁶) d. h. als πρόμαντις Γῆς. Nach einer andern Angabe hat zuerst

---

²⁵ᵇ) Pind. Isthm. 8, 31, Apoll. Rh. IV, 799, Apollod. III, 13, 5, Tzetz. ad Lyc. 178, Lactant. Inst. I, 11, 9. Nach Melanippides Scholl. Il. N, 350 war die Weissagung von Prometheus oder Themis ausgesprochen.

²⁶) Mythogr. Vat. I, 189. II, 73, Lactant. Narr. I, 7. Die Herausgeber haben fälschlich terrae gesetzt und den Sinn nicht verstanden. Wenn Mythogr. Vat. III, 15, 10 auch in der Erzählung von der dem

Νύξ das Orakel gehabt, dann Themis [26b]) Nach h. Orph. 78 hat sie zu Pytho den Göttern weißagend zuerst den Sterblichen das pythische Orakel bekannt gemacht und den Apollon die Weißagung gelehrt. Dagegen nach Eur. Iph. T. 1243 ff. und Apollod. I, 4, 1 hat Apollon das Orakel der Themis gewaltsam entrissen, indem er den hütenden Drachen Python erschlug; vgl. Pind. fr. 3 aus Scholl. Aesch. Eum. 2. Claudian in Ruf. praef. faßt umgekehrt die Sache so, als habe der Drache das Orakel der Themis feindlich umlagert und als sei diese durch Apollon befreit, und nach der sehr ähnlichen Schilderung Menand. π. ἐπιδ. p. 326 (Rhett. ed. Walz Vol. IX) war durch die Schuld des Drachen τὸ Θέμιδος μαντεῖον ἔρημον; nach Arg. Pind. Pyth. scheint Python der Themis das Orakel entrissen zu haben, dem es dann Apollon wieder abnimmt. Man vergleiche auch die Darstellung in h. Ap. Pyth. 122 ff., wo aber das alte Orakel geflissentlich ignorirt ist. Andere bezeugen nur, daß Themis vor Apollon zu Pytho weißagte. [27]) Hier erhält Atlas von ihr das Orakel, daß ein Sohn des Zeus ihm

---

Saturn ertheilten Weißagung gesagt ist „Themidis i. e. Terrae antistitis", so scheint diese Bezeichnung hierher fälschlich übertragen zu sein.

[26b]) Arg. Pind. Pyth. Darauf bezieht sich auch Menand. π. ἐπιδι p. 200 Walz. περὶ δὲ Δελφῶν (ἤρισαν) Ἀπόλλων καὶ Ποσειδῶν καὶ Θέμις καὶ Νύξ. Diese Nennung der Νύξ statt der Γαῖα stammt aus der orphischen Theogonie, wo jene als die alte Weißagerin unter den Göttern und als Rathgeberin des Zeus ganz dieselbe Rolle spielt wie sonst Gaea und Themis, s. Lobeck Aglaoph. p. 502. 514. 518. 522 not. 533. 539.

[27]) Harpocr. Suid. EtM. s. v. θεμιστεύειν, Themist. Or. 24 p. 305. E.; Ovid. Met. I, 325 „fatidicamque Themin, quae tunc oracla tenebat" (zur Zeit der deukalionischen Flut), Lucan. V, 80 „Paean Pythona sagittis explicuit, quum regna Themis tripodasque teneret". Auch nach Eur. Or. 160 weißagt Apollo ἐπὶ τρίποδι Θέμιδος. Hierher gehört auch das corrupte Scholion zu Aristoph. Pl. 9 l. 46, auch bei Suidas s. v. θεσπιῳδεῖ: ἡ δὲ λέξις (θεσπιῳδεῖν) ἠτυμολόγηται ἢ παρὰ τὸ θεσπιῳδεῖν ἢ παρὰ τὸ τὴν Θέμιν ἐκεῖ τὰς μαντείας ἄγειν. Das erste ἢ fehlt bei Suidas; θεσπιῳδεῖν hat Rav., θεοπεδωδεῖν vulg. und Suid., θέσπιν ᾠδήν Dind. nach der Vermuthung von Hemsterhuys. Dieser hat sehr gut außerdem ᾄδειν verlangt, aber weniger richtig die schlechter beglaubigte Lesart θεόμαντιν vorgezogen. Man

die Äpfel der Hesperiden rauben werde,[28]) hier Deukalion und Pyrrha die Weisung, die Gebeine der Mutter hinter sich zu werfen.[29]) Hier holen sich auch in einer allegorischen Erzählung des Themistius Oratt. 24 p. 305. A Aphrobite und die Chariten von Themis (οὔπω γὰρ εἶχε Δελφοὺς ὁ Ἀπόλλων) ein den Eros betreffendes Orakel. Es wird aber Themis nicht bloß als delphische Orakelgeberin, sondern auch als Herrscherin von Pytho bezeichnet: Lucan. V, 81. quum regna Themis tripodasque teneret, Orph. h. 78, 5 ὅτε Πυθοῖ ἐμβασίλευεν.

Dieses alte Orakel der Themis war nach Eur. Iph. T. 1249 ein chthonisches,[30]) womit das Überkommen von der Gaea und die Bewachung durch den Drachen, ein Symbol der Erde, stimmt; auch Claudian setzt es in eine Höhle. Es war aber nach Euripides nicht an der spätern Stelle, sondern auf dem Gipfel des Parnasses (vs. 1245 ff.), ὅθι ποικιλόνωτος οἰνωπὸς δράκων σκιερᾷ κατάχαλκος εὐφύλλῳ δάφνᾳ, Γᾶς πελώριον τέρας, ἄμφεπε μαντεῖον χθόνιον. Auch Probus zu Virg.

lese ἠτυμολόγηται παρὰ τὸ θεσμῳδεῖν, ὃ παρὰ τὸ τὴν Θέμιν ἐκεῖ τὰς μαντείας ᾄδειν. Auch Diodor V, 67 (s. Anm. 24) leitet θεσμός von Θέμις her.

[28]) Ovid. Met. IV, 641 „Themis hanc dederat Parnasia sortem" und ohne Bezeichnung des Ortes Serv. ad Aen. IV, 246, Mythogr. Vat. II, 114, Lactant. Narr. V, 3.

[29]) Ovid. Met. I, 372 ff., Prob. ad. Georg. I, 62, Scholl. Stat. Theb. III, 561, Lactant. Narr. I, 7, Mythogr. Vat. I, 189, II, 73, wo überall die Landung auf dem Parnaß angenommen ist. Dagegen nach Serv. ad Ecl. 6, 41 landet Deukalion auf dem Athos; die Orakelstätte wird hier nicht näher bezeichnet. Endlich Timotheus bei Arnob. adv. gent. V, 5 verlegt die Scene nach Phrygien. Übrigens sind bei Mythogr. Vat. I, 189 offenbar zwei verschiedene Angaben von einem Orakel der Themis und des Apollo ungeschickt verbunden; die letzte fehlt in der übereinstimmenden Erzählung des Lactantius.

[30]) Welcker A. Denkm. II, 325, Kl. philol. Schr. III, 92, Götterl. I p. 326 hat Eur. Iph. T. 1259 ff. und die Darstellung auf einer Paste, wovon unten Anm. 49, dahin gedeutet, als seien der Themis auch Traumorakel zugeschrieben. Mit Recht ist aber diese ganz unzulässige Auffassung der Euripideischen Stelle von Stark zu Hermann's gottesd. Alt. §. 40, 7 abgewiesen.

Georg I, 61 berichtet, bei der deukalionischen Fluth hätten nur die beiden Gipfel des Parnaß hervorgeragt „ut ibi esset oraculum Themidis"; ebendaselbst scheint es bei Mythogr. Vat. I, 189 angenommen zu werden. Ovid. Met. I, 321 erzählt, wie Deukalion und Pyrrha auf dem Parnaß gelandet „Corycidas Nymphas et numina montis adorant fatidicamque Themin, quae tunc oracla tenebat." Aber vs. 369 ff. läßt er sie nach dem Verlaufen des Wassers erst zum Cephissus gehen, dann zu dem überschwemmt gewesenen Tempel der Themis, wo sie das Orakel erhalten; hierbei wird man einige Confusion kaum verkennen können. Bei Mythogr. Vat. II, 73 fährt Deukalion vom Parnaß zu Schiffe nach Delphi und erhält hier das Orakel.

Nach einer Erzählung bei Plutarch Morall. p. 421. C. hat Themis das Orakel auch noch während des Exiles des Apollon verwaltet. Noch andere Überlieferungen setzen eine gemeinschaftliche Wirksamkeit beider weißagenden Gottheiten. Nach Strab. IX. p. 422 ff. erzählte Ephoros, Apollon und Themis (die er rationalisirend als sterbliches Weib nahm) hätten zusammen das delphische Orakel gegründet. Plutarch Morall. 860 D. sagt vom pythischen Orakel τῆς λεγομένης συμπροφητεύειν Θέμιδος, und in der mystischen Vision des Thespesios Morall. 566 E erblickt dieser τὸ φῶς ἐκ τοῦ τρίποδος διὰ τῶν κόλπων τῆς Θέμιδος ἀπερειδόμενον εἰς τὸν Παρνασόν. Endlich Scholl. Pind. N. 9, 123. παρεδρός ἐστι τοῦ Ἀπόλλωνος ἡ Θέμις χάριν τοῦ χρηστηρίου · καὶ γὰρ ἦν προφῆτις.[31]) Daß Themis als die älteste Prophetin oder Pythia galt, liegt auch in der nach Clem. Alex. Strom. I p. 366, 34 von Einigen gehegten Meinung, Themis habe den Hexameter erfunden, was gewöhnlich der ältesten mythischen Pythia Phemonoe zugeschrieben wird.[32]) Auch ertheilt sie auf einem

---

31) Man könnte hierher auch Pind. P. 11, 9 beziehen wollen: ὄφρα Θέμιν ἱερὰν Πυθῶ τε καὶ ὀρθοδίκαν γᾶς ὀμφαλὸν κελαδήσει, wozu Scholl. Θέμιδος ἦν τὸ χρηστήριον, ὅθεν καὶ τὸ θεμιστεύειν. Aber das Epitheton ἱεράν zeigt, daß hier nicht die Göttin Themis zu verstehen ist, sondern das appellative θέμις; in welchem Sinne, s. Abschn. II.

32) Φημονόη, die sich auf Götterstimmmen verstehende

alten Vasengemälde, welches später noch besprochen werden muß §. 14, ganz im Costüme der Pythia vom Dreifuße dem Aegeus dasjenige Orakel, welches dieser nach Plutarch. Thes. c. 23 von der Pythia empfieng. Aber auch noch in der historischen Zeit scheint man, wie namentlich aus Plutarch's συμπροφητεύειν zu schließen, eine unsichtbare Assistenz der Themis neben der menschlichen προφῆτις Pythia angenommen zu haben.

§. 10. Auch außerhalb Delphi erscheint Themis an Orakeln betheiligt. Zu Olympia war nach Paus. V, 14, 8 in dem sogenannten Γαῖος, wo ein Orakel der Gaea gewesen sein sollte und noch ein Aschenaltar derselben war, bei dem sogenannten Στόμιον (offenbar Mündung einer Erdhöhle) ein Altar der Themis; dies war also ein chthonisches Orakel gewesen, wie einst das pythische. Dagegen mit einem Orakel des Apollon ist Themis verbunden in dem macedonischen Ἰχναί[33]), woher sie frühzeitig (schon h. Ap. Del. 91) den Beinamen Ἰχναίη führte, der freilich auch auf das weniger bekannte thessalische Ἰχνοί zurückgeführt werden könnte, wo nach Strab. IX p. 435 gleichfalls Θέμις Ἰχναία verehrt wurde, während in der Nähe ein Heiligthum des Ἀπόλλων Φύλλιος war.

Wenn nach der Erzählung bei Servius zu Virg. Ecl. 6, 41 Deukalion und Pyrrha auf dem Athos landeten, so ist bei dem alsbald erhaltenen responsum Themidis vielleicht an das macedonische Ichnae zu denken. Auch in dem milesischen Didymaeon mit dem berühmten apollinischen Orakel der Branchiden war Themis unter den verehrten Gottheiten.[34]) — Endlich ist

---

(φάμα vom Spruche des delphischen Orakels Soph. OR. 158) kann geradezu als ein Beiname der Themis gedeutet werden.

[33]) Hesych. Ἰχναίην χώραν· τὴν Μακεδονίαν, ἔνθα τὸ μαντεῖον Ἀπόλλων κατέσχε καὶ τιμᾶται Ἰχναίη Θέμις, Steph. Byz. Ἴχναι, πόλις Μακεδονίας — τὸ ἐθνικὸν Ἰχναῖος καὶ Ἰχναία ἡ Θέμις. Lycophr. 129 τῆς Ἡλίου θυγατρὸς Ἰχναίης βραβεύς, wozu Scholl. A. ἡ Θέμις · ἐν Ἴχναις γὰρ τῆς Μακεδονίας διέτριβεν. Schlechte Etymologien des Beinamens von ἴχνος, ἰχνεύω geben Scholl. und Tzetz. zu Lyc. 129. Die richtigere Betonung Ἰχναί wird in Anecdd. Oxx. I p. 98 gelehrt.

[34]) Die Inschrift Corp. Inscr. II nr. 2852 enthält ein Verzeichniß von Weihgeschenken des Königs Seleukos für die θεοὶ Σωτῆρες εἰς τὸ ἱερὸν τοῦ Ἀπόλλωνος τοῦ ἐν Διδύμοις. Als solche werden der Reihe

zu erwähnen, daß auch die arkadische Themis, die Mutter des Euandros, vorzugsweise als Weißagerin gedacht wird. Sie weißagt nach Dion. Antt. I, 31. 32 theils schon in Arkadien theils nach der Auswanderung in Latium. Gerade dieser Eigenschaft wegen wird sie mit der italischen Carmenta identificirt.

An kein bestimmtes Local knüpft sich der Orakelspruch der Themis, auf welchen nach einer interessanten Überlieferung die alte Vorschrift ἅλας καὶ τράπεζαν μὴ παραβαίνειν, d. h. das Gastrecht nicht zu verletzen, zurückgeführt wurde.[35])

§. 11. Von Diodor (s. Anm. 24) und in dem pseudo-orphischen Hymnus[36]) wird der Themis die Einführung des religiösen Cultus zugeschrieben, im letzteren auch die der Mysterien, namentlich auch der Bacchischen. Diodor legt ihr ferner die Begründung des göttlichen und menschlichen Rechts, der Gesetzlichkeit und des Friedens bei, wie denn das auch schon in den Namen ihrer Töchter, der Horen Δίκη, Εὐνομία und Εἰρήνη ausgedrückt ist. Vorzugsweise aber erscheint sie als Schützerin und Vertreterin desjenigen Rechtes, welches nicht auf menschlichen Satzungen beruht, aber desto mehr unter dem unmittelbaren Schutze der Götter gedacht wird, des römischen fas, und wird deßhalb dem personificirten Fas gleichgestellt. So Paul. ex Fest. p. 367: Themin deam putabant esse, quae praeciperet hominibus id petere quod fas esset, eamque id esse existimabant quod fas (richtiger Fas) est, Auson. Technop. Id. 12. prima deûm Fas, quae Themis est Grajis. In diesem Sinne nannte sie nach Plutarch Alex. c. 52 und Morall. p. 781 Anaxarchos dem Alexander gegenüber eine πάρεδρος des Zeus, wie die Dike als Vertreterin des jus, „ἵνα

nach genannt Ἀγαθὴ Τύχη, Θέμις, Ἑκάτη, Ἀπόλλων, Ἄρτεμις, Ζεὺς Σωτήρ.

[35]) Zu dem Sprichworte ἅλας καὶ τράπεζαν μὴ παραβαίνειν geben Macar. I, 73 und cod. Bodl. in Adn. crit. zu Zenob. I, 62 ed. Gott. die Erklärung: τὴν Θέμιν φασὶ χρηστηριάζουσαν παραινεῖν [ταῦτα μὴ παραβαίνειν ἢ ὅτι ἔκειντο ἐν τῷ μαντείῳ ἢ] ὅτι τοῖς κοινωνήσασι τούτων φίλοις χρῆσθαι δεῖ. Die eingeklammerten Worte hat nur Bodl.

[36]) Orph. h. 78, 8. πρώτη γὰρ τελετὰς ἁγίας θνητοῖς ἀνέφηνας, Βακχιακὰς ἀνὰ νύκτας ἐπευάζουσα ἄνακτα · | ἐκ σέο γὰρ τιμαὶ μακάρων μυστήριά θ' ἁγνά. Richtiger ist Βακχιακὰς zu τελετὰς zu ziehen.

πᾶν τὸ πραττόμενον ὑπὸ βασιλέως θεμιτὸν δοκῇ καὶ δίκαιον", wozu Plutarch in der zweiten Stelle philosophirend bemerkt, vielmehr sei Zeus selbst Δίκη und Θέμις. Insbesondere ist Themis bei demjenigen Zeus betheiligt, welches Zeus als ξένιος, ἱκέσιος, ὅρκιος unter seinem speciellen Schutze hat. Freilich ist in den betreffenden Stellen oft schwer zu entscheiden, ob richtiger Θέμις oder θέμις zu schreiben sei, weil bekanntlich die Alten zwischen der persönlichen Gottheit und dem von ihr vertretenen Begriffe gar nicht scharf unterscheiden, während wir durch die großen Anfangsbuchstaben der Eigennamen zu einer Entscheidung gezwungen werden. Hierher gehören besonders Pind. Ol. 8, 21 (Αἴγινα,) ἔνθα Σώτειρα Διὸς ξενίου πάρεδρος ἀσκεῖται Θέμις ἔξοχ' ἀνθρώπων und N. 11, 8 (von Tenedos) καὶ ξενίου Διὸς ἀσκεῖται Θέμις ἀενάοις ἐν τραπέζαις.³⁷) Ferner Orph. Arg. 551. αἰδομένους Θέμιν ἁγνοτελῆ ξενίην τε τράπεζαν, Lycophr. 137. λάξας τράπεζαν κἀνακυπῶσαι Θέμιν (vom Paris), wo aber das appellative θέμιν richtiger sein wird.³⁸) Auch das obenerwähnte Orakel der Themis (Anm. 35) ἅλας καὶ τράπεζαν μὴ παραβαίνειν bezieht sich auf das heilige Gastrecht. Ferner Aesch. Suppl. 344. ἴδοιτο δῆτ' ἄνατον φυγὰν ἱκεσία Θέμις Διὸς κλαρίου, wo freilich Hermann, wol richtiger, θέμις geschrieben hat. Als Eidesgöttin erscheint sie noch bei Plato, welcher Legg. XI p. 936 E. verlangt, ein feierlicher Zeugeneid μὴ εἰδέναι solle bei Zeus, Apollon und Themis geschworen werden. In Soph. El. 1064 versichert der Chor beim Blitze des Zeus und der οὐρανία Θέμις, Verletzung kindlicher Pietät

---

³⁷) In Ol. 8, 21 erscheint Themis als echte persönliche Gottheit durch die Bezeichnungen als σώτειρα und noch mehr als πάρεδρος; dagegen verlangt das Verbum ἀσκεῖται eigentlich das appellative θέμις, weil nicht gesagt wird ἀσκεῖν θεόν, wohl aber ἀσκεῖν ἀρετήν u. dgl. In N. 11, 8 kann man Θέμις eigentlich nur durch die Analogie der andern Stelle rechtfertigen; für θέμις spricht außer ἀσκεῖται auch die Verbindung mit dem Genitiv Διός, da doch unmöglich πάρεδρος ergänzt werden kann. Ähnlich verhält es sich mit Διὸς Θέμις in den weiter erwähnten Stellen Aesch. Suppl. 344 und Eur. Med. 209.

³⁸) Dieses wird durch die Erklärungen in den Scholien und bei Tzetzes anerkannt, auch durch das vorhergehende ἔτλης θεῶν ἀλοιτὸς ἐκβῆναι δίκην empfohlen.

werde nicht lange ungestraft bleiben, wo die beiden Eidgötter zugleich als Schützer dieser Pietät angerufen werden. In Eur. Med. 160 ruft Medea die‘ μεγάλα Θέμις und die πότνια ῎Αρτεμις als Zeugen für den Eidbruch ihres Gatten an, und darauf bezieht sich vs. 168 die Amme mit den Worten κλύεϑ᾽ οἷα λέγει κἀπιβοᾶται Θέμιν εὐκταίαν Ζῆνά ϑ᾽ ὃς ὅρκων ϑνατοῖς ταμίας νενόμισται, und der Chor vs. 208. ϑεοκλυτεῖ δ᾽ ἄδικα παϑοῦσα τὰν Ζηνὸς ὁρκίαν Θέμιν.[39]) Auf andern Seiten des fas ist Themis bezogen Aesch. Eum. 405 λέγειν δ᾽ ἄμομφον ὄντα τοὺς πέλας κακῶς πρόσω δικαίων ἠδ᾽ ἀποστατεῖ Θέμις (so Schömann richtig für ϑέμις), d. h. ist gegen jus und fas, Suppl. 37 λέκτρων, ὧν Θέμις εἴργει, wie ich auch hier für ϑέμις schreiben möchte. Ähnliches auch noch bei Nonnus Dion. XXXI, 94. XLVII, 356. Übrigens ist auch Dike von diesem Gebiete des fas keineswegs ausgeschlossen.[40])

Viel weniger tritt in den bessern Quellen die von Diodor nicht minder anerkannte Beziehung auf das menschliche Recht hervor. Jedoch wird es sich später zeigen, daß die Bemerkung in Scholl. A. Il. Σ, 504 Θέμιδι γὰρ ἱερὰ τὰ δικαστήρια, wenigstens für die älteste Zeit ihr volles Recht hat. Nonnus Dion. XLI, 165 hat sogar die geburtshelfende Themis mit den

---

[39]) Es ist beachtungswerth, wie die Anrufung der Themis von der Amme als eine der Themis und des Zeus betrachtet wird (was die alten Interpreten, namentlich Apollodoros von Tarsos und Didymos nicht richtig beurtheilt haben) und dann vom Chore als eine der Θέμις Ζηνός.

[40]) Z. B. Aesch. Eum. 530 βωμὸν αἴδεσαι Δίκας (Herm. unrichtig δίκας) μηδέ νιν κέρδος ἰδὼν ἀθέῳ ποδὶ λὰξ ἀτίσῃς · ποινὰ γὰρ ἐπέσται. κύριον μένει τέλος. πρὸς τάδε τις τοκέων σέβας εὖ προτίων καὶ ξενοτίμους δωμάτων ἐπιστροφὰς αἰδόμενός τις ἔστω, ferner Suppl. 671. ξένοισι τ᾽ εὐξυμβόλους, πρὶν ἐξοπλίζειν ῎Αρη, δίκας ἄτερ πημάτων διδοῖεν. Θεούς δ᾽ (οἳ γᾶν ἔχουσιν ἀεί) τίοιεν ἐγχωρίους πατρῴαις δαφνηφόροις βουθύτοισι τιμαῖς. τὸ γὰρ τεκόντων σέβας τρίτον τόδ᾽ ἐν θεσμίοις Δίκας (Herm. falsch δίκας) γέγραπται μεγιστοτίμου. Als die drei θεσμοί der Dike (über ähnliche des Triptolemos und Cheiron s. Schneidewin de Pittheo p. 4 ff.) sind also anzunehmen: θεοὺς σέβειν, γονέας τιμᾶν, ξένους αἰδεῖσθαι, welche sich vollständig auch für Themis eignen würden, wie dieser denn das Gebot ἅλας καὶ τράπεζαν μὴ παραβαίνειν zugeschrieben wird. Auch θέμις und δίκη sind bei weitem nicht so scharf geschieden wie fas und jus.

Gesetzen des Solon ausgerüstet. Zweideutiger ist Orph. fr. 28 (Aglaoph. p. 731) καὶ Θέμις, ἥπερ ἅπασι θεμιστεύει τὰ δίκαια, zugleich auf die weißagende Thätigkeit bezüglich, und auf Erklärungen wie θεᾶ φυλακτικὴ τοῦ δικαίου, διὸ καὶ τῷ Διὶ ἐλέγετο πάρεδρος Eustath. 735, 55 u. dgl.⁴¹) ist kein Werth zu legen, da diese späteren es mit dem Unterschiede von θεμιτόν und δίκαιον gar nicht streng nehmen. Ganz deutlich ist Themis mit Dike verwechselt, wenn Marcianus Capella II, 42 die unter die Sterne versetzte Jungfrau für Themis oder Astraea oder Erigone hält.⁴²)

§. 12. In der Vorstellung von der Themis als der Göttin der Gerechtigkeit ist fast mit Nothwendigkeit auch die Auffassung als frevel=strafende Gottheit gegeben, wie denn auch Dike sehr gewöhnlich dieses Amt verwaltet.⁴³) Schon in einigen der vorher angeführten Stellen läßt sich diese Vorstellung kaum verkennen, namentlich Soph. El. 1064, wo Themis neben dem Blitze des Zeus angerufen wird, und Eur. Med. 160. Noch bestimmter tritt sie hervor Ovid. Met. VII, 162 alma Themis non talia linquit inulta. Es scheint auch, als habe sie in alten Erzählungen von den Gigantenkämpfen eine Rolle dieser Bedeutung gespielt.⁴⁴) Hierher gehört nun auch die Verbindung, in welcher wir sie mit der Nemesis finden. In dem berühmtesten Tempel dieser Gottheit zu Rhamnus wurde zugleich auch Themis verehrt, und zwar scheinen beide Göttinnen in einem gewissen Parallelismus gestanden zu haben⁴⁵). Umgekehrt wird,

---

⁴¹) So wird Θέμις auch erklärt durch ἔφορος τῆς δικαιοσύνης Scholl. Eur. Or. 160. Tzetz. ad Lyc. 137, δικαιοσύνη (richtiger Δίκ.) Suid. s. v. Θέμιν, Scholl. D. Il. Υ, 4, Scholl. Lycophr. 129, Gl. Pind. Ol. 13, 11, δίκη (besser Δίκη) Sch. Rec. Pind. Ol. 8, 28.

⁴²) Dagegen schildert Aratos die in der Jungfrau erkannte Dike vs. 100 ff. ganz wie es sich für Themis passen würde, s. besonders vs. 105: ἀγειρομένη δὲ γέροντας ἠὲ που εἰν ἀγορῇ ἢ εὐρυχόρῳ ἐν ἀγυιῇ δημοτέρας ἤειδεν ἐπισπέρχουσα θέμιστας.

⁴³) So besonders Sol. fr. 4, 14, Aesch. Ag. 235. Ch. 308. 629 ff. 936. u. a.

⁴⁴) Nach Tzetz. ad Lyc. 129 hat Themis den Beinamen Ἰχναίη διὰ τὸ κατ' ἴχνος καὶ κατὰ πόδας τῶν Γιγάντων ἕπεσθαι. Nonnos Dion. II, 710 läßt Themis die Spolien des erschlagenen Giganten Typhoeus an die Thore des Olymp heften.

⁴⁵) In den Trümmern des Tempels von Rhamnus sind einander

während zu Jchnae besonders der Cultus der Themis hervor=
tritt, und diese speciell 'Ιχναίη genannt wird (Anm. 33), von
Diodor Anth. Pal. IX, 405 auch Nemesis als παρθένος 'Ιχναίη bezeichnet, so daß auch dort beide Gottheiten in Verbin=
dung verehrt zu sein scheinen. (Vgl. auch Hesych. ’Αγαθὴ
τύχη: ἡ Νέμεσις καὶ ἡ Θέμις.) Ebenso sollen in Beziehung auf
den gestraften Frevel des Paris von Menelaos ἀγάλματα der
Themis und der Praxidiken zusammen aufgestellt sein.[46]) Es
scheint deutlich, daß in dieser Verbindung der Themis das rich=

gegenüber zwei marmorne Sitze gefunden, von denen der eine C. I. nr.
461 oben die Inschrift hat ἐπὶ ἱερείας Φιλοστράτης und unten Θέμιδι
Σώστρατος ἀνέθηκε, der andere nr. 462 oben ἐπὶ ἱερείας Καλλιστοῦς
und unten Νεμέσει Σώστρατος ἀνέθηκε.

[46]) Paus. III, 22, 1. κατὰ δὲ τὴν νῆσον (Κρανάε bei dem lakoni-
schen Gythion) ἱερόν ἐστιν ᾿Αφροδίτης ἐν τῇ ἠπείρῳ Μιγωνίτιδος, καὶ
ὁ τόπος οὗτος ἅπας καλεῖται Μιγώνιον. τοῦτο μὲν δὴ τὸ ἱερὸν ποιῆ-
σαι λέγουσιν ᾿Αλέξανδρον. Μενέλαος δὲ Ἴλιον ἑλὼν καὶ ἔτεσιν ὕστερον
ὀκτὼ μετὰ Τροίας πόρθησιν οἴκαδε ἀνασωθεὶς ἄγαλμα Θέτιδος καὶ θεὰς
(so richtig Schub. ed. min., θεᾶς vulg.) Πραξιδίκας ἱδρύσατο ἐγγὺς τῆς
Μιγωνίτιδος. Ich trage kein Bedenken Θέμιδος zu schreiben, wie die=
selbe Verwechslung schon Anm. 22 vorgekommen ist. Wie man hätte
glauben können, daß Menelaos an jenem durch den Frevel des Paris
befleckten Orte der Thetis ein ἄγαλμα errichtet habe, und obenein in
Verbindung mit den Praxidiken, ist unverständlich; dagegen mit Themis
ist die Sache ganz klar, zumal da Themis in der Geschichte des troja-
nischen Krieges die wichtigste Rolle spielt, s. Anm. 22.

Da hierdurch ein Cultus der Themis in Lakonika gegeben ist, so
liegt es nahe auch bei dem Heiligthum der Thetis in Sparta Paus.
III, 14, 4 an dieselbe Verwechslung zu denken. Pausanias berichtet
hier, der König Anararchos habe bei einem Kriege mit den Messeniern
Kleo, eine Priesterin der Thetis, gefangen sammt dem ξόανον der Thetis; seine Gattin Leandris habe sich dieselbe von ihm erbeten und in
Folge eines Traumgesichtes mit ihr einen Tempel der Göttin gegründet;
„τὸ μὲν δὴ ξόανον τῆς Θέτιδος ἐν ἀπορρήτῳ φυλάσσουσι." Daß der
Name Κλεω für eine sagenhafte Priesterin der Themis sehr geeignet ist,
wird sich Abschn. V ergeben; vorläufig vgl. §. 19. Daß aber der Cul=
tus der Göttin von Weibern ausgeht und daß sich dabei ἀπόρρητα fin=
den, erinnert stark an die Thesmophorien, deren enge Verwandtschaft
mit dem Cultus der Themis gleichfalls in Abschn. V aus Licht treten
wird. Auch erwähnt Pausanias unmittelbar hinterher ein Heiligthum

tende, der Nemesis (oder den Praxidiken) das vollstreckende Amt zukam. Da aber beide Functionen auch jeder einzelnen von beiden Gottheiten beigelegt werden konnten, so werden die Θέμιδες welche zu Troezen einen angeblich von Pittheus gegründeten Altar hatten Paus. II, 31, 5, und die Νεμέσεις zu Smyrna (s. Preller Mythol. I. p. 419) denselben Sinn gehabt haben wie die Verbindung von Themis und Nemesis. Da ferner auch Artemis vielfach eine Straferin des Frevels ist und als Οὖπις mit der Nemesis zusammenfällt, so gehört hierher auch, daß Medea Eur. Med. 160 Themis und Artemis zusammen wegen des Frevels des Jason anruft, wobei es beachtungswerth ist, daß in den von der Amme und dem Chore auf jene Anrufung genommenen Beziehungen (s. §. 11) Artemis ganz ignorirt wird, gleich als sei sie nur eine unwesentliche Zugabe zur Themis.

Auf die strafende Thätigkeit der Themis bezieht sich ohne Zweifel das Schwert, welches Clemens (Anm. 3) unter ihren geheimen Symbolen aufführt, wie Aeschylos Ch. 629 der Δίκη ein von der Αἶσα geschmiedetes Schwert beilegt und die Erinyen auf Bildwerken zuweilen Schwerter führen; s. Wieseler Denkm. d. alt. K. II zu nr. 958 und vgl. Lycophr. 153 Ἐρινὺς θουρία ξιφηφόρος.

§. 13. Die der Themis ertheilten Epitheta sind größtentheils schon erwähnt worden; es erscheint aber zweckmäßig dieselben hier noch einmal nach ihren verschiedenen Beziehungen geordnet zusammenzustellen.

a) Das uralte Wesen der Themis wird bezeichnet durch παλαιγενής, πρέσβειρα, longaeva, θεῶν ἡ πρεσβυτάτη, antiquissima dearum (deorum) vates s. §. 1.

b) Auf ihr Geschlecht gehen Τιτανίς, Οὐρανία (Anm. 1) ἠυγενής h. Ven. 94, εὐπατέρεια Orph. h. 78, 1.

c) Die Würde und hohe Göttlichkeit ihrer Person wird bezeichnet durch μεγάλη Eur. Med. 160, magna Claud. R. Pros. I, 107, welche Ausdrücke aber ganz besonders für chthonische und mysteriöse Gottheiten üblich sind; ferner ἁγνή Orph. h.

---

der Δημήτηρ Χθονία. Allerdings ist dreimal Θέμιδος in Θέμιδος zu verwandeln, was aber bei der Beschaffenheit der Handschriften des Pausanias nicht unzulässig erscheint.

78, gleichfalls ein besonders für Demeter und Kore gebräuchliches Beiwort, und ἁγνοτελής Orph. Arg. 547; endlich αἰδοίη Hesiod. Th. 16, πάντιμε, σεβάσμιε Orph. h. 78, vielleicht auch οὐρανία Soph. El. 1064, f. §. 1.

d) Die Schönheit der äußern Gestalt betreffen die Epitheta καλλιπάρηος Hom. Il. O, 87, καλυκῶπις und ἀγλαόμορφος Orph. h. 78.

e) Die Weisheit der berathenden Themis bezeichnen die Ausdrücke εὔβουλος, ὀρθόβουλος, πινυτή (§. 7), vgl. κεχαρημένη εὔφρονι βουλῇ Orph. h. 78 und πλεῖστα θεῶν εἰδυῖα καταθνητῶν τ᾽ ἀνθρώπων in den theogonischen Versen Anm. 19. Dieselben können zugleich auf ihre weißagende Kraft bezogen werden, besonders εὔβουλος und ὀρθόβουλος (Anm. 24), welche von Ovid unzweideutiger durch fatidica Met. I, 321 und futuri praescia IX, 416 bezeichnet wird.

f) Als Vertreterin des göttlichen Rechtes nach verschiedenen Seiten heißt sie ἱκεσία Aesch. Suppl. 344 (?), ὁρκία Eur. Med. 208 (?), vgl. §. 11, und εὐκταία Med. 169, wie auch die Erinys Aesch. Sept. 704 genannt wird.

g) Die segensreiche Wirksamkeit der Themis wird bezeichnet durch die Benennungen σώτειρα Pind. Ol. 8, 21, wie sie auch im Didymaeon unter den θεοὶ σωτῆρες war Anm. 34; ferner durch alma Ovid. Met. VII, 762, welches Beiwort nach seinem ursprünglicheren Gebrauche auch vortrefflich für die Themis = Gaea paßt, vgl. alma Ceres. Endlich gehört hierher auch λιπαρή Hesiod. Th. 901, welches fälschlich auf äußere Schönheit gedeutet ist, in welchem Sinne dieses Wort nirgends als Epitheton von Personen gebraucht wird. Aber man vergleiche, daß Solon fr. 42 die Γῆ als λιπαρὴ κουροτρόφος bezeichnet; bei der Themis wird man das Beiwort am besten darauf beziehen, daß durch ihr und ihrer Töchter der Horen Walten die Städte λιπαραί werden. Beachtungswerth ist das Zusammentreffen der Themis und der Gaea auch in diesem seltenen Epitheton.

h) Den mystischen Cultus betrifft νυκτιπόλευτος Orph. h. 78.

i) Von den Cultus- und Orakelstätten hergenommen sind Ἰχναίη §. 10 und Parnasia Ovid. Met. IV. 643.

B. Bildliche Darstellungen.

§. 14. Von bildlichen Darstellungen der Themis ist bis jetzt nur eine einzige sichere bekannt, die sich auf einer Kylix von Vulci findet, aus der besten Kunstperiode, herausgegeben von Gerhard in dem Winckelmanns-Programme von 1846 das Orakel der Themis, wiederholt in Wieseler's Denkm. d. alt. K. II. nr. 947. Themis (ΔΕΜΙΣ [47]), auf dem Dreifuße sitzend und in der einen Hand eine Schale, in der andern einen Lorbeerzweig haltend, ertheilt dem Aegeus (ΑΙΙ'ΕΥΣ) ein Orakel, ohne Zweifel den θρυλούμενος χρησμός, durch welchen ihn, als er wegen Nachkommenschaft nachfragte, nach Plutarch. Thes. c. 23 die Pythia nach Troezen wies. Schale und Lorbeerzweig sind von Wieseler in überzeugender Weise auf das Trinken aus der begeisternden Quelle Kassotis [48]) und das Kauen des Lorbeers bezogen, wodurch sich die Pythia auf das Weißagen vorbereitete, vgl. K. Fr. Hermann gottesd. Alt. §. 40, 12. Freilich ist der Lorbeerzweig auch noch in einem andern Sinne Symbol der Weißagung, wovon in Abschn. IV zu reden ist. Eben so richtig hat Wieseler den scheinbaren Anachronismus, wodurch Themis als die Orakelgeberin für Aegeus dargestellt ist, nachdem Gerhard und Welcker denselben durch künstliche Annahmen zu erklären gesucht hatten, gänzlich in Abrede gestellt, weil ja nach mehrfachen Zeugnissen (s. §. 9 gegen Ende) wirklich auch an eine gemeinsame Wirksamkeit der Themis mit Apollon

---

[47]) Diese Schreibung bezeugt Wieseler ausdrücklich; Gerhard bemerkt nichts darüber, und in seiner Abbildung, die doch von Wieseler zu Grunde gelegt ist, kann der erste etwas undeutliche Buchstabe möglicherweise für ein Θ gelten. Auch in Corp. Inscr. IV nr. 7718 b. ist ohne Bemerkung Θέμις gelesen.

[48]) Wieseler vergleicht hinsichtlich der Schale die bekannte Apotheose Homers Denkm. d. alt. K. II nr. 742, wo vor Apoll, welcher als Kitharoede gekleidet in seinem Abyton steht, eine weibliche Figur mit einer Schale erscheint, welche durch ihre Kleinheit als untergeordnet bezeichnet ist. Wieseler deutet diese mit früheren Erklärern als Pythia; ich möchte sie bestimmter als die älteste Pythia Phemonoe fassen, welche von Apollon den epischen Vers lernt; bei dieser Deutung tritt dieser Theil der Composition zum Ganzen in die verständlichste Beziehung.

geglaubt sei. Es ist demselben aber die von mir angeführte Stelle Scholl. Pind. N. 9, 123 entgangen, wo Themis aus= drücklich als προφῆτις des Apollon bezeichnet wird. Danach ist ohne Bedenken anzunehmen, daß Themis in dem Bilde nicht bloß nach Analogie der Pythia, wie Wieseler will, sondern geradezu als älteste προφῆτις und Pythia des Apollon darge= stellt ist. Übrigens erscheint Themis auf dem Bilde in frischer Jugendlichkeit, was aber, wie Gerhard bemerkt, nach der Sitte der alten Kunst mit der Idee von ihrer Mütterlichkeit keines= weges streitet. Auch Homer nennt Themis καλλιπάρῃος Il. O. 87, der orphische Hymnus καλυκῶπις und ἀγλαόμορφος, und in h. Ven. 94 ist sie in der blühendsten Schönheit gedacht, da Anchises, beim Anblick der Aphrodite von Liebe ergriffen zwei= felt, ob er Artemis oder Leto oder Aphrodite oder Themis oder Athene oder eine der Chariten oder Nymphen vor sich sehe..

§. 15. Unter den bisher versuchten Deutungen namen= loser Figuren auf Themis scheint mir neben mehreren sicherlich verfehlten[46]) nur eine einzige Wahrscheinlichkeit zu besitzen. Auf

---

[46]) Eine weibliche Figur mit Wage und Palmzweig auf einem ge= schnittenen Steine Denkm. d. alt. K. II. nr. 946 ist seit Winckelmann Themis genannt, auch noch von Wieseler im Texte, wenn gleich zwei= felnd. Aber derselbe hat in der trefflichen Abhandlung über das Sym= bol der Wage Gött. Antik. p. 28 die Unhaltbarkeit dieser Benennung nachgewiesen. Nur ein Irrthum ist es, wenn Jacobi Mythol. Wörterb. p. 853 und Scheiffele in Pauly's Realencycl. VI p. 1789 unter Be= rufung auf Gell. N. A. XIV, 4 und Hirt's myth. Bilderb. p. 112 von der Darstellung der Themis einerseits nach dem Ideal der Athene, anderseits mit Wage und Füllhorn reden. Gellius spricht dort nach Chrysippus von der Justitia, d. h. Δικαιοσύνη oder allenfalls Δίκη, und Hirt hat das von ihm mitgetheilte Münzenbild mit Wage und Füllhorn keinesweges als Themis bezeichnet (wie auch Gerhard b. Or. b. Th, Anm. 46 fälschlich berichtet), sondern als Göttin der Gerechtigkeit.

Ferner hatte Winckelmann auf dem Relief Denkm. d. alt. K. II nr. 961, welches nach ihm die meisten auf die Hochzeit des Peleus be= zogen haben (schwerlich mit Recht, s. Wieseler) für diejenige Figur, die nach seinem Vorgange gewöhnlich für Eris gehalten wird, auch die offen= bar ganz verkehrte Benennung Themis vorgeschlagen. Eine unrichtige Deutung auf der Francois=Vase wird §. 22 erwähnt werden. Forch= hammer Annal. del. instit. Arch. X p. 276 hat die Thesan eines

einem von Welcker A. Denkm. II. p. 74 besprochenen Vasen=
gemälde kommt nämlich Apollon auf einem Greif reitend, dem
Artemis zu Fuß voranschreitet, vor einer thronenden Göttin an,
hinter welcher Hermes steht. Die Göttin ist von Politi wegen

Vasengemäldes für Themis gehalten, obgleich diese bereits als die etrus=
cische Eos sicher bekannt war.
 Endlich haben Winckelmann Mon. ined. I p. 55 zu nr. 44 und Welcker
A. Denkm. II p. 325 die Darstellung auf einer alten Paste (Denkm.
d. alt. K. II nr. 155 in der neuen Bearbeitung), wo eine weibliche
Figur in der Haltung einer schlafenden oder trauernden vor einem
Dreifuße sitzt, auf Themis als Schlafprophetin gedeutet. Aber die Stelle
Eur. Iph. T. 1259, auf welche sich dieselben stützen, ist von ihnen falsch
verstanden, s. Anm. 30. Andere haben die Figur für Pythia erklärt,
Panofka für Manto; Wieseler läßt die Frage unentschieden, indem er
im Allgemeinen nur eine Beziehung auf ein apollinisches Heiligthum,
wahrscheinlich das delphische, anerkennt. Für die richtige Deutung
kommt es auch auf die Verzierungen des Dreifußes an. Oben hat dieser
Sphingen, unten nach Winckelmann und Welcker die drei Horen, was
auch Wieseler sehr wahrscheinlich findet, welcher aber zugleich meint, da
die Figuren gar keine Attribute zu haben schienen, könnten es auch
vielleicht Thyiaden sein. Zieht man diese Auffassung vor, so wird man
durch die Sphingen und Thyiaden doch wol noch eher an Theben er=
innert, und hier an das ismenische Heiligthum, τριπόδων θησαυρόν
Pind. P. 11, 4 vgl. Scholl. und Paus. IX, 10, 4. Man kann diese
Thyiaden sich specieller als die Νύμφαι Ἰσμηνίδες denken, s. Unger
Parad. Theb. p. 211. Kann aber der Dreifuß des Bildes als eine An=
deutung des ismenischen Heiligthums betrachtet werden, so ergibt sich
leicht die Deutung der weiblichen Figur auf Manto, vgl. Paus. IX, 10,
3. ἔστι δὲ ἐνταῦθα λίθος, ἐφ᾽ ᾧ Μαντὼ φασι τὴν Τειρεσίου καθέζεσθαι.
οὗτος μὲν πρὸ τῆς ἐσόδου κεῖται, καί οἱ τὸ ὄνομά ἐστι καὶ ἐς ἡμᾶς
Μαντοῦς δίφρος. An diesen Stein vor dem Ismenion mag sich die
Sage geknüpft haben, daß Manto trauernd auf ihm gesessen habe, wie
Demeter auf der πέτρα Ἀγέλαστος, nämlich als sie bei der Eroberung
Thebens durch die Epigonen ihre eigene Knechtschaft voraussah, von der
die Sage viel erzählt. Und so haben wir in dem Bilde die bei der
Eroberung Thebens trauernd vor dem Ismenion sitzende Manto. Ob
Panofka, der gleichfalls die Manto anerkennt, im übrigen ähnlich ge=
deutet hat, kann ich nicht nachsehen. Viele Ähnlichkeit hat die trauernd
neben einem Palmbaume, dem Symbole des Landes, sitzende Judäa
Hirt Myth. Bilderb. II T. XXV nr. 5, welche ganz wie Manto das
niedergesenkte Haupt auf die rechte Hand stützt.

der Haltung des Armes als Nemesis gedeutet, von Levezow und Tölken als Leto. Welcker bemerkt gegen die letztere Auffassung, daß dann Apollon gewissermaßen von einem Spazierritte zurückzukommen scheine, und erkennt lieber Themis, zu der Apollon und Artemis von den Hyperboreern kommen; die sonst der Nemesis zukommende Haltung des Armes könne auch bei Themis nicht befremden, sei aber freilich vielleicht mehr zufällig. Mein Freund Wieseler hat brieflich gegen mich es für zweifelhaft erklärt, ob Themis oder Leto zu verstehen sei. Mir scheint für Themis besonders die Gesellschaft des Hermes zu sprechen; denn dieser steht in der innigsten Beziehung zur Themis, mögen wir nun auf ihr Amt als Vorsteherin der Volksversammlungen sehen, während Hermes vorzugsweise ein ἀγοραῖος θεός ist und der Schutzgott der die Ordnung in den Versammlungen erhaltenden Herolde, oder auf ihre Stellung als Rathgeberin des Zeus, wo dann Hermes als διάκτορος für die Mittheilung und Ausführung der βουλαί zu sorgen hat, oder auf ihr Symbol des κτεὶς γυναικεῖος, dem der φαλλός des Hermes entspricht. Die arkadische Nymphe Themis wird sogar mit Hermes vermählt (§. 4); bei Orph. in Mus. 23 sind Hermes und Themis eng verbunden, und nach Mythogr. Vat. III, 9, 4 ist Themis eine gewöhnliche Begleiterin des Mercur. Andere Beziehungen beider Gottheiten können erst in Abschn. V. deutlich gemacht werden. Übrigens ist Themis auf diesem Bilde als Königin von Pytho zu denken vgl. p. 20.

Die Deutung auf Themis wird bestätigt durch ein Vasengemälde bei Millingen Vases de Coghill pl. 11, welches ich nur aus O. Müller Dor. I. p. 431 kenne. Dasselbe zeigt Apollon beim Dreifuße sitzend nebst Artemis und Leto, wie er den Herakles empfängt; eine Göttin mit Scepter (Hestia nach Zoëga) und Hermes stehen dabei. An Hestia wird nur wegen der Verbindung mit Hermes und wegen des Scepters gedacht sein; aber beides ist gerade für Themis noch charakteristischer. Über ihre Verbindung mit Hermes ist bereits gesprochen, und wir werden beide auch §. 16. 21. 22. 23. 24. gepaart finden. Das Scepter kommt ihr schon als weißagender Göttin zu wie allen Weißagern, vgl. K. Fr. Hermann de sceptro regio p. 14, und wir werden sie mit demselben auch §. 17. 18. 21. 22.

23. 24. ausgerüstet finden; aber erst in Abschn. IV wird sich vollständig ergeben, wie wesentlich dieses Insigne für Themis ist. Dagegen werde ich später (s. §. 23) zu zeigen suchen, daß Hestia nur durch Verschmelzung mit Themis zur Genossenschaft mit Hermes und zum Scepter gekommen ist. In dem fraglichen Gemälde würde auch ihre Bedeutung dunkel sein; die Anwesenheit der Themis rechtfertigt sich leicht durch ihre innige Verbindung mit dem delphischen Orakel (§. 9. 14), und das Gemälde bietet nach dieser Deutung dieselbe Tetras delphischer Gottheiten wie das vorher besprochene, aber unter Hinzutritt der Leto. Über den engen Zusammenhang des Hermes mit Apollon s. Preller Myth. I p. 301; derselbe muß im delphischen Glauben eine viel bedeutsamere Stellung gehabt haben, als aus den schriftlichen Überlieferungen hervorgeht.

Hiernach wird man auch auf dem Campana'schen Vasenbilde Monum. del. Inst. 1856. T. X, 1, welches die Erschießung des Tityos darstellt, die hinter Artemis stehende weibliche Figur, welche ohne besondere Kennzeichen ist, als Themis fassen dürfen. Es sind nämlich dann außer Tityos die fünf Gottheiten (Themis Artemis Apollon Leto Tityos Hermes, alle außer der ersten mit beigeschriebenem Namen), welche wir in dem obigen Bilde vereint gefunden haben. Nach Preller's Bemerkung in der Erklärung des Bildes correspondirt jene Figur, welche nach ihm vielleicht eine Begleiterin der Leto ist, mit Hermes, indem beide die Handlung einrahmen. Daß paßt für das Verhältniß der Themis zum Hermes sehr gut. Daß nur Themis ohne beigeschriebenen Namen ist und daß sie überall auf Vasengemälden nur ein einziges Mal mit ihrem echten Namen erscheint, häufiger unter verschiedenen Beinamen, wie sich zeigen wird, erklärt sich vielleicht aus dem mystischen Charakter dieser Gottheit, der in Abschn. V näher nachgewiesen werden soll.

Jene Tetras delphischer Gottheiten findet sich ferner in dem Vasenbilde Gerh. Auserl. Vas. I. T. 29, welches ich, da mir leider das Gerhard'sche Werk nicht zugänglich ist, nur aus der Beschreibung in Arch. Anz. 1850 p. 211 nr. 4 kenne: „Apollo als Kitharöd, sitzend und eine Schale haltend, vor ihm Artemis als Hierodule, nach dieser Leto als Daphnephoros

mit Scepter und Phiale. Hinter Apollo ist Hermes bemerklich."
Die angebliche Leto ist offenbar ganz als Pythia ausgerüstet,
und deshalb vielmehr für Themis zu halten. Über das Scepter
und die Lorbeerbekränzung (eine solche scheint doch durch das
Daphnephoros bezeichnet zu werden) der Weißager und beson=
ders der Pythia s. Wieseler Conj. in Aesch. Eum. p. XXI;
das Scepter haben wir so eben schon als Insigne der Themis
kennen gelernt. Die Schale als symbolisches Insigne der Pythia
und der Themis ist §. 14 besprochen, und wird sich auch §. 18
extr. und §. 24 wiederfinden.

Auf einer ziemlichen Zahl von Vasen hat man Apollon,
Artemis, Leto, Hermes und Poseidon anerkannt, nämlich auf
vier Volcentischen Annal. del Inst. Arch. III p. 135 not.
195, einer im Museum zu Leyden Arch. Anz. 1849 p. 86, einer
von Gerhard Auserl. Vas. II T. 125 not. 16. n erwähnten,
vgl. Tischbein Collect. of engrav. T. IV, 3. Poseidon ist
mit den delphischen Gottheiten ohne Zweifel zusammengestellt,
weil er vor Apoll theilweise Inhaber des pythischen Orakels
gewesen war. Aber er hatte dieses mit Gaea=Themis getheilt
(§. 9) und so scheint es natürlich statt der Leto vielmehr The=
mis zu erkennen.

Allerdings ist auch die Tetras Apollon, Artemis, Leto,
Hermes wenigstens in dem Vasenbilde Gerh. Auserl. Vas. I
T. 20. 21 durch die beigeschriebenen Namen gesichert. Auch
wo jene Tetras mit Dionysos zusammengestellt ist, wie auf den
Volcentischen Vasen Rapp. Volc. not. 201. f. und 229. b und
auf nr. 1641 des Leydener Museums Arch. Anz. 1849 p. 86
wird die Deutung auf Leto durch Paus. X, 19, 3 empfohlen,
wenn gleich nicht nothwendig gemacht. Von der vollständigen
Pentas, welche auf der Coghill'schen Vase erscheint, konnte leicht
entweder Themis oder Leto ausfallen, oder es konnten beide
zu einer Leto=Themis verschmolzen werden, weil diese Göttinnen
viele innere Verwandtschaft haben, vgl. EtM. 210, 36 τὴν
Λητὼ ἤτοι Θέμιν in Anm. 2 und die weiteren Nachweisungen
in Abschn. V. Auch bei den Campana'schen Vasen Arch. Anz.
1859 p. 142 nr. 138, 141 wage ich nicht zu entscheiden ob
Leto oder Themis. Auf dieser erscheint nach der Beschreibung
Apollon als Kitharoede zu einer Frau (Leto?) gewandt, welche

ihm Schale und Krug reicht; hinter dieser entfernt sich Hermes
rückblickend; hinter Apoll ist eine andere Frau (Artemis?) mit
einem Reh beschäftigt. Auf der ersten ist Apoll mit Saitenspiel
zwischen Artemis und Leto, welche beide Blumen vors Gesicht
halten; hinter Leto Hermes, welcher sich umblickt.

§. 16. Auf dem vielbesprochenen korinthischen Puteal
(Welcker A. Denkm. II p. 27 ff., Müller Denkm. I nr. 42)
ziehen einander entgegen von der einen Seite Apollon mit der
Lyra, Artemis, eine weibliche Gestalt in langen Gewändern,
Hermes und drei weibliche sich anfassende Figuren, von der
andern Seite Athene mit dem Helme in der Hand, und eine
Figur in langen Gewändern, deren Kopf verloren ist. Das
Ganze ist entweder auf die Aussöhnung des Apollon mit
Herakles oder auf die Vermählung des Herakles mit Athene oder
auf den Zug der Aphrodite zum Olymp oder auf die Hochzeit
des Herakles und der Hebe gedeutet, welche Erklärungen sämmtlich
an großen Schwierigkeiten leiden. Die Figur hinter Artemis
ist von den meisten für Leto gehalten, von Gerhard bei der
dritten Art der Erklärung für Hestia, von Wieseler bei der
vierten für Aphrodite. Ich glaube in ihr Themis erkennen zu
dürfen, so daß hier die im vorigen Paragraph nachgewiesene
Tetras wiederkehrt, aber hier nicht in ihrer speciellen delphischen
Bedeutung. Die drei weiblichen Figuren, welche sich ihr an=
schließen, scheinen mir von den meisten Erklärern um so richti=
ger für die Chariten gehalten zu sein, weil ihnen Hermes vor=
angeht, nach Scholl. Il. B, 104 der ἡγεμὼν τῶν Χαρίτων.
Somit sind nun auf dieser Seite Apollon, Artemis, Themis,
Hermes und die Chariten, lauter Gottheiten der Gesittung und
der friedlichen Künste, Artemis wenigstens in der Verbindung
mit ihrem Bruder. Auf der andern Seite hat man die letzte
verstümmelte Figur als Alkmene genommen, welche nur eine
unwesentliche Zugabe zum Herakles bilden würde. Ich ver=
muthe vielmehr, daß es Dionysos in seiner alterthümlichen
Darstellung mit langem weiblichen Gewande ist, vgl. Müller
Arch. §. 383, 4 und Denkm. d. alt. K. II nr. 196. 347.
Dann sind auf dieser Seite die drei Gottheiten zusammen,
Athene, Herakles, Dionysos, welchen bekanntlich im Giganten=
kampfe hauptsächlich das Verdienst des Sieges zugeschrieben

wurde. Und so verstehe ich denn die ganze Darstellung folgen=
dermaßen: Athee, Herakles und Dionysos kehren nach der glück=
lichen Beendigung des Gigantenkampfes, welche durch den ab=
genommenen Helm der Athene angedeutet ist, zurück und werden
von den Göttern der Gesittung, die durch jene rohen Ungethüme
schwer gefährdet war, Apollon, Artemis, Themis, Hermes
und den Chariten, freudig empfangen. Man bemerke noch, daß
gerade auch Themis in Beziehung zu dem Gigantenkampfe steht,
s. Anm. 44.

§. 17. Das schöne sicilische Vasengemälde Denkm. d. alt.
K. II nr. 425, Gerhard Aut. Bildw. T. 59, vgl. Müller Arch. §.
384, 4, umfaßt zwei Gruppen, von denen die größere mit
Wahrscheinlichkeit auf die Hochzeit des Dionysos mit Ariadne
gedeutet wird. Die andere Gruppe enthält vier Personen, näm=
lich 1) Apollon auf einem Felsen sitzend und einen Lorbeerstamm
haltend, 2) vor ihm Artemis, die jenem Schale und Krug zum
Opfer bringt, 3) hinter dieser, durch eine Palme getrennt, eine
Frau mit Scepter und Lorbeerzweig und endlich 4) hinter
Apollon eine weibliche Figur mit niedergekehrtem Lorbeerzweige.
Man hat die dritte Figur als Leto gedeutet, die vierte als
Pythia oder als eine Repräsentantin delischer Jungfrauen oder
als eine Personification der Gegend. Aber die weißagende
Pythia ist hier überall nicht am Platze, und die andern Deu=
tungen haben noch weniger überzeugendes. Eine glaublichere
Erklärung wird gewonnen, wenn man die Tetras des milesi=
schen Didymaeons vergleicht, nämlich Themis, Hekate, Apollon
und Artemis, durch Ἀγαθή τύχη und Ζεὺς σωτήρ eingerahmt,
s. Anm. 34. Hiernach fasse ich die Frau mit Scepter und
Lorbeerzweig als Themis. Mit dem letzteren haben wir dieselbe
bereits in §. 14 gefunden, über ihr Scepter s. §. 17. Leto würde
das Scepter in keinem andern Sinne haben können wie jede andere
Gottheit. Ferner die vierte Figur ist nunmehr als Hekate zu be=
trachten. In ihrem jungfräulichen Äußern entspricht sie vollkommen
den Darstellungen auf Vasengemälden Denkm. d. alt. K. I nr.
213, II nr. 110, wo sie aber in ihrer Thätigkeit bei dem
Raube der Persephone mit zwei Fackeln dargestellt ist. Aber
auch der Lorbeerzweig konnte ihr sehr wohl gegeben wer=
den, weil sie in besonderem Maße eine θεὰ καθάρσιος ist (s.

Hermann gottesd. Alt. §. 23, 23. 25) und der Lorbeerzweig bei Reinigungen eine wichtige Rolle spielt (ebb. §. 23, 6). Wenn nicht die Vergleichung der milesischen Tetras den Namen Hekate empföhle, würde vielleicht die Benennung Κορυθάλεια noch passender erscheinen; aber in Wahrheit ist diese nur eine Specialisirung der Hekate sowohl als θεὰ καθάρσιος wie auch als κουροτρόφος, worüber Abschn. V weitern Aufschluß geben wird. Als κουροτρόφοι und in dieser Eigenschaft zugleich als Ehegötter sind ohne Zweifel alle vier Gottheiten der Hochzeit des Dionysos zur Seite gestellt. Als κουροτρόφοι sind Apollon und Artemis genügend bekannt, auch Hekate Hes. Th. 450. 452, Herod. Vit. Hom. c. 30; für Themis ist dieselbe Function aus ihrer Wirksamkeit als Götteramme (§. 6) zu schließen. Die vier Gottheiten bringen, um der neuen Ehe Gedeihen zu schaffen, selbst das Opfer, das sonst ihnen dargebracht wird; vielleicht darf man annehmen, daß das Opfer der Γῆ κουροτρόφος gilt (s. Preller Myth. I p. 500), wozu es gut paßt, daß ein Trankopfer gerüstet wird, wie es gerade für chthonische Wesen üblich ist. Hekate—Korythaleia hat bereits die dem Opfer vorangehende reinigende Besprengung mit dem Lorbeerzweige vorgenommen, was durch das Niederkehren desselben angedeutet ist. Übrigens wird man am natürlichsten annehmen, daß durch die Palme Delos als das Local dieser Handlung bezeichnet wird.

§. 18. Auch in andern Fällen dürfte vielleicht die neben Apollon und Artemis bisher als Leto erklärte Gottheit richtiger für Themis gehalten werden, namentlich wenn sie mit dem Scepter ausgerüstet ist, da dieses, wie bemerkt, für Themis charakteristisch, für Leto aber höchstens nicht unzulässig ist. Von den wenigen Vasengemälden, auf welchen Leto durch den beigeschriebenen Namen ganz gesichert ist, zeigen die beiden, welche ich nachsehen kann, dieselbe ohne Scepter, nämlich Monum. del Inst. I T. XXVI, 7 und 1856 T. X, 1. Somit erkenne ich Themis in dem Vasengemälde Gerh. Ant. Bildw. T. XXI, auf welchem nach Gerhard's Erklärung Apollon, Artemis und Leto in dem durch den Dreifuß bezeichneten delphischen Heiligthume dargestellt sind, zu ihren Füßen Manto. Die angebliche Leto hat das Scepter und ist verschleiert, was gleichfalls für die Orakelgöttin Themis sehr gut paßt. Ebenso in dem in mehreren Variationen vorkommenden Basrelief Welcker A. Denkm. II p. 37 ff, Denkm. b. alt. K. I nr. 46, welches Apollon als Kitharoede darstellt, begleitet von Artemis mit der Fackel und (angeblich) Leto mit dem Scepter. Themis, die Erfinderin des epischen Verses, die griechische Carmenta, hat auch gerade zu dem Kitharoeden Apollon die engste Beziehung.

Die zahlreichen Darstellungen des Dreifußraubes, welche von Welcker A. Denkm. III p. 288 ff. verzeichnet sind, zeigen gewöhnlich neben Apollon seine Schwester Artemis, neben Herakles seine Freundin Athena. Aber in einem von Pausanias X, 13, 7 erwähnten Bildwerke waren dem Herakles Leto und Artemis beigegeben, und in nr. 15 Welck. ist die, auch noch von Welcker, für Artemis gehaltene Figur vielmehr Leto, wie die in Corp. Inscr. IV nr. 7618 richtiger gelesene Inschrift zeigt. Leto statt Artemis ist von einigen Erklärern auch auf dem in mehreren Variationen vorkommenden Bilde nr. 21—23 Welck. (eines davon bei Müller Denkm. I nr. 95) anerkannt, wo diese Figur wenigstens in einigen Exemplaren einen langen Stab hält. Dieser scheint mir vielmehr Themis zu bezeichnen, welche ja als die eigentliche Eigenthümerin des Dreifußes (Eur. Or. 160) bei dem Raube besonders interessirt ist und auch auf der Coghill'schen Vase §. 15 bei der Aufnahme des Herakles in Delphi betheiligt erscheint. In nr. 52 erscheint statt der Artemis „eine Göttin mit Doppelchiton angethan und über den Kopf den Peplos gezogen, vielleicht Leto." Auch hier dürfte die Verhüllung vielmehr der Orakelgöttin Themis zukommen. Ferner in nr. 10, wo die angebliche Artemis bekränzt ist und sich durch Fülle des Gewandes auszeichnet, läßt das letztere an Leto oder Themis denken, der Kranz (wahrscheinlich doch von Lorbeer) mehr an die Weißagerin Themis, vgl. §. 15. Auch in nr. 11. 12, wo Hermes hinter der angeblichen Artemis erscheint, deutet dies nach §. 15 auf Themis. In nr. 43. 62 sieht dem Dreifußraube aus einem Fenster ein Weib zu, welche Welcker zu nr. 43 als Pythia deutet, zu nr. 62 als die πρόμαντις Ξενόκλεια, welche nach der delphischen Legende Paus. X, 13 8, bei dem Dreifußraube eine Rolle spielt. Aber diese mythische Pythia dürfte nicht weniger als die πρόμαντις Phemonoe (s. Anm. 32) nur eine verkleidete Themis sein, nämlich so benamt als Schützerin der ξένοι, welches Amt sie aber auch gerade durch Orakelsprüche übte, s. §. 11. Wenn aber auch Leto in Darstellungen des Dreifußraubes gesichert ist, so bin ich sehr geneigt, die oben berührte Vermischung von Themis und Leto anzuerkennen.

Auf dem Reverse der von Preller in Monum. del Inst. 1856 T. X, 2 edirten Campana'schen Vase ist ein Jüngling mit einem Lorbeerast, welcher nach unten scepterähnlich erscheint, zwischen zwei Frauen, deren eine ihm eine Schale reicht. Jener, in Arch. Anz. 1859 p. 104 nr. 45 auffallender Weise als Zeus bezeichnet, ist gewiß Apollon; der Lorbeerast hat eine sehr ähnliche Gestalt wie der, welchen Apoll in Denkm. d. alt. K. II nr. 182. 425 hält. Die Frau mit der Schale wird Themis sein (s. §. 14. 15), welche dem Apollon den zur Weißagung begeisternden Trank reicht, die andere wol Artemis. Das Hauptbild dieser Vase, die Erschießung des Tityos durch Apollon darstellend, enthält außer den beiden Hauptfiguren nur noch eine weibliche hinter Apollon mit Stephane und „l'ionico chitone e l'imation, che servendo pur da velo alla testa vien sollevato all' altezza del petto." Preller hat sie als Leto genommen, obgleich der Ausdruck des Gesichtes ihm zufolge nicht Schrecken, sondern festes Vertrauen zeigt, und obgleich die Beischrift ΜΕΛΟΣΑ, d. i. Μέλουσα, nur sehr gezwungen auf Leto hat gedeutet werden können. Ich halte diese Figur lieber für Themis, welche auch in dem §. 15 Anf. beschriebenen Bilde eine dreizackige Stephane hat. Themis ist bei der Bestrafung des Tityos nicht bloß als delphische Gottheit betheiligt, wie man ihre Anwesenheit auf dem in §. 15 erwähnten Bilde auffassen darf, sondern auch als die Feindin alles Frevels; Haltung und Ausdruck passen sehr gut für sie wie auch der Platz hinter Apollon. Den Namen Μέλουσα (so auch eine Amazone auf einer Campana'schen Vase Arch. Anz. 1859 p. 138 nr. 110) halte ich mit dem Arch. Anzeiger für eine italische Form statt Μέδουσα (vgl. Ὀλυττεύς für Ὀδυσσεύς Corp. Inscr. IV nr. 7383); Themis wird dadurch als die Königin bezeichnet, vgl. §. 15, womit auch ihr Äußeres gut stimmt.

§. 19. Sicherer erscheint die Deutung auf Themis in den Darstellungen aus einem Mythenkreise, in welchem diese

Göttin eine hervorragende Rolle spielt. Durch Themis hatte Zeus das berühmte Orakel erhalten, daß der Sohn der Thetis stärker als sein Vater sein werde (§. 8), und war dadurch veranlaßt selbst auf dieselbe zu verzichten und sie vielmehr dem sterblichen Peleus zu vermählen. Ferner hatte nach der Erzählung der Kyprien (aus denen wahrscheinlich auch jenes Orakel stammt) Zeus sich mit Themis über den troischen Krieg berathen und nach ihrem Rathe den Streit der Göttinnen auf der Hochzeit der Thetis und das Urtheil des Paris veranlaßt (§. 7). Es wäre fast wunderbar, wenn in den auf diese Erzählungen bezüglichen Darstellungen Themis nirgends erschiene. Winckelmann's Versuch sie in einem vermeintlich die Hochzeit der Thetis betreffenden Bilde nachzuweisen, ist allerdings verunglückt (s. Anm. 49); mit desto größerer Sicherheit glaube ich sie auf der werthvollen Karlsruher Vase erkennen zu können, welche die ausgeführteste Darstellung vom Urtheile des Paris mit Namen enthält, herausgegeben von Kreuzer Zur Gallerie d. Dram. T. I und besprochen von Welcker in der Übersicht der zahlreichen bildlichen Darstellungen des Urtheiles des Paris Annal. del Inst. Arch. XVII p. 132 ff. unter nr. 59. In diesem Gemälde ist der Moment aufgefaßt, wo das Urtheil eben ausgesprochen ist. Νίκη läßt einen Kranz auf Aphrodite fallen, und zu ihrer Seite ist Εὐτυχία mit einem Zweige um den Paris zu kränzen. Auf der andern Seite ist Zeus gleichfalls in der Höhe mit Scepter und Palmzweig, gleichsam als ἀγωνοθέτης. Unter ihm ist hinter den zürnenden Göttinnen Hera und Athene Κλυμένη, die mit der rechten Hand einen ausdrucksvollen Gestus macht, indem sie dieselbe hinter sich streckt. Diese Klymene ist auf sehr verschiedene Weise gefaßt worden, Kreuzer nahm sie als die Gemahlin des Helios (Mutter des Phaethon), welcher auf dem Bilde hinter Paris und Aphrodite zum Himmel aufsteigt, Andere als die Dienerin der Helena (Hom. Il. Γ, 144) oder als Helena selbst oder als des Paris erste Gemahlin Oenone, Ulrichs als Iris, O. Müller als Εὔκλεια, E. Braun Annal. del inst. XI p. 219 als eine der Chariten, Minervini für eine Nymphe, endlich Welcker, welcher alle jene Erklärungen, so weit es überhaupt nöthig ist, widerlegt hat, als Persephone, welche durch ihren Gestus anzeige, daß viele Menschen in die Unterwelt hinabsteigen werden; diese Deutung hat derselbe auch Götterl. II p. 488 wiederholt. Ich gebe zu, daß der Name Κλυμένη die Persephone bezeichnen könnte, da Κλύμενος, besonders in Hermione, eine Benennung des Gottes der Unterwelt war s. Suid. und Welcker a. a. O., kann aber die derselben in dem Gemälde zugetheilte Rolle nicht wahrscheinlich finden. Vielmehr verstehe ich unter Κλυμένη die Themis. Als Gemahlin des Herrschers der Unterwelt gilt nämlich nicht bloß die von der Erdgöttin abgezweigte Persephone, sondern auch jene selbst. So verbindet Hesiod Op. 465 Ζεὺς Χθόνιος mit Δημήτηρ, die Alkmäonis EtGud. 227, 37 Ζαγρεύς (b. i. Hades) mit Γῆ, und Δημήτηρ Χθονία hätte auch als Schwester des Κλύμενος, [wofür sie zu Hermione galt Paus. II, 35, 3, sehr wohl Κλυμένη heißen können. Mit einem ähnlichen Euphemismus wurde nach Istros Scholl. Soph. OC. 42 die Γῆ auch Εὐώνυμη genannt. Wie Gaea konnte aber auch die mit dieser identische Themis den Namen Κλυμένη führen, und man begreift nunmehr, daß die von Hesiod und gewöhnlich als Mutter des Prometheus genannte Klymene von der bei Aeschylus angenommenen Mutter Themis nur dem Namen nach verschieden ist. Wenn in Scholl. Arat. 254 Uranos und Klymene als Eltern des Prometheus genannt werden, so ist auch dadurch die Identität der Klymene mit Gaea ausgesprochen, da diese ja die regelmäßige Gattin des Uranos ist, vgl. §. 3. Die Gleichheit von Θέμις und Κλυμένη liegt auch dem zu Grunde, daß nach Paus. X, 25, 3 die Mutter Homer's auf Ios Κλυμένη genannt wurde, während sie bei den Cypriern nach dem Zeugnisse ihres alten Sehers Euklos Θεμιστώ hieß, wofür im Cert. Hes. et Hom. Θεμίστη steht, beides von Θέμις nicht wesentlich verschieden. Themis ist dem Homer zur Mutter gegeben als die Carmenta der Griechen, die Erfinderin des epischen Verses s. §. 9.

Die Anwesenheit der Themis bei der Handlung des Bildes ist durch das obengesagte vollständig gerechtfertigt, und zwar gerade in der Nähe des Zeus, der mit ihr den ganzen Plan entworfen hat. Mit ihrer Geberde weiset sie auf das was hinterwärts, d. h. in der Zukunft liegt (τὰ ὀπίσω), auf die von ihr und Zeus beabsichtigten unheilvollen Folgen des Urtheiles.

§. 20. Nachdem somit Themis in dieser Darstellung des Paris=Urtheiles, wenn ich nicht irre, mit großer Wahrscheinlichkeit nachgewiesen ist, wird man sie auch in andern namenlosen Darstellungen erkennen dürfen. Ein Relief der Villa Medici (nr. 80 des Welcker'schen Verzeichnisses), in genauerer Abbildung bekannt gemacht durch O. Jahn in Bericht. d. Leipz. Ges. d. Wiss. phil. histor. Kl. B. I pl. IV mit Text p. 55 ff., enthält auf der linken Seite das Urtheil des Paris, während auf der rechten die drei Göttinnen mit Nike voran zu dem in der Höhe thronenden Zeus eilen. Rechts von Zeus ragt mit halbem Leibe Hermes hervor, links in ähnlicher Weise zum Theil sichtbar nach Zoegas Beschreibung eine männliche Figur, nach beiden Abbildungen eine weibliche, leider stark verstümmelt, mit entblößter rechter Brust und fliegendem Gewande, mit stark vorgebeugtem Körper abwärts gebeugt. Vor Jahn hat man diese zweite Scene ganz verkehrt auf die Hochzeit des Peleus bezogen; Jahn dagegen erkennt die drei Göttinnen, welche nach dem Urtheile des Paris zum Throne des Zeus zurückeilen, während Hermes ihnen schon voraufgeeilt ist. Mir scheint es natürlicher den Moment zu erkennen, wo die streitenden Gottheiten zum Zeus eilen um sich Entscheidung zu holen. Die ihnen voraufeilende Nike mit der Palme deutet symbolisch an, um was es sich handelt; sie will von Zeus entscheiden lassen, wem sie die Palme geben soll, die sie vor sich ausstreckt, gleichsam um sie sich nicht entreißen zu lassen. Die erwähnte weibliche Figur ist von den früheren Erklärern ungedeutet gelassen; Jahn vermuthet zweifelnd, sie stelle die Nyx vor in Beziehung zu der hinter Zeus sichtbaren Selene. Ich denke an Themis, welche dem Hermes sehr passend entsprechen würde. Durch die Neigung ihres Körpers ist sie in Beziehung gesetzt zu ihrer unterhalb sitzenden Mutter Gaea (von Jahn richtig gedeutet), welcher sie Erleichterung ihrer Lasten in Aussicht stellen wird. Die theilweise Entblößung mag symbolisch die Offenbarung ihrer verborgenen Weisheit andeuten. Übrigens kann möglicherweise auch eine orphische Themis=Nyx beabsichtigt sein, s. §. 22 mit Anm. 53.

In nr. 40 und 41 des Welcker'schen Verzeichnisses ist der die drei Göttinnen zu Paris führende Hermes angeblich von einer Iris begleitet. In nr. 40, welches Bild unter beiden allein genauer bekannt ist (Gerhard Vasenb. d. Königl. Muſ. zu Berlin T. XIV), ist dieselbe ohne Flügel, aber wie Hermes mit dem Caduceus ausgerüstet, welchen sie allerdings auch sonst nicht selten führt; mit Hermes ist sie nach Welcker A. Denkm. II p. 284 nr. 58 auch auf einer Vase des Prinzen von Canino verbunden. Nichtsdestoweniger ziehe ich es vor die bedeutungs= vollere Themis anzuerkennen, und ebenso vielleicht nr. 67, wo den Göttinnen angeblich Iris oder Eris (ohne Hermes) mit dem Caduceus voranschreitet. Es paßt für Themis nicht allein, daß sie selbst bei der Ausführung ihres Rathes thätig erscheint, son= dern auch daß sie mit oder ohne Hermes die Rolle eines Göt= terherolbes spielt; denn in dieser fungirt sie bereits bei Homer Il. Υ, 4 als Beruferin der Götterversammlung.

Diese Deutungen finden eine Unterstützung in andern Dar= stellungen, wo bei dem Urtheile des Paris auch ein bärtiger Greis betheiligt erscheint. In dem Basrelief der Villa Pamfili Annal. del inst. XI pl. H (Welcker nr. 78), welches das Ur= theil des Paris darstellt, sitzt darüber auf dem Ida Zeus, vor dem ein bärtiger Greis zu ihm gewandt steht, von E. Braun für den weißagenden Nereus erklärt, was Welcker nicht billigt. In nr. 13 schreitet vor Hermes und den Göttinnen eilig ein bärtiger Mann mit Scepter, der auf die nachfolgenden blickt und lebhaft gesticulirt. In nr. 16 ebenso vor Hermes ein bärtiger Mann mit Scepter, der sich zurückwendet; in nr. 14. 15 ein Greis mit Scepter; in nr. 11 vor Hermes eine in einen Mantel gehüllte Person „laquelle tient aussi une baguette"; nr. 12 „Hermes et Zeus, qui porte un sceptre"; nr. 45 „Zeus lui-même, placé en tête avec le caducée à la main, s'entretient avec Paris; Hermes, qui le suit, porte un ca- ducée tout semblable." Wie in den beiden letzten dieser sieben Bilder (nr. 11—16. 45), so hat man auch in den andern die fragliche Person als Zeus gedeutet, gewiß an sich mit geringer Wahrscheinlichkeit und um so mehr, da in nr. 78 der bärtige Greis neben Zeus erscheint. Man könnte an Momos denken, da dieser nach der Erzählung in Scholl. Hom. Il. A, 5 dem Zeus den Rath gegeben hat, aus welchem der troische Krieg hervorgieng. Aber diese dem Momos statt der Themis zuge=

theilte Rolle gehört, troß der Berufung auf die Kyprien, ohne Zweifel einer jüngern und schwerlich vielverbreiteten Auffassung an. Viel wahrscheinlicher und, wie mir scheint, fast sicher ist die Deutung auf Prometheus. Dieser ist mehrfach als den Göttern rathender und weißagender Gott an die Stelle der Themis getreten; nach Clem. Hom. VI, 2 [50]) weißagt er sogar schon dem Kronos, daß er von einem Sohne werde gestürzt werden, welche Kunde jener nach Andern von Uranos und Gaea oder von Themis erhielt. Insbesondere wird aber die Weißagung der Themis, daß Thetis einen Sohn stärker als der Vater gebären werde, vielfach dem Prometheus zugeschrieben. [51]) Damit hängt es offenbar zusammen, daß Prometheus auf der Hochzeit der Thetis anwesend gedacht wurde Catull. 64, 294. Clem. Hom. VI, 14. Man darf annehmen, daß ihm auch der Rath über die Erregung des troischen Krieges zugeschrieben wurde wie in den Kyprien der Themis und in der andern Erzählung dem Momos. Danach erkenne ich in jenem bärtigen Greise neben Zeus nr. 78 und in dem Begleiter des Hermes, der auch meistens als bärtig und alt beschrieben wird, den Prometheus, welcher regelmäßig als bärtiger Greis dargestellt ist, s. Denkm. d. alt. K. II nr. 830 ff. Das Scepter gebührt ihm als weissagendem Gotte vgl. §. 17, und er führt es nach Scholl. Soph. O. C. 56 und in dem Vasenbilde Denkm. d. alt. K. II nr. 834; aber auch der Caduceus ist für ihn, wenn er als Unterhändler für Zeus zum Paris geht, nicht unangemessen, jedenfalls viel weniger als für Zeus selbst. Auch die Verhüllung in den Mantel nr. 11 (so auch auf dem eben erwähnten Bilde) mag bedeutungsvoll den weißagenden Gott charakterisiren, wie die Verschleierung der Themis §. 18.

Ist nun in diesen Fällen Prometheus von mir richtig er-

---

[50]) Schömann Opusce. II p. 252 will den Namen des Prometheus in dieser Erzählung auch Mythogr. Vat. II, 16 für Proteus und Lactant. ad Stat. Theb. IV, 785 für Protheus herstellen. Aber Proteus wird gestützt durch Ovid. Met. XI, 221, wo diesem statt der Themis oder des Prometheus die Weissagung über die Thetis beigelegt ist.

[51]) Melanipp. in Scholl. Il. IV, 350, Apollod. III, 13, 5, Serv. ad Ecl. 6, 43, Hygin. f. 54 und P. A. II, 15.

kannt, so wird dadurch auch die Deutung der analogen weib=
lichen Figur als Themis gestützt.

§. 21. Man wird hiernach Themis auch in den bildlichen
Darstellungen der Hochzeit des Peleus, die freilich nur selten
sind, erwarten dürfen.

Zuerst kommt hier in Betracht die berühmte Schale des
Sosias (Gerhard Trinksch. b. Königl. Mus. T. VI. VII, Denkm.
b. alt. K. I, nr. 210), deren äußeres Gemälde von O. Müller
auf die Hochzeit der Thetis bezogen ist und ebenso, mit erheb=
lichen Abweichungen in den einzelnen Erklärungen, von Wieseler
in der zweiten Bearbeitung der Denkmäler, nachdem Gerhard,
Jahn und Welcker die Bedeutung des Ganzen sehr verschieden
aufgefaßt hatten. Mir erscheint die Wieseler'sche Deutung in
den meisten Stücken sehr probabel;[52]) aber hinsichtlich einer
Person möchte ich von ihr wie von den andern abweichen. Nach
Wieseler sitzt nämlich das Brautpaar an dem einen Ende, dann
noch vier andere Götterpaare, zwischen denen sich Hebe, zwei
Horen und Eris(?) stehend bewegen. Dazu kommen dann noch
vier Gottheiten herangeschritten, nämlich Hermes, Artemis, He=
rakles und Athene. Die drei ersten sind vollkommen gesichert;
dagegen ist die vierte Figur, welche O. Müller als eine nicht
näher zu bestimmende Frau bezeichnet, erst von Gerhard dadurch
zur Athene gemacht, daß er den oben verstümmelten Schaft,
welchen sie hält, zu einem Speere ergänzt hat. Sonst hat sie
nicht das geringste, was sie als Athene charakterisirt, außer daß
sie neben Herakles ist. Wieseler hat dieser Deutung auch nur
zweifelnd beigestimmt, weil Athene sonst dem Herakles voranzu=
gehen pflege. Ich halte nun diese Figur vielmehr für Themis, deren
Anwesenheit bei dem Hochzeitsmahle der Thetis nicht allein aus
den oben dargelegten Gründen zu erwarten ist, sondern auch
weil sie bei den Schmäusen der Götter nach Hom. Il. O, 84 ff.
das Amt der Ordnerin hat. Und gerade wie sie dort die hin=

---

[52]) Daß bei Wieseler's Deutung Poseidon trotz der Anwesenheit
seiner Gemahlin fehlt, scheint damit zusammenzuhängen, daß in gleich
auffallender Weise Artemis ohne Apollon gegenwärtig ist. Der Maler
hat, wenn ich nicht irre, andeuten wollen, daß in dieser Zeit Apollon
und Poseidon gerade mit der Erbauung der Mauern Troja's beschäftigt
waren.

zukommende Hera begrüßend in Empfang nimmt, so empfängt sie auch hier die ankommenden Götter und complimentirt sie zu der schon sitzenden Gesellschaft; die Haltung des rechten Armes scheint nach Wieseler auf eine Aufforderung zum Weitergehen zu beziehen zu sein. Der Schaft ist natürlich nunmehr als der Rest des Scepters zu betrachten, welchen wir bereits als wesentliches Insigne der Themis kennen gelernt haben; hier gebührt er ihr noch ganz besonders als der Festordnerin. Ihr Äußeres stimmt auch sonst bestens mit den übrigen Darstellungen. Übrigens scheint Hermes, der gewöhnliche Genosse der Themis, obgleich räumlich von ihr getrennt, doch auch hier mit ihr gemeinsam zu wirken, wozu er als der Κῆρυξ der Götter auch bei dem Göttermahle den natürlichen Beruf hat. Die frisch ankommenden Götter sind Artemis und Herakles; sie werden von dem vorangehenden Hermes zu der Gesellschaft geführt, wobei er ganz angemessen das Gesicht nach ihnen zurückwendet, während Themis sich begnügt sie mit einem Gestus nach vorwärts zu dirigiren. Durch diese Gruppe der vier Personen erhält nun das Gemälde auf dieser Seite einen schönen Abschluß, wie auf der andern durch das Brautpaar mit der kredenzenden Hebe, während zugleich ein weiteres Hinzukommen von Gästen, von denen noch manche fehlen, in Aussicht gestellt bleibt.

§. 22. Die bei Clusium gefundene François-Vase (Mon. ined. del inst. arch. IV pl. LIV—LVII, erklärt von E. Braun Annal. XX p. 306 ff. und Gerhard Arch. Zeit. 1850 nr. 23.) umfaßt eine sehr reichhaltige mit Namen versehene Darstellung des Zuges der Götter zur Hochzeit der Thetis. Auch hier hat man allen Grund Themis als Theilnehmerin zu erwarten, obwohl ihr Name nirgends erscheint. Da nun eine Gruppe von vier weiblichen Figuren als Μοῖραι bezeichnet ist, so hat Gerhard p. 263 die eine derselben, welche sich durch ein geschmückteres Gewand vor den übrigen auszeichnet, als ihre Mutter Themis gefaßt. Ansprechender ist Braun's Vermuthung p. 316, daß dieselbe für die Τύχη zu nehmen sei, von welcher Pindar fr. 17 bei Paus. VII, 26, 8 aussagt „Μοιρῶν τε εἶναι μίαν τὴν Τύχην καὶ ὑπὲρ τὰς ἀδελφάς τι ἰσχύειν". Auch ohne dies ist die Vierzahl der Moeren nicht auffälliger als ihre Zweizahl in Delphi Paus. X, 24, 4, Plut. de El c. 2.

Man kann nun recht wohl annehmen, daß Themis unter den verlorenen Figuren des Bildes gewesen sei; aber ich wage zu vermuthen, daß sie auch hier, wie auf der Karlsruher Vase §. 19, vielmehr unter einem andern Namen versteckt ist. Den wichtigsten Theil des Zuges bilden nämlich sieben Götterpaare auf Wagen. Die ersten drei sind, wie die beigeschriebenen Namen zeigen, Ζεύς und Ἥρα, Ποσειδῶν und Ἀμφιτρίτη, Ἄρης und Ἀφροδίτη. Als viertes und fünftes Paar sind mit großer Wahrscheinlichkeit Ἀπόλλων und Ἄρτεμις, Ἡρακλῆς und Ἀθηνᾶ angenommen. Für das letztere zeugt auch, wie ich hinzufügen kann, der von dem Namen einer der den fünften Wagen begleitenden Personen übrig gebliebene Rest ΤΣ. Ich verstehe Προμηθεύς, welcher gleich nach seiner Erlösung durch Herakles an der Hochzeit der Thetis theilnahm (s. Welcker Tril. p. 53 und oben §. 20) und deshalb sehr passend den Wagen seines Befreiers begleitet. Der sechste Wagen führt Ἑρμῆς und Μαῖα, der siebente nach Braun's ansprechender, auch von Gerhard gebilligter Vermuthung die Brauteltern Νηρεύς und Δωρίς, welchen Wieseler auch auf der Schale des Sosias unter den göttlichen Hochzeitsgästen einen Ehrenplatz zugewiesen hat. Somit enthalten die sechs ersten Wagen die bekannten Zwölfgötter mit Ausnahme von Demeter, Hestia und Hephaestos, welche drei (durch Inschriften gesichert) ohne die Ehre des Wagensitzes an andern Stellen des Zuges erscheinen; statt ihrer sind Amphitrite, Maea und Herakles eingetreten, von denen der letzte auch auf dem Capitolinischen Puteal (Wieseler A. Denkm. II nr. 197) statt der Demeter neben den übrigen eilfen ist, während Amphitrite auch auf der Schale des Sosias unter den sitzenden Gottheiten (lauter höheren außer den Brauteltern) erscheint. Beide waren unter den zwölf Göttern an der Basis des Olympischen Zeus Paus. V, 11, 8. Unverkennbar ist auch hier die Ehre des Wagens außer den Brauteltern nur höheren Gottheiten zuerkannt, nur Maῖa anscheinend ausgenommen, da diese Nymphe, die Tochter des Atlas, ohne die geringste Spur eines eigenen Kultus und ohne andere mythische Bedeutung als Mutter des Hermes zu sein, auf so hohe Ehre durchaus keinen Anspruch hat. Da nun auch die Paarung des Hermes mit seiner Mutter immer etwas auffällig ist, so muthmaße ich, daß Maῖa hier

eine von der gewöhnlichen Ueberlieferung sehr abweichende Be=
deutung hat, nämlich daß es nur ein anderer Name für Themis
ist, welche wir auch auf der Karlsruher Vase (§. 19) und viel=
leicht auf einigen andern (§. 18, vgl. auch §. 24) unter andern
Benennungen versteckt gefunden haben.

Μαῖα = τροφός ist für die Götteramme Themis (§. 6) an
sich eine sehr passende Benennung. Ebenso wird aber auch die
mit Themis identische Gaea genannt Aesch. Ch. 41 ἰὼ Γαῖα
μαῖα (wo Hermann sehr unrichtig das unbeglaubigte γαῖα γαῖα
vorgezogen hat) und in kürzerer Form μᾶ Γᾶ Aesch. Suppl.
865; auch Rhea wurde bei den Lydern Μᾶ genannt Steph.
Byz. 436, 12. Ferner wird in einem orphischen Fragmente bei
Procl. in Tim. p. 63 (Aglaoph. p. 518) die Νὺξ angeredet
μαῖα, θεῶν ὑπάτη, Νὺξ ἄμβροτε, wie sie denn in einem andern
Fragmente Agl. p. 501 als θεῶν τροφός bezeichnet ist; Νὺξ
nimmt aber bei den Orphikern auch als die alte Weißagerin
der Götter und als Berathherin des Zeus ganz die Stelle der
Themis ein, s. Anm. 26[b] und Aglaoph. p. 517.[33])

Auch die römische Göttin Maja, nach welcher der Monat
Majus benannt ist, war nach der sehr richtigen Ansicht des
Cornelius Labeo bei Macrob. Sat. I, 12 eigentlich die Terra,
wie ihr denn auch das charakteristische Opfer einer trächtigen
Sau gebracht wurde. Derselbe erklärte die Maja für identisch
mit der Bona Dea, deren Fest auf die Kalenden des Mai fiel,
und auch diese wieder mit der Terra, wie denn in den libris
pontificum dieselbe Gottheit als Bona Dea, Fauna, Ops und
Fatua bezeichnet werde. Die Identität der Bona Dea und der
Fauna wird auch sonst von den besten Auctoritäten bezeugt,
wie Varro bei Lactant. Inst. I, 22, vgl. Preller Röm. Myth.
p. 351 ff. Daß aber mit der Fauna wieder die Carmenta zu=

---

[33]) Hiermit stimmt in merkwürdiger Weise, daß Remigius in Mythogr. Vat. III, 9, 4, gewiß nach ältern Quellen, Themis durch obscuritas oder caligo interpretirt. Vergleicht man nun Sanscr. tamas n.
(obscuritas, caligo) und tamî f. (nox), so kann man kaum umhin an:
zunehmen, daß jene Deutung von θέμις und die orphische Umnamung
der θέμις in Νὺξ aus einer Vergleichung, wenn auch nicht jener indischen
Wörter, doch entsprechender Ausdrücke in verwandten Sprachen hervor=
gegangen sind.

sammenfällt, ist als anerkannt zu betrachten, s. Hartung Relig. d. Röm. II p. 200, Schwegler Röm. Gesch. I p. 358, Preller Röm. Myth. p. 357. Da nun aber Carmenta die italische Gestaltung der Themis ist, so ist auch die Identität der Bona Dea mit Themis gegeben. Für diese spricht auch noch ein anderes Merkmal. Nach Macrobius hielten Manche die Bona Dea auch für Ceres oder Proserpina oder Hekate, mit denen sie das Schweineopfer gemein hat, und unverkennbar hat ihr mysteriöser Weibercultus große Ähnlichkeit mit den Thesmophorien. Daß aber mit der Δημήτηρ Θεσμοφόρος hinsichtlich ihrer Bedeutung und ihres Cultus wieder Themis die größte Übereinstimmung hat, wird sich in Abschn. V näher ergeben; vorläufig vergleiche man Anm. 3. 24. 46. Auch ist nicht zu übersehen, daß der Bona Dea von Macrobius ausdrücklich das Insigne des Scepters zugeschrieben wird, welches in Abschn. IV der Themis als wichtiges Symbol wird vindicirt werden, s. vorläufig §. 15. Endlich beachte man Hesych. ’Αγαθὴ τύχη: ἡ Νέμεσις καὶ ἡ Θέμις, da die ’Αγαθή Τύχη mit Bona Dea identisch ist, s. Gerhard üb. Agathodämon Berl. Akad. 1847.

Muß somit die Bona Dea der Themis gleichgestellt werden, so gilt dasselbe von der mit ihr identischen Maja, und auch von dieser Seite her, obgleich Manche die italische Maja von der griechischen Μαῖα etymologisch gesondert haben (Prell. p. 352), darf es wohl für gerechtfertigt gelten, wenn ich die Μαῖα jener etrurischen Vase als Themis fasse, die auch sonst mit Hermes aufs engste verbunden ist (§. 15). Für diese Deutung mag auch noch sprechen, daß dieser Wagen gerade von den Moeren begleitet ist, welche mit Themis doch noch in näherer Beziehung stehen (§. 2. b) als mit Hermes, welchem Braun p. 316 sie bedeutungsvoll beigegeben glaubt. Endlich ist zu bemerken, daß nach Braun's Beschreibung Hermes außer dem Caduceus noch eine andere Ruthe führt, was allerdings nicht ohne Beispiel zu sein scheint, s. Wieseler zu Denkm. d. alt. K. II nr. 858. Aber nach Gerhard hat Hermes einen Heroldsstab und auch einen Stecken zur Rossellenkung, Maja ein Scepter. Jedoch dieses kann ich in der Abbildung (auch der von Gerhard gegebenen T. 23) nicht entdecken, wenn anders Hermes den Stecken führt. In Wahrheit dürfte, da die Abbildung in diesem Punkte nicht ganz deutlich ist, der Stecken vielmehr ein Scepter sein und von Maїa, nicht von Hermes, gehalten werden, und so wäre jene auch durch dieses Insigne als Themis legitimirt. Wenn Hermes und Maїa auch auf andern Vasenbildern verbunden sind, wie Gerh. Außerl. Vaf. I. t. XIX, wo diese jenem einen Kranz reicht, und Rapp. Volc. not. 254, so mag hier dieselbe Bedeutung der Maїa anzuerkennen sein.

Übrigens braucht diese Maїa-Θέμις, die Gattin des Hermes, keinesweges für gänzlich verschieden von seiner Mutter Maїa gehalten zu werden; denn diese verwandtschaftlichen Verhältnisse wechseln bekanntlich in den Mythen nicht selten, indem das Wesentliche nur in der Zusammengehörigkeit der beiden Wesen besteht.

§. 23. Wie nun nach dieser Darlegung auf der François-Vase Themis unter die Zahl der zwölf Götter aufgenommen ist, so mag dies auch der Fall sein auf der Capitolinischen Ara Mus. Cap. IV, 8, Millin Gal. Myth. V, 19, wo den thronenden Zeus die andern eilf Götter umstehen, unter denen aber statt Poseidon sich eine siebente Göttin findet, welche man ihres jugendlichen Aussehens wegen als Hebe gedeutet hat. [54] Allerdings ist diese von Tzetzes Theog. 360 (welche Stelle ich nirgends benutzt finde) unter die Zwölfgötter gerechnet; aber da die Göttin, von der übrigens nur der Kopf sichtbar ist, dem Hermes benachbart steht, dürfte doch vielleicht noch richtiger Themis anerkannt werden.

Die vierseitige Albanische Ara (Welcker A. Denkm. II nr. 1 mit Text p. 14 ff.) hat auf den drei erhaltenen Seiten folgende hinter einander schreitende Gottheiten: 1) Artemis mit zwei Fackeln, 2) Göttin mit Scepter, 3) Zeus mit Vogelscepter, 4) Hera mit Scepter, 5) Poseidon mit Dreizack, 6) Demeter

---

[54] Obige Angaben sind nach Petersen Zwölfgötter s. p. 21. Aus eigener Anschauung kenne ich nur die Abbildung in Righetti's Descrizione del Campidoglio I. t. XXV, dem zufolge wegen einer Beschädigung der einen Seite von Ares nur die Beine und von Hestia nur der Kopf erhalten sind. Unbekannt ist mir, worauf Rathgeber's Behauptung (Goth. b. Niob. p. 190. 6) beruht, daß durch die Beschädigung Ares und Poseidon verloren gegangen seien.

mit Scepter, 7) Dionysos mit Thyrsus, 8) Hermes mit Caduceus, 9) von der neunten Figur nur die Spur des rechten Armes. Sehr richtig hat man angenommen, daß die vollständige Ara zwölf Götter enthalten habe und einem runden Originale nachgebildet sei, ferner daß die Hochzeit des Zeus mit Hera dargestellt sei. Zweifelhaft ist hauptsächlich die Deutung der zweiten Figur; Welcker p. 18 nimmt dieselbe als Rhea, dann p. 25 mit E. Braun als Leto, endlich Götterl. II p. 696 als Hestia, wie auch Petersen Zwölfgöttersyst. p. 20. Ich glaube sie für Themis halten zu müssen. Da nämlich, wie E. Braun richtig bemerkt hat, der Artemis höchst wahrscheinlich Apollon auf der verlorenen Seite vorangeschritten ist, so ziehen nach jener Annahme vor dem Brautpaare sehr passend die drei Gottheiten, Apollon, Artemis, Themis, welche wir schon in einer andern Darstellung §. 17 als Hochzeitsgötter vereinigt gefunden haben. Die ganze Darstellung denke ich mir, abweichend von den bisherigen Erklärern, folgendermaßen geordnet. An dem einen Ende (auf der verlorenen Seite) Hestia stehend oder vielleicht noch besser sitzend als Symbol des Διὸς οἶκος oder θεῶν οἶκος, in welchem sie auch Plato Phaedr. 247. A beim Auszuge der übrigen eilf Götter allein zurückbleiben läßt. Gegen sie hin bewegt sich der Hochzeitszug, voran die Hochzeitsgötter, zuerst nach Gebühr Aphrodite, die den Liebesbund geknüpft hat, dann die κουροτρόφοι Apollon, Artemis, Themis. Es folgt das Brautpaar Zeus und Hera, dem sich die Geschwister Poseidon und Demeter nebst den Zeuskindern Dionysos, Hermes und Athena anschließen. Dabei deuten Demeter und Dionysos in ihrer Zusammenstellung auf den ἄφθιτος ὄλβος des Ehepaares (vgl. Theocr. 18, 53), Hermes und Athena desgleichen auf die Fülle an geistigen Gütern. Demeter gehört einerseits zu Poseidon, mit welchem sie sonst im Zwölfgöttersystem gepaart ist, andererseits zu Dionysos; Hermes und Athena sind auch sonst nicht selten zusammengestellt, vgl. Petersen Anm. 12. Nach dieser Herstellung fehlen von den gewöhnlichen Zwölfgöttern Ares und Hephaestos, welche grade erst aus der neugeschlossenen Ehe entspringen sollten; die Zeuskinder Athena, Apollon, Artemis läßt die Theogonie aus früheren Ehen stammen, und auch die von Heroinen geborenen Hermes und Diony-

fos konnten leicht älter gedacht werden. Statt jener beiden
fehlenden sind Dionysos und Themis eingetreten.
Auf dem Capitolinischen Puteal (Denkm. b. alt.
Kunst II nr. 197) sind die vier Götterpaare Zeus und Hera,
Athena und Herakles, Apollon und Artemis, Ares und Aphro=
dite dargestellt, denen von der andern Seite Hephaestos, Posei=
don, Hermes und (nach der herrschenden Annahme) Hestia ent=
gegenziehen. Die neueren Archäologen sind einig darin, daß
auch hier eine Handlung im Kreise der zwölf Götter dargestellt
sei, bestimmen diese aber in verschiedener Weise, O. Müller als
die Zurückführung des Hephaestos auf den Olymp, O. Jahn
und Gerhard als die (sehr problematische) Hochzeit des Herakles
mit Athena, Petersen p. 20 als die Einführung desselben unter die
Götter. Mir scheint die Anordnung der Figuren, welche den
Hephaestos als eine Hauptperson der Handlung erkennen läßt,
der Müller'schen Erklärung entschieden günstig zu sein. Aller=
dings pflegt sonst Dionysos den Hephaestos zurückzuführen; aber
leicht konnte eine andere Version der Sage dies auch dem Po=
seidon beilegen. Bei Hygin f. 166 spielt dieser wenigstens gleich
nach der Rückkehr den Rathgeber des Hephaestos, und derselbe
eignete sich sehr gut zum Abgesandten der Olympier, einerseits
weil Hephaestos nach Hom. Od. θ, 338 gerade ihn sehr respec=
tirt, anderseits weil dieser in seinem Bereiche bei der Meergöttin
Thetis weilte. Es ist somit der den Hephaestos zurückführende
Poseidon nicht so auffallend, daß man darum mit Welcker A.
Denkm. II p. 36 die Darstellung eines ganz unbekannten
Mythus mit mystischer Naturbedeutung anzunehmen brauchte.
Ganz in der Ordnung ist es nun, daß der Götterherold Hermes
den Poseidon auf seiner Sendung begleitet hat. Aber wie
Hestia, die an das Haus gebundene, zu einer solchen Mission
hätte verwandt werden können, ist nicht zu begreifen. Es wird
auch hier Themis als Genossin des Hermes anzuerkennen sein,
die für eine solche Aufgabe höchst geeignet ist vgl. §. 20. Und
zwar ist beachtungswerth, daß unter allen zwölf Gottheiten
außer Zeus nur diese das Scepter führt, dessen besondere Be=
deutsamkeit für Themis wir schon genugsam kennen gelernt haben.

Freilich auch in der berühmten Darstellung der Zwölfgötter
auf der Borghesischen Ara (Denkm. b. alt. Kunst I nr. 43—45)

hat die mit Hermes gepaarte Hestia das Scepter, wie außer ihr nur Zeus, und kann hier wegen der vollkommenen Übereinstimmung mit dem gewöhnlichen Systeme nicht wohl in Themis umgenannt werden. Auch wird der Hestia im Prytaneion von Tenedos von Pindar N. 11, 4 mit besonderem Nachdrucke ein Scepter beigelegt, und die römische Vesta ist sehr gewöhnlich mit Scepter dargestellt. Aber es ist beachtungswerth, daß die griechische Hestia in ihren ältesten sichern Darstellungen, wo sie einerseits nicht mit Hermes verbunden, anderseits (nach meinen obigen Deutungen) gleichzeitig mit Themis dargestellt ist, nämlich auf der François-Vase und der Schale des Sosias, kein Scepter hat, wie denn auch dieses Insigne zu ihrer ursprünglichen Bedeutung in keiner klaren Beziehung steht. Bei genauerer Untersuchung, welche ich noch aufschieben muß, wird sich ergeben, daß die sceptertragende und mit Hermes gepaarte Hestia die Ἑστία πρυτανῖτις ist, deren Vorstellung sich aus einer Verschmelzung der Herdgöttin Hestia mit Themis gebildet hat. Man kann dieselbe als Hestia-Themis bezeichnen, welche Benennung dann auch für das Capitolinische Puteal zulässig sein würde.

§. 24. Auf dem alterthümlichen Vasenbilde Arch. Zeit. 1858 t. CXIV, 2, welches die Befreiung des Prometheus durch Herakles darstellt, erscheinen hinter Prometheus nach der Deutung von O. Jahn p. 166 ff. Hermes, Apollon, Zeus und Hera. Die Anwesenheit des Zeus und Hermes rechtfertigt sich leicht, auch die des Apollon, bei der Jahn einigermaßen anstößt, da ja Herakles bei diesem Werke nach Aesch. fr. 212 gerade den bogenschießenden Ἀπόλλων Ἀγρεύς anruft. Aber Hera hat nach unserer Kunde mit der Befreiung des Prometheus nichts zu schaffen, und ich fasse diese Figur, die nur durch eine Blume in der Hand charakterisirt ist, vielmehr als Themis, deren Gegenwart bei dieser Gelegenheit ja ganz besonders wesentlich ist, da sie in dem Προμηθεὺς λυόμενος die Vermittlerin zwischen ihrem Sohne und Zeus gespielt haben muß, f. Welcker Götterl. II p. 267. Die Blume, bei Hera weniger klar, charakterisirt sie als chthonische Gottheit, da nach Aeschylos, mit dem das Bild überhaupt bestens stimmt, gerade Gaea-Themis die Mutter und Beratherin des Prometheus ist.

Für die Deutung als Hera beruft sich Jahn auf das schöne

innere Gemälde einer volcentischen Schale (Monum. del Inst. V t. 35, Denkm. b. a. K. II nr. 834), wo vor einer thronen=
den Göttin (HPA), welche in der Linken das Scepter und eine Blumenranke, in der Rechten eine Schale hält, Prometheus (ΠΡΟΜΗΘΕΣ) steht. Man hat sehr künstliche Deutungen ver=
sucht (s. Wieseler), um diese Zusammenstellung der Hera mit Prometheus zu erklären und zugleich eine Beziehung zu dem äußeren Gemälde der Schale (Rückkehr des Hephaestos zum Olymp) herzustellen, die keinesweges nothwendig ist. Braun, Welcker und Gerhard haben in dem innern Gemälde als Gegen=
stück die Aufnahme des Prometheus auf den Olymp ausgedrückt gefunden, wobei der Kreis der olympischen Götter doch sehr selt=
sam durch die einzelne Hera vertreten wäre. Dagegen nach Jahn, Preller und Wieseler soll Prometheus als Vermittler die Hera zur Versöhnung mit Hephaestos auffordern, was gleichfalls wenig berechtigt erscheint. Aber die Auffassung der Göttin als Hera beruht durchaus nur auf der Inschrift, ohne welche schwer=
lich Jemand auf dieselbe gefallen wäre; denn auch die Schale in ihrer Hand ist nur künstlich zu erklären und noch schwerer die Blumenranke, da Hera als 'Ανθεία, auf welchen Beinamen man Bezug genommen hat, der Situation bei beiden versuchten Deutungen ganz fremd ist. Dagegen passen der Verkehr mit Pro=
metheus und die Insignien des Scepters und der Schale wie auch der Blumenranke vortrefflich für Themis, s. §. 15 und oben. Man darf annehmen, daß Prometheus sich von seiner Mutter Weißa=
gung und Rath holt. Ich halte es deshalb für sehr wahr=
scheinlich, daß in dem Namen HPA ein anderer Fehler steckt, als den man auch so hat annehmen müssen, da H jedenfalls Spi=
ritus, nicht Vocal ist und also ein E ausgelassen sein müßte. Das A kann sehr leicht vielmehr ein Λ und auch das (eckige) P nicht sehr schwer aus E entstellt sein. In ΗΕΛ aber wage ich einen Beinamen der Themis Ἕλλη zu vermuthen, gestützt auf die nachfolgende Combination.

Ein von Roulez in Bull. de l'Acad. de Bruxelles VIII pl. 2 (mit Text p. 435) edirtes und von Gerhard in Auserl. Vas. II p. 189 beschriebenes Vasenbild zeigt ein Brautpaar auf einer Quadriga (nach Roulez Dionysos und Ariadne, nach Ger=
hard Athena mit einem myrthenbekränzten Manne), begleitet von

Apollon (ΑΠΟΛΟΝΟΣ) und Hermes (ΗΕΡΜΟΥ); den Pferden gegenüber steht eine weibliche Figur (ΗΕΜΕΣ), nach Roulez mit zwei Jagdspeeren, nach Gerhard mit zwei Hochzeitsfackeln. Diese wird von beiden Erklärern übereinstimmend als Artemis genommen; aber Roulez betrachtet in sehr unzulässiger Weise Ἥμη als einen von ἵημι abgeleiteten Beinamen der Artemis als Jägerin, wogegen Gerhard annimmt, daß ΗΕΜΕΣ aus Ἀρτέμιδος verderbt sei, was doch auch schwer zu glauben. Ich erkenne nun auch hier den Namen Ἕλλη, indem ich nur das Μ, wie so häufig, aus ΛΛ verderbt oder verlesen glaube. Man kann aber die durch diesen Beinamen bezeichnete Göttin allerdings als Artemis betrachten, aber dann am richtigsten als die besonders in Boeotien verehrte Ehegöttin Ἄρτεμις Εὔκλεια (s. Plutarch. Arist. c. 20), deren Identität mit Themis in Abschn. V bewiesen werden soll. Man kann sie aber auch geradezu für Themis erklären, da auch diese Ehegöttin ist s. §§. 17. 23 und als solche recht gut mit den Hochzeitsfackeln (denn Gerhard wird hierin doch richtiger gesehen haben) ausgerüstet werden konnte. Eben dieselbe wird in der Göttin zu erkennen sein, welche in einem von Roulez ebd. pl. 1 edirten Vasenbilde dem Hochzeitswagen mit Apollon und Artemis, diesen entgegengewandt, zur Seite steht, von Roulez für Hestia gehalten.

Endlich ist zu vergleichen das Bild einer Nolanischen Amphora, beschrieben von Gerhard Berl. Ant. Bildw. I p. 246 nr. 849. Dieses zeigt nach der Beschreibung Hermes (ΗΕΜΕΣ) gegenüber einer schwerbekleideten durch Stirnkrone und Scepter ausgezeichneten Frau, vielleicht Juno. Aber der Name dürfte nicht für ΗΕΡΜΕΣ verschrieben, sondern wieder aus ΗΕΛΛΕΣ entstellt sein und vielmehr der Göttin gehören. Diese Ἕλλη wäre dann wieder Themis, auf welche die Beschreibung und die Paarung mit Hermes trefflich paßt.

Wegen dieses gemuthmaßten Beinamens der Themis vergleiche man zunächst Hesych. ἐλλόν, ἀγαθόν — ἐλλοπώ (?), ἀγαθήν — ἐλλοπίς, εὐόφθαλμος — εἴλας, ἀγέλας ἢ πυκνή, ἀγαθή, σκοτεινή (von ἥ an auf ein εἰλάς bezüglich). Man wird hiernach ein altes Adjectiv εἰλός oder mit äolischer Gemination der Liquiba ἐλλός mit der Bedeutung gut anerkennen müssen. Als ältere Form darf man Fελλός anneh=

men und damit unſer wol, engliſch well, lateiniſch mel-ior mit m=f wie öfter, sanskr. var-ijas (melior) mit r=l, vielleicht auch βέλ-τερος, βελτ-ίων zuſammenſtellen. Somit hat Ἕλλη (mit spir. asp. ſtatt des Digamma) denſelben Sinn wie der Name der römiſchen Bona Dea, welche wir oben §. 22 der Themis gleichſtehend gefunden haben. Dieſe Benennung konnte der Göttin im eigentlichen Sinne gegeben werden wegen ihrer ſegensreichen Gaben oder euphemiſtiſch als chthoniſcher Gottheit vgl. §. 19. Beſtätigung dieſes Namens gibt die mythiſche Helle, die Schweſter und Genoſſin des Phrixos. Denn da dieſer nichts anders als ein verkappter Hermes iſt (ſ. Gerhard Phrixos), ſo zeigt ſich in dieſem Mythus wieder das Paar Hermes und Themis, das uns ſchon ſo oft begegnet iſt. Auf weitere Beſprechung dieſes Mythus kann ich mich jetzt nicht einlaſſen.

§. 25. Eine Amphora von Ruvo Monum. del Inst. V t. 11 (erklärt von L. Schmidt Annal. XXI p. 240 ff.) und Overbeck theb. u. troiſch. Heldenkreis t. XX, 4 mit Text p. 472 enthält die Auslöſung der Leiche des Hektor in folgender Weiſe dargeſtellt. Der ſitzende Achilleus wird umſtanden von Göttern und befreundeten Heroen, welche ihm zureden oder zugeredet haben. In einer untern Reihe wird der Leichnam des Hektor zu einer Wage getragen, um gegen Gold aufgewogen zu werden. Über einem Altare in der Mitte dieſer Reihe gerade unter Achilleus ſitzt Priamos in Verzweiflung auf die Leiche blickend und bildet ſo den Mittelpunkt des Gemäldes. Rechts vom Altare, etwas weniger über das Niveau der untern Reihe erhoben, aber gleichfalls durch ihren Platz vereinzelt ſitzt eine weibliche Figur in reichem Gewande mit Scepter, die Strahlenkrone im Haar, fortblickend von dem trauernden Priamos vor ihr. Ihr unvollſtändiger Name ΘΕ iſt von den Erklärern für Θέτις genommen, und Overbeck deutet ihre Gegenwart dahin, daß ſie bereits im Auftrage des Zeus (Il. Ω, 104 ff.) ihren Sohn zur Nachgiebigkeit ermahnt habe. Aber mit Recht hatte ſchon L. Schmidt dieſe Auffaſſung verworfen. Als eine der zuredenden Perſonen würde Thetis in die obere Reihe gehören, und es wäre auch nicht gut ausgeſonnen, daß Achilleus Andern gewährte, was er der eigenen tiefverehrten Mutter weigerte. Wenn aber

Schmidt annimmt, daß die Anwesenheit der Thetis, der er tristezza nel volto zuschreibt, auf den baldigen Tod des Achilleus hindeute, so erscheint das wenig einleuchtend. Vielmehr wird ΘΕ in Θέμις zu ergänzen sein. Für diese Auffassung spricht zunächst die Karlsruher Vase mit dem Urtheile des Paris (gleichfalls von Ruvo), auf welcher Themis unter dem Namen Κλυμένη nebensitzend erscheint, s. §. 19 mit Nachtr. Man könnte danach glauben, daß auch hier Themis als die Anstifterin des Krieges anwesend sei und sich von diesem traurigen Opfer ihres Planes (denn auch von der Leiche blickt sie abwärts) schmerzvoll abwende. Aber die Vergleichung anderer Bildwerke führt auf eine etwas verschiedene Beurtheilung.

Auf einem Vasenbilde bei Overbeck t. XXVII nr. 3, welches den Raub der Kassandra enthält, sitzt links in der Höhe auf Blumenranken angeblich Athena, durch nichts als die Lanze bei sonst mangelnder Rüstung ausgezeichnet, die Hand gegen ihr Xoanon, zu dem sich Kassandra geflüchtet hat, ausstreckend. In einem andern Vasenbilde desselben Gegenstandes Ov. XXVI, 17 sitzt gleichfalls links oben eine ähnliche für Athena erklärte Figur, aber in ruhigerer Haltung und mit einem oben verstümmelten Schafte, der Lanze oder Scepter sein kann. Allerdings ist nun die Darstellung einer Gottheit in der Nähe ihres Xoanons nicht ohne Beispiel; aber die Deutung auf Athena erscheint doch mißlich, theils wegen der Abwesenheit des Charakteristischen gerade neben dem vollständig gewaffneten Xoanon, theils weil die Haltung der Figur, besonders in dem zweiten Bilde, dem Verhältniß der Göttin zu der Begebenheit nicht sonderlich entspricht. Ich glaube, daß vielmehr Themis zu erkennen ist, welche den Frevel des Aias schaut, um ihn hinterher zu strafen. Die Lanze des ersten Bildes beruht möglicherweise auf einen Fehler des Malers oder der Abbildungen, und es ist in beiden Bildern das charakteristische Scepter der Themis anzuerkennen. Oder es ist, wol richtiger, anzunehmen, daß die Lanze das Scepter vertritt, wie denn in der ältesten Zeit δόρυ und σκῆπτρον überall nicht scharf geschieden sind, worüber mehr in Abschn. IV.[55])

---

[55]) Auch in dem Vasengemälde Denkm. b. alt. K. II nr. 10, wo in der Mitte Zeus und eine Göttin zusammen thronen, vor denen zwei

Auch die Blumenranken des ersten Bildes sprechen für Themis, s. §. 24.

Ferner in dem Vasengemälde Welcker A. D. III t. 30, 1, Overb. XXXIII, 22, welches den durch den Rochenstachel bevorstehenden Tod des Odysseus darstellt, sitzt auf dem Felsen am Ufer, wo der rückkehrende Odysseus landet, eine Frau, in welcher Welcker die sehnsüchtig erwartende Penelope erkennt, Overbeck eine localbezeichnende Nymphe. Die Haltung ihrer Linken entspricht der bekannten Geberde der Nemesis, welche auch der Themis ansteht, s. p. 33, und so dürfte diese Göttin zu erkennen sein, deren Anwesenheit dann andeutet, daß Odysseus dem nach Aesch. fr. 290 ihm geweißagten Verhängniß entgegengeht.

Endlich auf der Kadmos=Vase (Gerhard Etr. u. Camp. Vas. t. C.) sind bei der Besiegung des Drachen durch Kadmos vier Götterpaare zugegen, Poseidon und Athena, Apollon und Artemis, Demeter und Kora, endlich Hermes und namenlos (während alle übrigen durch Namen bezeichnet sind) am äußersten Ende eine verschleierte halbsitzende Göttin, das Haupt vom gegenüberstehenden Hermes rückwärts gewandt. Gerhard hat sie für Hestia erklärt, wofür aber nichts spricht als die öftere Paarung dieser Göttin mit Hermes. Aus demselben Grunde kann man sie für Themis halten, wozu ihr Aeußeres vollkommen paßt. Diese Deutung wird aber mehr empfohlen einerseits durch die Analogie in Haltung und Platz mit der Klymene der Karlsruher Vase und den entsprechenden Figuren der zuletzt erwähnten Bilder, anderseits durch die, wie es scheint, absichtliche Namenlosigkeit vgl. p. 34, 15 ff. Es scheint, daß auch hier ihre Anwesenheit andeutet, wie der Ausgang des Kampfes von der Entscheidung des Schicksals und dem Rathe des Zeus abhängig ist, indem sie selbst nach dieser Entscheidung, welche sie zu verkünden hat, sich gleichsam umsieht. Hermes hat ganz die Haltung, als erwarte er ihren Ausspruch um ihn als διάκτορος weiter zu tragen.

Horen stehen und hinter welchen Hermes und Dionysos, dürfte jene Göttin trotz der Lanze nicht, wie angenommen, Athena sein, sondern Hera oder Themis. Als Athena wird sie sonst durch nichts charakterisirt; denn der von O. Müller angenommene Helm scheint vielmehr ein friedlicher Kopfschmuck zu sein.

Gewiß werden sich, wenn man reichere archäologische Hülfs=
mittel benutzen kann, als mir zu Gebote stehen, noch manche
Fälle auffinden laffen, wo nach der Analogie der letzten Deu=
tungen Themis erkannt werden darf.

Nachträge und Berichtigungen. *)

Zu §. 1, p. 5, 12. Auch das kostbare Himation des Sy=
bariten Alkimenes enthielt nach Aristot. Mirab. 96 die einge=
wirkten Bilder der Gottheiten Ζεύς, ῞Ηρα, Θέμις, ᾿Αθηνᾶ,
᾿Απόλλων, ᾿Αφροδίτη.

Zu §. 1, p. 5, 18 ff. Der böotische Cultus der Themis
wird noch bezeugt durch eine bei Parapoungi in Böotien ge=
fundene Inschrift Rangabé Antiq. Hellén. II nr. 1215: ῎Αλε-
ξις Ξενοφίλω ἱαρειάξασα Θέμιτι. Der theffalische Cultus ist auch
in dem Monatsnamen Θεμίστιος erkennbar, welcher in einer
Inschrift von Metropolis bei Uffing Inscr. Gr. ined. nr. 5 er=
scheint. Auf arkadischen Cultus läßt sich daraus schließen, daß
nach Paus. VIII, 25, 6 das ἄγαλμα der Δημήτηρ Λουσία im
Heiligthum bei Thelpusa von Manchen für Themis gehalten
wurde, worüber mehr in Abschn. V.

Zu §. 2, p. 6, 27. Meineke zu Callimachus p. 136 in=
terpretirt ἀρχαία ἄλοχος durch uxor perpetua, während die
früheren Erklärer die Themis dadurch als erste Gemahlin des
Zeus (freilich im Widerspruch mit der Theogonie) bezeichnet
glaubten. Mir scheint keine von beiden Auffassungen ganz rich=
tig zu sein. Rhianos in Scholl. Apoll. 3, 1090 (p. 186 Mein.)

---

*) Die drei ersten Bogen dieser Abhandlung waren bereits abge=
zogen, als durch zufällige Umstände die Fortsetzung des Druckes stockte.
Dies hat um so mehr Gelegenheit zu reichlicheren Nachträgen gegeben,
weil ich seitdem die Möglichkeit fand die Schätze der Göttinger Biblio=
thek in persönlicher Anwesenheit wenigstens flüchtig zu benutzen.

nennt auch Pyrrha die ἀρχαίη ἄλοχος des Deukalion, während weder spätere Gemahlinnen desselben bekannt sind noch auch das Epitheton perpetua passend erscheinen kann; man wird aber in beiden Stellen denselben Sinn des Ausdruckes anerkennen müssen. Es scheint nun, daß ἀρχαία ἄλοχος wie κουριδία die eheliche Gemahlin bezeichnet im Gegensatze gegen die später etwa hinzugenommenen und wechselnden παλλακαί, ohne daß bei der Anwendung des Ausdruckes immer au das wirkliche Vorhandensein von Kebsen gedacht wurde; es würde somit allerdings auch hier in ἀρχαῖος der Begriff der Dauer und sanctitas liegen, wie in den von Hermann zu Aesch. Ag. 557 und Meineke dahin bezogenen Stellen.

Zu §. 2, p. 6, Anm. 5. Über die Quellen des Okeanos vgl. Bergk. in N. Jahrb. f. Philol. 1860 p. 410.

Zu §. 2, p. 7, 16 ff. Man beachte, daß Phaethon ein Sohn der Klymene vom Helios genannt wird, Klymene aber nach §. 19 ein Beiname der Themis ist. Somit dürften die Themistiaden am Eridanos wirklich mit den zärtlichen Schwestern des Phaethon identisch sein (vergl. Anm. 16), während eine andere Auffassung diese von demselben Vater Helios stammen ließ.

Zu §. 6, Anm. 19. Bergk's Behandlung dieser theogonischen Verse a. a. O. p. 295 ff. ist mir durch Zufall erst hinterher in die Hände gekommen. Von Schömann's Text weicht dieser in folgenden Stücken ab. In vs. 2 hat er früher wie ich τέχνῃσι für ein Glossem zu παλάμῃσι gehalten, durch welches ein anderes Wort verdrängt sei, etwa κλυτόμητιν, dem mein τεχνῆντα vorzuziehen sein wird. Jedoch hat er dann geglaubt τέχνῃσι durch Vergleichung von h. Ap. Pyth. 148 τεχνήσομαι, ὥς κε γένηται schützen zu können. Derselbe hat in vs. 6 gleich mir und ebenfalls unter Berufung auf Hesychius emendirt πολυδήνε' ἐοῦσαν. Dazu vergleicht er noch περιδηνήεντ' Ἀκμονίδην, wie er Callim. fr. 147 für περιδινήεντ' glücklich emendirt hat. Sehr ähnlich habe ich bei Moschos Εὐρ. 55 ἀμφὶ δὲ δηνήεντος ὑπὸ στεφάνην ταλάροιο für δινήεντος geschrieben, wobei δηνήεις im Sinne von τεχνήεις zu nehmen und ἀμφὶ eng damit zu verbinden ist, also „ringsum kunstreich". In vs. 12 erklärt auch Bergk Göttling's πὰρ κορυφῆς für sprachwidrig, will aber das überlieferte πὰρ κορυφάν beibehalten in dem Sinne „neben dem Gipfel des Berges, nämlich des idealen Götterberges", indem er sich auf h. Ap. Pyth. 130 γείνατ' Ἀθήνην ἐν κορυφῇ beruft, wofür unrichtig seit Barnes ἐκ κορυφῆς geschrieben sei. Jedoch die mit Gelehrsamkeit und Scharfsinn verfochtene Ansicht, daß die Geburt der Athena aus dem Haupte nur auf einem alten Mißverständnisse der Geburt auf dem Götterberge beruhe, hat mich nicht überzeugt, und ich muß bei meinem Vorschlage κὰκ κορυφήν nicht weniger beharren als in dem Hymnus bei ἐκ κορυφῆς. Außer Pindar's κορυφὰν κατ' ἄκραν vergleiche man noch Eur. Ion. 456 κατ' ἀκροτάτας κορυφὰς Διός, von Bergk angeführt, welcher richtig κορυφᾶς verwirfst; ferner Tzetz. Theog. 127 ἐκ κορυφῆς, wie Hesiod. Th. 924. h. Hom. 28, 5 und sonst Athena ἐκ κεφαλῆς geboren wird. Auch hat Chrysippus die Worte des theogonischen Dichters im Sinne von ἐκ κεφαλῆς verstanden. — In vs. 13 nimmt B. ohne ausreichenden Grund Anstoß an δικαίων und vermuthet, daß es eine Glosse zu dem echten Θεμίστων sei. Vs. 16—19 hält derselbe für einen jüngeren Zusatz, indem er zugleich an der Herstellung verzweifelt. Bei meiner Constitution dieser Verse ist noch zu beachten, daß nunmehr Athena nicht σὺν ὅπλοις geboren wird, wie nach Scholl. Apoll. IV, 1310 zuerst Stesichoros gedichtet haben soll, sondern die Waffen erst von der Pflegerin Themis erhält.

Zu §. 11, p. 25, 8. Leg. „Auf andere Seiten."
Zu §. 11, p. 28, 7. Ebenso ist Themis statt Dike genannt von Calpurnius Ecl. 1, 43 „et redit ad terras tandem squalore situque alma Themis posito", vergl. Arat. 133.

Zu §. 12, Anm. 45. Diese Inschriften gehören dem kleineren Tempel zu Rhamnus, welcher früher für ein Heiligthum gerade der Themis gehalten wurde, aber vielmehr wie der größere zunächst der Nemesis geweiht gewesen zu sein scheint, s. L. Roß Arch. Zeit. 1850 p. 167 ff.

Zu §. 12, Anm. 46. Auch bei Hygin P. A. 2, 25 haben die älteren Ausgaben Thetidis statt Themidis und bei Apollodor I, 3, 6 die Handschriften Θέμιδι oder Θέτιδι, wofür seit Heyne Μήτιδι. In Scholl. Pind. Ol. 1, 37 heißt es in der Erzählung, wie Tantalos seinen Sohn Pelops den Göttern zum Schmause vorgesetzt habe: μόνην τὴν Δήμητραν τῶν κρεῶν ἀγνοίᾳ μεταλαβεῖν λέγουσι, τινὲς δὲ τὴν Θέτιδα. Aber der beste (Codex Vrat. A. hat nach Gerhard Rh. Muf. X (1856) p. 440 vielmehr τὴν Θέμιν, was derselbe mit Recht vorzieht. Mehr darüber in Abschn. V.

Zu §. 11, p. 24, 24. Auch in dem ὅρκος βουλευτῶν einer griechischen Stadt unter römischer Herrschaft, welcher in Münch. gel. Anz. 1860 nr. 19. 20 aus einer Handschrift mitgetheilt ist, wird Themis unter den Eidesgöttern genannt.

Zu §. 13. g (p. 29). Alma Themis auch Calpurn. Ecl. 1, 44.

Zu §. 15, Anm. 49. Auf der Kadmos=Vase (Gerh. Etr. u. Camp. Vaf. t. C.) hat Θήβα in ähnlicher Weise einen Dreifuß als Insigne zur Seite. Panofka hat wenigstens auch den Μαντοῦς δίφρος anerkannt, vgl. Arch. Zeit. 1845 p. 49 ff. Unsicher ist auch die Deutung einer auf einem geflügelten Dreifuße sitzenden lyraspielenden Figur in Micali Monum. T. XCIV, welche Micali für Apoll, Rathgeber Gottheiten der Aioler p. 535 für Themis erklärt.

Zu §. 15, p. 33, 26 ff. Nachdem ich Gelegenheit gefunden habe Millingen's Werk selbst in Göttingen einzusehen, kann ich über das fragliche Bild genaueres berichten. Hinter Herakles steht eine Frau mit Schleier, dreizackiger Stephane und Scepter, weiter Hermes, beide einander zugewandt. Jene hat Zoëga Bassirel. II p. 101 als Hestia oder als Gaea, die alte Besitzerinn des Orakels gedeutet, wovon meine Deutung als Themis nicht weit abliegt. Dieser entspricht auch der bemerkte Kopfschmuck; auch in dem vorigen nach Welcker beschriebenen Vasenbilde hat Themis die Stephane mit drei Zacken, vgl. auch Nachtr. zu p. 33, 34. Hinter Apollon steht Artemis und hinter dieser sitzt die als Leto gedeutete Figur, der stehenden Themis sonst vollkommen ähnlich costumirt, auch mit Scepter. Wegen dieses Insignes, welches der Leto weniger zu gebühren scheint (s. §. 18 init. mit Nachtr.), und wegen der sitzenden Haltung, die bei Leto keine besondere Berechtigung hat, bin ich geneigt vielmehr Gaea, die älteste Inhaberin des Orakels, zu erkennen, welche von ihrer Tochter, Nachfolgerin und Doppelgängerin Themis passend gerade nur durch das Sitzen unterschieden sein würde. Allerdings fallen damit einige auf dieses Gemälde von mir genommene Beziehungen weg, aber ohne wesentlichen Einfluß auf die daran geknüpften Deutungen. Bemerkenswerthe Übereinstimmung zeigt das Vasenbild Arch. Zeit. 1858 t. CXX, 1, welches freilich in seinem Hauptgegenstande, einer Göttin auf einem Schwane, noch nicht vollständig aufgeklärt ist, aber durch den Omphalos und die Person des Apollon deutlich delphisches Local kundgibt. Hier erscheinen nämlich an beiden Enden gleichfalls zwei Göttinnen mit Scepter und dreizackigem Kopfschmucke, die zur Linken sitzend, die zur Rechten stehend, neben dieser Hermes. Die sitzende Figur kann hier um so weniger als Leto genommen werden, weil Artemis fehlt.

Zu §. 15, p. 34, 25. Für „das paßt" ist zu lesen „dies paßt".

Zu §. 15, p. 34, 33 ff. Die angebliche Leto dieses Bildes, welches ich seitdem in dem Gerhard'schen Werke selbst nachsehen konnte, ist nicht bekränzt, sondern hält in der Linken zugleich Lorbeerzweig und Scepter, in der Rechten eine Schale, hat also außer dem Scepter auch beide Insignien der beglaubigten Themis in §. 14. Das Haupt hat eine dreizackige Stephane und Schleier, vgl. Nachtr. zu p. 33, 26. Die Deutung dieser Figur als Themis scheint mir möglichst sicher zu sein.

Zu §. 16, p. 36, 11. Richtiger „Athena", und so auch im Folgenden. Vor den Worten „und eine Figur" fehlt „Herakles".

Zu §. 16, p. 36, 26. Auch die Chariten des Sokrates waren mit Hermes verbunden Paus. I, 22, 8.

Zu §. 17, p. 37, 29. Wegen des Lorbeerzweiges der Themis vgl. auch Nachtr. zu §. 15, p. 34, 33. Statt „§. 17" lies „§. 15".

Zu §. 18, p. 38, 28. Die durch den beigeschriebenen Namen gesicherte Leto erscheint ohne Scepter auch in Gerhard's Auserl. Vas. I t. 21. 22 und in Vases du duc de Luynes Pl. IV (auf diesem Bilde nach der richtigeren Lesung des Namens s. Corp. Inscr. IV nr. 7618), nirgends meines Wissens mit Scepter.

Zu §. 18, p. 38, 33. Für „Vasengemälde" l. „Relief".

Zu §. 19, p. 41, 27 ff. Die Karlsruher Vase ist genauer als in dem Creuzer'schen Werke abgebildet in Gerhard's Apul.

Vaf. t. D. 2 und Overbeck's Bildwerken z. theb. u. troisch). Heldenkr. XI, 1 mit Text p. 233 ff. Nach der Gerhard'schen Abbildung sitzt Κλυμένη auf einem Felsen, und zwar stützt sie sich nach Hochstetter's bestimmter Angabe bei Overbeck ohne allen Zweifel mit der Rechten auf den Felsen, womit die angenommene bezeichnende Geberde fortfällt. Auch ist sie übrigens in vollständiger Ruhe und mit ihrer Aufmerksamkeit nur nach der Seite des Paris gewandt. Jedoch billigt Overbeck Welcker's Deutung als Persephone. Meiner Auffassung als Themis erscheint die nunmehr constatirte Haltung der Κλυμένη vielmehr günstig als hinderlich. Themis ist nämlich dargestellt, wie sie mit gespannter Erwartung auf das Urtheil des Paris lauert, von welchem der Ausgang ihrer Rathschläge abhängt. Die Stützung auf die Hand sammt der nur halbsitzenden Haltung deutet an, daß sie im Begriff ist, sich sofort zur weiteren Thätigkeit zu erheben, je nachdem das Urtheil des Paris ausfällt; sie ist gleichsam eine ἔφεδρος. Übrigens ist sie ganz am linken Ende des Bildes.

Zu §. 20. Overbeck hat in dem angeführten Werke gleichfalls ein Verzeichniß der Darstellungen des Paris-Urtheiles gegegeben. Das Relief W. nr. 80 ist Ov. nr. 71, die Vasenbilder W. nr. 40. 41 = Ov. nr. 42. 43, Relief W. nr. 78 = Ov. nr. 70, Vasenbilder W. 16. 14. 15. 11. 12. 45 = Ov. 18. 17. 16. 15. 44. In der Deutung dieser Darstellungen ist nichts Neues gebracht. Hinsichtlich des letzten Bildes W. nr. 45 = Ov. nr. 44 = Gerh. Auserl. Vas. III T. 170 bemerke ich noch, daß der angebliche Zeus in der geflissentlich karrikirten Darstellung nach Gerhard übertrieben greises Haar hat und von E. Braun in Annal. del inst. XI p. 221 ff. für den Meergreis Nereus gehalten ist.

In zwei das Paris-Urtheil darstellenden Vasenbildern hat man auch eine lyraspielende Muse gefunden. In W. nr. 43 = Ov. nr. 47 sitzt sie hinter den Göttinnen. In W. nr. 42 = Ov. nr. 20 = Gerh. Auserl. Vas. III T. 173 schreitet sie vor den Göttinen hinter Hermes, der sich nach ihr umblickt. In dem letzteren Bilde hat Gerhard die Figur als Paris genommen, was wegen des Platzes unzulässig ist, Overbeck als Apollon, indem er nach gewissen Merkmalen sie für männlich erklären zu müssen glaubt. Apollon's Gegenwart würde ganz vereinzelt sein, und ich meine Welcker's reicher archäologischer Erfahrung glauben zu dürfen, daß die Gestalt auch für eine weibliche gehalten werden kann. Aber auch die Anwesenheit der Muse hat etwas befremdendes, und ich hatte längst daran gedacht, ob nicht auch hier Themis zu erkennen sei, welche als die griechische Carmenta und die Erfinderin des epischen Verses (s. p. 21) recht wohl mit der Lyra ausgerüstet werden konnte, habe mich aber gescheut diese Vermuthung auszusprechen. Gegenwärtig veranlaßt mich dazu Rathgeber's Deutung der auf dem Dreifuße sitzenden Lyraspielerin als Themis s. Nachtr. zu §. 15, Anm. 49.

Zu §. 22. Der Zug der Götter zur Hochzeit der Thetis auf der François-Vase ist von Overbeck p. 199 ff. besprochen. Derselbe hält mit Gerhard eine der vier Moeren für Themis. Aber Tyche, durch Füllhorn und Wage charakterisirt, erscheint als die vornehmste durch größere Gestalt hervorgehobene unter drei Moeren auch in dem Relief eines capitolinischen Sarkophages Denkm. b. a. K. II nr. 858, vgl. Wieseler Gött. Ant. p. 20.

Plan einer Einrichtung von Parallelklassen zu dem Lyceum und der höhern Bürgerschule.

Das ungemeine Wachsthum der Bevölkerung Hannover's hat es mit sich gebracht, daß trotz der großen Anstrengungen, welche für das städtische Schulwesen bereits in rühmlichster Weise gemacht sind, doch fortwährend das Bedürfniß der Erweiterung eintritt. Nicht allein die niedern Volks= und Bürgerschulen, sondern auch (um nur von den Schulen für die männliche Jugend zu reden) die Mittelschule, die h. Bürgerschule und das Lyceum sind von Jahr zu Jahr weniger im Stande, die angemeldeten Knaben aufzunehmen, und in denjenigen Klassen der Bevölkerung, aus welchen die Schüler dieser drei Anstalten stammen, herrscht bereits eine wirkliche Schulnoth, welche dringend Abhülfe erheischt. Im Laufe der Zeit wird es sicherlich dahin kommen, daß die Mittelschule und die h. Bürgerschule ganz und das Lyceum mit Ausnahme der obersten Klassen durch Parallel= Schulen oder Parallel=Klassen verdoppelt werden müssen. Für den Augenblick aber erhebt sich die Frage: wo ist das dringendste Bedürfniß, und wie kann diesem am zweckmäßigsten und mit dem geringsten Kostenaufwande abgeholfen werden? In dieser Beziehung sind vor etwa einem Jahre dem städtischen Magistrate zwei verschiedene Projecte eingereicht, nämlich von dem Director der Mittelschule Hrn. Callin ein Antrag auf Errichtung einer zweiten Mittelschule und von mir selbst ein Vorschlag zur Begründung eines mit den untern Klassen des Lyceums und der h. Bürgerschule parallelen Progymnasiums, an welches sich dann noch einige Parallel=Klassen jener beiden Schulen anschließen würden. Die städtischen Behörden haben beide Vorschläge in sorgfältige Erwägung gezogen und sind schließlich insoweit auf dieselben eingegangen, daß zunächst durch Einrichtung einer Vorklasse (an welche sich gegenwärtig eine zweite anschließt) der Anfang zu einer neuen Schule gemacht ist, ohne daß schon entschieden wäre, ob dieselbe eine zweite Mittelschule oder eine höhere Anstalt werden soll. Es ist gewiß sehr zweckmäßig, daß auf diese Weise für die weitere Erwägung und Besprechung einer nicht eben leichten Frage Zeit gewonnen ist. Sicherlich wird es den städtischen Behörden auch willkommen sein, urtheilsfähige Stimmen von verschiedenen Seiten her zu hören, und ich habe es deshalb für angemessen gehalten, im Folgenden mein Project ausführlicher der Oeffentlichkeit zu übergeben, da die kurzen Relationen der Zeitungen keine ausreichende Kenntniß desselben zu geben vermocht haben.

Da aber bei Manchen die Meinung zu herrschen scheint, daß durch die Errichtung einer Mittelschule indirect auch den Bedürfnissen des Lyceums und der höheren Bürgerschule werde genügt werden, so muß ich zunächst diese Vorfrage einer Besprechung unterziehen; denn wenn jene Erwartung gegründet wäre, so würde ich natürlich auch meinerseits die zweite Mittelschule bevorworten müssen. Dieselbe stützt sich aber auf folgende Verhältnisse. Die Mittelschule ist bekanntlich für solche Schüler bestimmt, welche mit der Confirmation in das bürgerliche Leben übergehen, aber doch eine über das Maß der niedern Bürgerschule hinausgehende Bildung erhalten sollen; der Cursus der h. Bürgerschule dauert um zwei Jahre, derjenige des Lyceums um mindestens vier Jahre länger. Da nun aber nicht wenige Schüler des Lyceums und der h. Bürgerschule schon mit der Confirmation abgehen, so liegt der Gedanke nahe, daß diese richtiger die Mittelschule besucht haben würden, deren Einrichtungen nicht auf eine länger dauernde Schulzeit berechnet sind, und daß der Grund, weshalb dies nicht geschehen, nur in dem Mangel einer zweiten Mittelschule zu suchen sei, weil jene in der einzigen vorhandenen keinen Platz hätten finden können. Es würden demnach, so kann man weiter meinen, nach Einrichtung einer zweiten Mittelschule dieser eine erhebliche Anzahl

der Anmeldungen sich zuwenden, welche gegenwärtig den Vor=
schulen des Lyceums und der h. Bürgerschule zuströmen, und
dadurch das Bedürfniß einer Erweiterung dieser Anstalten be=
seitigt werden. Aber die Sache liegt in Wahrheit bedeutend
anders. Es fallen nämlich diejenigen Schüler, welche das Ly=
ceum schon mit der Confirmation verlassen, hauptsächlich unter
folgende Kategorien:

1) Manche hatten die Eltern ursprünglich für ein gelehrtes
Fach bestimmt, haben aber später wegen mangelnder Befähigung
oder aus andern Gründen ihren Plan geändert.

2) Sehr häufig waren die Eltern über die Wahl des Berufes
für den Sohn unentschieden und wollten dadurch, daß sie ihn
dem Lyceum übergaben, sich die Möglichkeit sichern, ihn später
ohne Schwierigkeit für ein gelehrtes Studium bestimmen zu
können.

3) Bei einigen Knaben beabsichtigten die Eltern wol von
Anfang an, daß sie die Schule nur bis zur Confirmation be=
suchen sollten, zogen aber nichtsdestoweniger das Lyceum der
Mittelschule vor, insbesondere um des lateinischen Unterrichtes
willen, welcher der Mittelschule fehlt. Namentlich ist dies bei
solchen Knaben der Fall gewesen, welche für die Cadettenanstalt
oder das Apothekergeschäft bestimmt waren.

4) Nur in sehr vereinzelten Fällen läßt sich annehmen, daß
ein Knabe, der richtiger auf die Mittelschule gehörte, dem Ly=
ceum als der höhern Anstalt aus thörichter Eitelkeit übergeben ist.

5) Eben so selten endlich sind die Fälle, wo das Lyceum nur
aus Noth gewählt ist, weil in der Mittelschule kein Platz zu
finden war. In den Fällen, wo eine Vermuthung der Art
nahe lag, habe ich dieselbe in der Regel bei genauerer Nach=
forschung nicht bestätigt gefunden.

Aehnlich steht es, wie ich mich auch durch die Mittheilungen
meines geehrten Collegen, Hrn. Director Prof. Tellkampf,
überzeuge, bei der h. Bürgerschule, nur daß hier die vierte Ka=
tegorie stärker vertreten sein wird. Aber auch diese Schule um=
faßt sicherlich nur sehr wenige Schüler, die nicht nach dem freien
(wenn gleich vielleicht irrigen) Entschlusse der Eltern eingetreten
sind, sondern nur wegen der durch die Ueberfüllung der Mittel=
schule entstandenen Verlegenheit.

Hiernach ist nicht zu erwarten, daß die Begründung einer zweiten Mittelschule den Zudrang zum Lyceum und zur h. Bürgerschule in merklicher Weise mindern wird. Dies würde nur dann vielleicht der Fall sein, wenn sich ein Mittel finden ließe, alle diejenigen Schüler, welche einer jener beiden höheren Schulen zwar nach der freien Wahl der Eltern anvertraut werden, aber nach ihren Verhältnissen und Fähigkeiten besser eine Mittelschule besuchen würden, auf die richtigere Anstalt zu weisen. Aber es läßt sich nicht absehen, wie das zu erreichen wäre. Ob ein Knabe die für eine höhere Schule wünschenswerthen Fähigkeiten besitzt, läßt sich zur Zeit der Aufnahme in die unterste Vorklasse noch nicht beurtheilen; nach den Verhältnissen des Standes und Vermögens unter den angemeldeten Knaben die Auswahl zu treffen, dazu sind die Directoren gegenwärtig nicht berechtigt und werden sicherlich auch nie von der vorgesetzten Behörde eine derartige Anweisung erhalten. Es wird also auch nach Errichtung einer zweiten Mittelschule der Uebelstand bleiben, daß viele Knaben, für die der Besuch einer der beiden höheren Schulen nicht allein dringend gewünscht wird, sondern auch wegen ihres künftigen Berufes ein wirkliches Bedürfniß ist, wegen Mangel an Platz keinen Zugang finden können.

Während nun die höheren Schulen durch eine zweite Mittelschule keine nennenswerthe Erleichterung erhalten dürften, würde umgekehrt für diejenigen Schüler, welche den Schulunterricht schon mit der Confirmation abschließen sollen, durch eine Erweiterung der höheren Anstalten nicht eben schlecht gesorgt sein. Zu allen Zeiten, und auch noch seit der Begründung der Mittelschule, sind aus den mittleren Klassen des Lyceums und der h. Bürgerschule Schüler schon mit der Confirmation zu mancherlei Berufen abgegangen, welche keine unzureichende Vorbildung mitnahmen; in den übrigen größeren Städten unseres Landes müssen überall die Gymnasien mit ihren Realklassen zugleich die Aufgabe der hiesigen Mittelschule lösen. Kurz eine Mittelschule ist, wo man sie haben kann, ein ganz nützliches Institut, aber kein nothwendiges, und wenn zwischen einer zweiten Mittelschule und einer Erweiterung der höheren Schulen die Wahl ist, scheint das bringendere Bedürfniß durchaus auf dieser Seite zu sein.

Man kann aber leicht der Meinung sein, daß diese Erweiterung sich auf die h. Bürgerschule beschränken dürfe. Denn da die obersten Klassen des Lyceums nur mäßig besetzt sind und sehr viele seiner Schüler vor Vollendung des gesammten Cursus zu Bestimmungen abgehen, für welche die h. Bürgerschule vorbereiten kann, so entsteht der Schein, daß solche Schüler dem Lyceum nur wegen des Mangels an Platz in der h. Bürgerschule zugekommen seien und bei einer Erweiterung derselben von dem Lyceum sich abwenden würden. Um sicher zu constatiren, in wie weit diese vielverbreitete Meinung gegründet sei, habe ich vor einem Jahre bei sämmtlichen Eltern der die vier untersten Klassen des Lyceums (Sexta, Quinta, Quarta, Unter-Tertia) besuchenden Schüler durch gedruckte Zettel angefragt, ob sie nicht vorziehen würden, ihre Söhne auf die h. Bürgerschule übergehen zu lassen, und eventuell für die Erreichung dieses Zweckes meine kräftigste Unterstützung zugesagt. Aber unter 188 Schülern jener vier Klassen ist nur bei 11 meine Frage bejaht, bei allen übrigen verneint, und selbst bei einigen dieser eilf ist nachträglich der Wunsch zurückgenommen. Auch ist keineswegs anzunehmen, daß dieselben sämmtlich dem Lyceum nur aus Verlegenheit übergeben seien, da bei manchen eine Aenderung des ursprünglichen Planes stattgefunden haben wird, wie denn auch von der h. Bürgerschule fortwährend Schüler zum Lyceum übertreten. Jedenfalls ist klar, daß auch von denjenigen Knaben, welche späterhin nicht einen gelehrten Beruf ergreifen, auch bei einer Erweiterung der h. Bürgerschule nur sehr wenige sich vom Lyceum abwenden würden. Die Gründe, weshalb bei so vielen der Art das Lyceum vorgezogen wird, sind im Wesentlichen dieselben, welche ich oben mit Rücksicht auf die Mittelschule dargelegt habe. Einerseits wünschen viele Eltern, ihren Söhnen die Möglichkeit eines gelehrten Berufes offen zu halten; andererseits hat sich in den letzten Jahren wieder die Ansicht mehr Geltung verschafft, daß auch für die nicht gelehrten Berufe, insoweit sie überhaupt einen höheren Grad wahrer Geistesbildung verlangen, die gymnasiale Vorbildung sehr nützlich sei, namentlich eine solidere Grundlage lateinischer Sprachkenntniß, als sie die h. Bürgerschule nach der bestehenden Einrichtung zu geben vermag. Je mehr diese Ansicht im Steigen begriffen ist, um

desto weniger wird eine einseitige Erweiterung der h. Bürger=
schule dem Bedürfniß genügen. Gegenwärtig steht es so, daß
die Aufnahme eines Knaben in die unterste Klasse der Vorschule
des Lyceums durchaus nicht erlangt werden kann, wenn er nicht
Jahr und Tag vorher angemeldet ist, daß in den folgenden
Klassen bis Unter=Tertia aufwärts für neuzutretende Schüler
nur selten sich ein Platz finden läßt, wodurch die hierher über=
siedelnden Familien oft in große Verlegenheit gebracht werden,
endlich daß bei den jährlichen Versetzungen nicht wenige ver=
setzungsfähige Schüler in einer niedern Klasse zurückbleiben
müssen, weil in der höheren nicht genug Plätze erledigt sind,
und zwar obgleich in die untern Klassen des Lyceums so viele
Schüler genommen werden, als der Raum irgend gestattet,
nämlich je 48, während bei der h. Bürgerschule 40 ausdrück=
lich als die (selten überschrittene) Normalzahl festgestellt ist. Wenn
ähnliche Noth auch bei den andern Schulen herrscht, so ist sie
doch hinsichtlich des Lyceums insofern am empfindlichsten, als
der gymnasiale Unterricht am wenigsten durch Privatinstitute
ersetzt werden kann.

Wenn nun aber das höhere Schulwesen der Stadt in seinen
beiden Zweigen, dem gymnasialen und dem realen, bringend
eine Erweiterung erheischt, so braucht doch an eine vollständige
Verdoppelung der beiden betreffenden Schulen, des Lyceums
und der h. Bürgerschule, zunächst nicht gedacht zu werden, da
die oberen Klassen des Lyceums und (nach Versicherung von
Hrn. Prof. Tellkampf) die oberste Klasse der h. Bürgerschule
voraussichtlich noch für geraume Zeit allen Ansprüchen auf Auf=
nahme werden genügen können. Es braucht deshalb nur die
Einrichtung von Parallel=Klassen in's Auge gefaßt zu
werden, wie denn von solchen schon bei der Erbauung des neuen
Schulgebäudes die Rede gewesen ist. Aber sollten dieselben für
beide Schulen abgesondert eingerichtet werden, so würden die
Herstellung der Schullokale und die übrigen Kosten schwer über=
windliche Schwierigkeiten machen. Ich habe deshalb schon seit
einigen Jahren mein Nachdenken darauf gerichtet, ob es nicht
möglich sei, gemeinschaftliche Parallel=Klassen zu beiden
Schulen herzustellen und dadurch dem Bedürfnisse des höheren
Schulwesens mit geringerem Kostenaufwande abzuhelfen. Im

Folgenden werde ich nun nachzuweisen suchen, daß zu den **sechs unteren Klassen** beider Anstalten (incl. der Vorschulen) sehr wohl gemeinschaftliche Parallelklassen so eingerichtet werden können, daß sie für die obern Klassen sowohl des Lyceums als der h. Bürgerschule zweckmäßig vorbereiten, wenn nur der Unter-Tertia des Lyceums und der vierten Klasse der h. Bürgerschule gesonderte Parallel-Klassen zur Seite treten, in welchen die für jede von beiden Schulen erforderliche Ausgleichung des Unterrichts erfolgt.

Die Möglichkeit gemeinschaftlicher Parallel-Klassen hängt davon ab, daß die Klassen der beiden Schulen, welchen sie zur Seite treten sollen, einerseits hinsichtlich der allgemeinen geistigen Reife auf gleicher Stufe stehen und anderseits in dem Gange und Ziele des Unterrichtes nicht zu erheblich differiren.

Da beide höhere Schulen einjährige Klassenkurse haben, scheinen die Klassen beider Anstalten hinsichtlich der **Gesammtreife** ihrer Schüler sich in folgender Weise entsprechen zu müssen:

Lyceum.	Höhere Bürgerschule.	
Vorschule Kl. 3.	Kl. 10.	
„ Kl. 2.	Kl. 9.	Vorschule.
„ Kl. 1.	Kl. 8.	
Sexta (VI).	Kl. 7.	
Quinta (V).	Kl. 6.	
Quarta (IV).	Kl. 5.	
Unter-Tertia (III^b).	Kl. 4.	
Ober-Tertia (III^a).	Kl. 3.	
Unter-Secunda (II^b).	Kl. 2.	
Ober-Secunda (II^a).	Kl. 1.	
Unter-Prima (I^b).	—	
Ober-Prima (I^a).	—	

Aber es ist ein beachtungswerther Umstand, daß in den Klassen VI—II^a des Lyceums das durchschnittliche Alter der Schüler etwa um ein halbes Jahr höher steht, als in den nebengestellten Klassen der h. Bürgerschule. Nach den amtlichen Angaben in den Schulnachrichten des Lyceums und dem Jubel-Programme der h. Bürgerschule hat sich nämlich das durchschnittliche Alter der Schüler in jenen Klassen zu Beginn eines jeden Schuljahres nach den Erfahrungen der letzten Jahre folgendermaßen herausgestellt:

Lyceum.	Höhere Bürgerschule.
VI: 9 J. 11 Mon.	Kl. 7: 9 J. 6 Mon.
V: 11 J.	Kl. 6: 10 J. 7 M.
IV: 12 J. 4 M.	Kl. 5: 11 J. 9 M.
III^b: 13 J. 7 M.	Kl. 4: 12 J. 10 M.
III^a: 14 J. 8 M.	Kl. 3: 14 J. 2 M.
II^b: 15 J. 9 M.	Kl. 2: 15 J. 3 M.
II^a: 16 J. 9 M.	Kl. 1: 16 J. 3 M.

Der Grund dieser Erscheinung liegt ohne Zweifel hauptsächlich darin, daß in der Vorschule des Lyceums (deren Cursus auch ausdrücklich auf 3—4 Jahre festgestellt ist) die Schüler, um die für Septa unentbehrliche Reife zu erhalten, im Durchschnitt länger zurückgehalten werden, als in den drei untersten Klassen der h. Bürgerschule, welche jetzt deren Vorschule bilden.

Aus dem durchschnittlichen Alter darf man auf den Gesammtstandpunct der Klassen schließen, da hinsichtlich der Fähigkeit der Schüler und der Tüchtigkeit des Unterrichtes ein wesentlicher Unterschied zwischen beiden Schulen nicht angenommen werden kann. Somit ist also allerdings zwischen den Klassen beider Schulen gegenwärtig eine Differenz des allgemeinen geistigen Standpunctes, welche der Einrichtung gemeinschaftlicher Parallelklassen hindernd in den Weg tritt; denn auch zwischen den beiden obern Klassen der beiden Vorschulen muß eine ähnliche Differenz stattfinden, weil dieselben bei dem Lyceum nur von den fähigsten Schülern in je einem Jahre absolvirt werden, dagegen bei der h. Bürgerschule von den meisten. Jedoch die neuliche Hinzuziehung der siebenten Klasse der h. Bürgerschule zu der Hauptschule, während sie bis dahin zur Vorschule gerechnet war, wird mit einer gewissen Nothwendigkeit zur Folge haben, daß an die drei untersten Klassen stärkere Ansprüche als bisher gemacht werden und hinsichtlich der Versetzungen ein ähnliches Verfahren eintritt, wie bei dem Lyceum; Hr. Director Prof. Tellkampf theilt diese Ansicht. Wenn auf solche Weise die Klassen beider Schulen in ihrem Gesammtstandpuncte genauer parallelisirt sind, wird die erste Grundbedingung für die Einrichtung gemeinschaftlicher Parallelklassen erfüllt sein.

Die erforderliche Uebereinstimmung in dem **Gange und Ziele des Unterrichtes** findet sich am deutlichsten bei den beiden Vorschulen, welche gegenwärtig im Grunde nur darin differiren, daß die obern Klassen der Vorschule des Lyceums aus dem beregten Grunde um etwas höher stehen als die der h. Bürgerschule, was namentlich im Rechnen hervortritt. Sobald diese Differenz in der angegebenen Weise beseitigt sein wird, ist kein Hinderniß vorhanden, den Unterricht in beiden Vorschulen und folglich auch in einer gemeinschaftlichen Parallel-Vorschule vollkommen gleichartig sein zu lassen.

Erheblicher ist der Unterschied im Unterrichte zwischen Kl. VI. V. IV. des Lyceums und Kl. 7. 6. 5. der h. Bürgerschule. Derselbe tritt deutlich genug schon in der auf die verschiedenen Lehrfächer verwandten Zeit hervor. Es ist nämlich an den beiden Anstalten in jenen Klassen zusammengenommen für die einzelnen Fächer (außer Singen und Turnen) folgende Zahl von wöchentlichen Lehrstunden bestimmt:

	Lyc. IV. V. VI.	H. Bgsch. 5. 6. 7.
Religion:	8	10
Deutsch:	14	14
Lateinisch:	28	12
Französisch:	4	9
Geschichte:	5½	5
Geographie:	5	5
Naturgeschichte:	5½	4
Rechnen:	12	13
Schönschreiben:	8	10
Zeichnen:	6	4
zusammen	96	86

Jedoch wirklich bedeutend ist, wie man sieht, der Unterschied nur hinsichtlich des Lateinischen und Französischen, indem jenem im Lyceum, diesem in der h. Bürgerschule eine ansehnlich größere Anzahl von Lehrstunden gewidmet ist. In beiden Fächern ist natürlich auch das jenen Klassen gesteckte Ziel des Unterrichts und der Lehrgang wesentlich verschieden. Bei den übrigen Fächern zeigen sich wie in der Stundenzahl so auch in dem Unterrichte nur geringfügigere Differenzen, welche nach der über-

einstimmenden Ansicht beider Directoren zum Theil von selbst
verschwinden werden, sobald Kl. 7 der h. Bürgerschule den von
früher her theilweise noch anklebenden Character einer Vorklasse
gänzlich abgestreift hat, überall aber für die eigentliche Natur
der beiden Schulen nicht wesentlich sind, so daß es nicht schwierig
sein wird, dieselben so auszugleichen und den Unterricht der pro-
jectirten Parallelklassen so einzurichten, daß die Schüler aus
diesen in allen übrigen Fächern, außer Lateinisch und Französisch,
so gut in die Unter-Tertia des Lyceums als in Kl. 4 der h. Bürgerschule mit vollständiger Reife übergehen können. Da diese
übrigen Fächer am Lyceum in jenen drei Klassen zusammen 64
wöchentliche Lehrstunden haben, an der h. Bürgerschule 65, so
kann auch hinsichtlich der Zeit kein Bedenken entstehen.

Dagegen hinsichtlich des lateinischen und französischen Unterrichtes erscheint eine Beseitigung des Gegensatzes zwischen beiden Schulen nicht möglich; wenn es aber auch unthunlich ist,
in den gemeinschaftlichen Parallelklassen für die höheren Klassen
beider Schulen gleich gut vorzubereiten, so läßt sich doch eine
Einrichtung treffen, wodurch auch diese Schwierigkeit gehoben
wird.

Denkt man sich nämlich den Unterricht der gemeinschaftlichen Parallelklassen im Lateinischen und Französischen so eingerichtet, daß zwischen der auf beiden höheren Schulen für diese
beiden Sprachen angesetzten Zeit ein Mittel angenommen wird,
so werden die Schüler aus den gemeinschaftlichen Parallelklassen
für die folgenden Klassen der h. Bürgerschule einen Ueberschuß
an lateinischen Kenntnissen mitbringen, ein Deficit an französischen und umgekehrt für das Lyceum. Es wird für sie nöthig
sein, das mangelnde nachzuholen, um mit den ältern Schülern
jeder Schule dann gleichmäßig fortschreiten zu können. Die
Gelegenheit dazu kann nicht schwer geschafft werden. Es ist
nämlich auch für die Klassen III^b des Lyceums und Kl. 4 der
h. Bürgerschule das Bedürfniß einer Erweiterung vorhanden,
ohne daß hier an eine gemeinschaftliche Parallelklasse gedacht
werden dürfte, weil auf dieser Stufe der Unterricht beider Schulen
zu sehr auseinander geht; denn in III^b des Lyceums beginnt
der griechische Unterricht, welcher der h. Bürgerschule ganz fehlt,
in Kl. 4 dieser Anstalt dagegen der englische und mathematische,

welche auf dem Lyceum erst später an die Reihe kommen. Somit müssen für diese Stufe beider Schulen gesonderte Parallelklassen gefordert werden. Wenn nun aus den gemeinschaftlichen Parallelklassen die Schüler für das Lyceum ein Minus im Lateinischen und ein Plus im Französischen mitbringen, so kann dies in der gesonderten Parallelklasse zu Unter=Tertia durch eine Verstärkung des lateinischen Unterrichtes auf Kosten des französischen ausgeglichen werden, und umgekehrt in der Parallelklasse zu Kl. 4 der h. Bürgerschule. Von III^a und Kl. 3 an werden dann die durch die Parallelklassen gegangenen Schüler vollkommen gleichen Unterricht mit den alten Schülern beider Anstalten genießen können.

Der durch die obige Darlegung bereits in seinen Grundzügen gebotene Plan findet in folgenden Sätzen eine bestimmtere Fassung:

1) Es werden sechs gemeinschaftliche Parallelklassen zu den sechs untern Klassen des Lyceums (incl. Vorschule) und der h. Bürgerschule, also bis Kl. IV und Kl. 5 incl. nach aufwärts, eingerichtet und ferner je eine gesonderte Parallelklasse zu Kl. III^b des Lyceums und Kl. 4 der h. Bürgerschule.

2) Um die gemeinschaftlichen Parallelklassen zu ermöglichen, werden die Klassen der h. Bürgerschule durch die geeigneten Mittel auf dieselbe Altersstufe gehoben, wie die correspondirenden Klassen des Lyceums.

3) Die drei untersten Parallelklassen erhalten ganz gleichartigen Unterricht mit den Vorschulen des Lyceums und der h. Bürgerschule, indem zugleich die bei diesen bestehenden unwesentlichen Differenzen ausgeglichen werden.

4) Ebenso wird es in den drei obern gemeinschaftlichen Parallelklassen (zu Kl. IV. V. VI und Kl. 5. 6. 7) hinsichtlich des übrigen Unterrichtes außer dem Lateinischen und Französischen gehalten.

5) Hinsichtlich des lateinischen und französischen Unterrichtes ist in den Parallelklassen ein Mittelweg zwischen dem Lyceum und der h. Bürgerschule einzuschlagen. Die Directoren der beiden höheren Schulen mit ihren Collegien haben sich dahin geeinigt, daß am besten für die drei Parallelklassen zusammen beim lateinischen Unterrichte 27 Stunden wöchentlich zugewiesen werden,

dem Französischen 5 St., die letzteren sämmtlich in der Parallel=
klasse zu Kl. IV und Kl. 5. Dann muß die gesonderte Pa=
rallelklasse zu III^b des Lyceums (statt 9 St. Latein und 3 St.
Französisch) 8 St. Latein und 2 St. Französisch erhalten, da=
gegen die Parallelklasse zu Kl. 4 der h. Bürgerschule (statt 4
Lat. und 4 Franz. in Kl. 4) 2 St. Latein und 6 St. Französisch.
In diese werden die Schüler der gemeinschaftlichen Parallelklassen
ein solches Plus an lateinischen Kenntnissen mitbringen, daß hier
2 St. vollkommen genügen. Werden dann die beiden andern
Stunden mit für das Französische verwandt, so ist nicht zu
zweifeln, daß die Schüler mit 5 St. Französisch in Parallelkl. 5
und 6 St. in Parallelkl. 4 (auch) nach Ansicht der Lehrer der
h. Bürgerschule) reichlich so weit kommen, als jetzt die Schüler
der h. Bürgerschule mit 5 St. in Kl. 6, 4 St. in Kl. 5 und
4 St. in Kl. 4, weil jene durch stärkere lateinische Kenntnisse
und durch größere Altersreife beim Beginn des Französischen
kräftig unterstützt werden. Pädagogische Theorie und Praxis
empfehlen das Französische erst anzufangen, nachdem durch zwei=
jährigen lateinischen Unterricht in dieser Sprache ein sicherer
Grund gelegt ist. Auch am Lyceum wurde früher das Fran=
zösische in Quinta, ein Jahr nach dem Lateinischen, begonnen;
nachdem es aber hier beseitigt ist, kommen die Schüler mit
4 St. in Quarta mindestens eben so weit, als früher mit 4 St.
in Quinta und 4 St. in Quarta.

6) Die gesonderten Parallelklassen zu Kl. III^b des Lyceums
und Kl. 4 der h. Bürgerschule erhalten in den übrigen Fächern
außer Lateinisch und Französisch ganz gleichartigen Unterricht
mit III^b und resp. Kl. 4. Wie es hier mit dem Lateinischen
und Französischen zu halten sei, ist soeben schon dargelegt.

7) Die sechs gemeinschaftlichen Parallelklassen sind wegen
Mangel an Platz im großen Schulgebäude und aus andern
später zu erwähnenden Gründen als besondere Schule in ein
eigenes Schullocal zu legen. Diese Schule kann etwa Parallel-
Schule genannt werden oder vielleicht noch passender Pro-
gymnasium, indem ja auch die h. Bürgerschule als ein Real-
Gymnasium betrachtet werden kann. Die beiden gesonderten
Parallelklassen werden am besten im großen Schulgebäude, wo

für dieselben noch disponibler Raum ist, mit den beiden Hauptschulen verbunden und unter deren Directoren gestellt.

8) Die gesammten Parallelklassen werden natürlich nicht auf einmal in's Leben gerufen werden können, sondern von unten auf erwachsen müssen, wie jetzt die zweite Stadttöchterschule.

9) Sollte später das Bedürfniß von Parallelklassen zu Kl. III^a des Lyceums und Kl. 3. 2 der h. Bürgerschule entstehen, so wird sich auch für diese im großen Schulgebäude Platz finden lassen. Der Unterricht dieser Parallelklassen wird mit den Hauptklassen ganz gleichartig sein müssen. Weiter hinauf wird sich voraussichtlich für lange Zeit das Bedürfniß nicht ausdehnen.

Die im obigen vorgeschlagene Einrichtung wird nicht allein vielen Eltern die jetzt schmerzlich vermißte Möglichkeit bringen, ihre Söhne den Unterricht einer öffentlichen höheren Schule genießen zu lassen, sondern auch andere erhebliche Vortheile mit sich führen.

Zuerst ist es gegenwärtig ein großer Uebelstand, daß die Eltern schon im frühesten schulfähigen Alter der Kinder zwischen dem Lyceum und der h. Bürgerschule die Wahl treffen müssen. Denn natürlich werden sie zu jener Zeit über die künftige Bestimmung des Knaben oft noch ganz unentschlossen sein und auch, wenn sie damals schon einen bestimmten Wunsch hegten, später nicht selten durch die deutlicher hervortretenden Fähigkeiten und Neigungen des Knaben oder auch durch andere Verhältnisse zu einer Aenderung des Planes veranlaßt werden. So kommt es denn sehr häufig vor, daß ein Uebergang von der einen Schule auf die andere dringend gewünscht wird. Aber ein solcher ist jetzt mit großen Schwierigkeiten verbunden. Denn die untern Klassen beider Anstalten, wo die inneren Schwierigkeiten des Wechsels noch am geringsten sind, können wegen Mangel an Platz nur in außerordentlichen Fällen Schüler zulassen, welche nicht von unten her aufgerückt sind, und weiter nach oben, wo der Unterricht beider Schulen immer mehr auseinander geht, ist der Tausch auch bei erheblichem Aufwande für nachholenden Privatunterricht und starker Anstrengung des Schülers regelmäßig mit dem Verluste wenigstens eines Jahres verbunden. Durch die vorgeschlagene Einrichtung wird es aber möglich die Wahl zwischen Gymnasial- und Real-Unterricht, soweit diese wesentlich verschieden sind, ohne allen Nachtheil bis zum Alter von etwa 13 Jahren aufzuschieben, wo über die Fähigkeiten und Neigungen des Knaben wie über andere bestimmende Verhälnisse schon sicherer geurtheilt werden kann. Es läßt sich kaum zweifeln, daß recht viele Eltern eine solche Einrichtung mit Freuden begrüßen würden.

Andere sind von früh an darüber entschlossen, ihre Söhne durch Realunterricht für einen nichtgelehrten Beruf vorbilden zu lassen, theilen aber mit gewichtigen pädagogischen Auctoritäten die Ansicht, daß auch bei einer solchen Bestimmung ein solideres Fundament lateinischer Kenntnisse wünschenswerth sei, als es die h. Bürgerschule nach ihrem gegenwärtigen Lehrplane zu geben vermag. Auch diese werden bei der vorgeschlagenen Einrichtung ihre Rechnung finden.

Ferner können die im westlichen Stadttheile und in Linden wohnenden Eltern nur mit großer Besorgniß ihre Kinder schon im frühen Alter von sechs Jahren an die weiten Schulwege nach dem Georgsplatze machen lassen. Unterlassen sie es aber, dieselben von Anfang an den Vorschulen des Lyceums oder der h. Bürgerschule zu übergeben, so ist der spätere Eintritt mit großen Schwierigkeiten verbunden. Auch dieser Mißlichkeit wird abgeholfen, wenn die Parallelschule etwa in die Nähe des ehemaligen Kalenberger Thores gelegt wird. Eine zweite Mittelschule, sobald deren Begründung nothwendig erscheint, wird naturgemäß etwa die entgegengesetzte Lage erhalten müssen, um für diejenigen Stadttheile zu sorgen, welche von der Mittelschule am Cleverthore zu weit entfernt sind.

Ueber die Kosten, welche die vorgeschlagene Einrichtung verursachen wird, habe ich einen vorläufigen Anschlag zu machen gewagt, der freilich durchaus keinen Anspruch darauf macht ganz zutreffend zu sein, sondern nur einen Anhalt für weitere Erwägung bieten soll.

A. Ausgabe.

1) Die Herstellung eines Schulgebäudes für die sechsklassige Parallelschule kann, wenn dabei aller Luxus vermieden wird, sammt der Beschaffung des nöthigen Inventars hoffentlich für 20000 ℳ bestritten werden; so haben mir wenigstens Manche

gesagt, die sich auf Bausachen besser verstehen als ich. Es ist dabei zu bemerken, daß diese Schule, welche nur untere Klassen umfaßt, mancherlei Räume entbehren kann, welche das Lyceum und die h. Bürgerschule nur um der obern Klassen willen außer den Klassenzimmern haben müssen, z. B. für verschiedene Sammlungen und Apparate und für den physikalischen Unterricht. Rechnet man nun für die Verzinsung des Anlage-Capitals nebst den Kosten der Instandhaltung des Gebäudes und Inventares wie auch der Feuerversicherung jährlich fünf Procent, so bringt dies an jährlichen Kosten 1000 ℳ.

2) An Lehrern sind erforderlich:

a. drei studirte Lehrer für die drei obern Klassen der sechsklassigen Parallelschule, von denen der erste zugleich die Direction dieser Schule zu führen hat. Für diese sind zu rechnen

für den Dirigenten . . . . . 800 ℳ
für die beiden andern Lehrer 900 ℳ

zusammen 1700 ℳ.

Am Lyceum haben gegenwärtig die drei Klassenlehrer der drei entsprechenden Klassen zusammen nicht mehr als 1400 ℳ jährlich.

b. Vier unstudirte Lehrer, nämlich drei Klassenlehrer der drei Vorklassen und ein Fachlehrer für Schönschreiben, Rechnen u. a. in den drei obern Klassen der Parallelschule. Man wird diese durchschnittlich zu 375 ℳ ansetzen können, also zusammen 1500 ℳ.

c. Für die beiden gesonderten mit dem Lyceum und resp. der h. Bürgerschule verbundenen Parallelklassen zu III^b des Lyceums und Kl. 4 der h. Bürgerschule sind zwei studirte Klassenlehrer erforderlich, deren Besoldung zu je 600 ℳ anzusetzen sein dürfte, wie der Klassenlehrer der Unter-Tertia des Lyceums seit kurzem steht, nachdem er lange Zeit geringer besoldet war, also zusammen 1200 ℳ.

d. In diesen beiden gesonderten Parallelklassen werden je 8 St. wöchentlich nicht von dem Klassenlehrer getragen werden können, sondern anderweitig untergebracht werden müssen. Man wird dafür mit je 150 ℳ ausreichen können, also zusammen 300 ℳ.

3) An anderweitigen Kosten sind anzunehmen:
a. für den Schulvoigt der Parallelschule . . . . . 150 ℳ
b. für Feuerung in 8 Klassenzimmern nebst Zubehör 120 „
c. für Unterrichtsmittel . . . . 100 „
d. für Allerlei . . . . 90 „

zusammen 460 ℳ.

Es ist zu beachten, daß die beiden gesonderten Parallelklassen an den allgemeinen Unterrichtsmitteln des Lyceums und der h. Bürgerschule Antheil haben werden und daß die Parallelschule, weil sie nur untere Klassen umfaßt, wenig an Unterrichtsmitteln bedarf.

Recapitulation der Ausgaben.

1) Für Verzinsung des Anlage-Capitales, Abnutzung
und Versicherung . . . . 1000 ℳ
2) Für Lehrer-Besoldungen:
   a. für drei studirte Lehrer der Parallelschule incl.
      Direction . . . . 1700 „
   b. für vier unstudirte Lehrer derselben . . . . . . 1500 „
   c. für zwei studirte Lehrer der beiden gesonderten
      Parallelklassen . . . . 1200 „
   d. für Nebenunterricht in denselben . . . . 300 „
3) Anderweitige Kosten . . . . 460 „

Also jährliche Ausgaben 6160 ℳ.

B. Einnahme.

Man darf nicht zweifeln, daß die Parallelschule sich sehr schnell füllen wird, und es können demnach sehr wohl für jede ihrer Klassen 40 zahlende Schüler angenommen werden. Die untern Klassen des Lyceums zählen deren mehr. Für die beiden gesonderten Parallelklassen sind dann zusammen nur 40 zahlende Schüler zu rechnen, weil hier die Zöglinge der Parallelschule sich theilen; freilich werden nach aller Wahrscheinlichkeit auch diesen Klassen noch manche Schüler aus den Privatinstituten und von auswärts her zukommen. Für das Schulgeld sind dieselben Sätze anzunehmen wie bei dem Lyceum und der

h. **Bürgerschule.** Somit ist an jährlicher Schulgeldseinnahme zu veranschlagen:

1) aus den drei obern Klassen der Parallelschule
   120 × 25 ℳ . . . . = 3000 ℳ
2) aus den drei Vorklassen derselben 120×18 ℳ = 2160 „
3) aus den beiden gesonderten Parallelklassen
   40 × 25 ℳ . . . . = 1000 „

   Also jährliche Einnahme . . . . . 6160 ℳ
   Verglichen mit der jährlichen Ausgabe 6160 ℳ

   Geht auf.

Hiernach würde also die projectirte Einrichtung sich vollständig durch sich selbst erhalten und einer Unterstützung aus städtischen Mitteln nur in so weit bedürfen, als daraus ein zinsbares Capital zu den Kosten des Baues und der übrigen ersten Anlage vorzustrecken wäre. Aber auch wenn ich die Ausgaben zu niedrig oder (was noch viel weniger denkbar) die Einnahmen zu hoch angeschlagen haben sollte, würde durch die Realisirung des Planes der Stadt keinesweges mit Nothwendigkeit eine neue Last aufgewälzt werden. Denn ohne Zweifel würde die projectirte Anstalt gerechten Anspruch auf einen Zuschuß aus den für das höhere Schulwesen bestimmten Landesmitteln haben.

Während des allmählichen Aufwachsens der Anstalt sind eher Ueberschüsse als Kosten für die städtische Kasse zu erwarten, da die untern Klassen immer viel weniger Kosten verursachen, als die obern, wie denn die Vorschule des Lyceums der städtischen Kasse einen erheblichen Ueberschuß liefert.

Schulnachrichten.

Das Lehrerpersonal hat in diesen beiden Jahren keine Veränderung erlitten, außer daß der Candidat des höheren Schulamtes Friedrich Sander mit Genehmigung der vorgesetzten Behörden in den untern Klassen als Hülfslehrer gewirkt hat. Diese Beihülfe ist um so nützlicher gewesen, weil leider die Thätigkeit mehrerer Lehrer durch Krankheit anhaltender unterbrochen ist, während die eigenen Kräfte des Collegiums zur vollständigen Sublevation nicht ausgereicht haben würden. Die Lehrer des Lyceums sind großentheils schon an sich mit einer stärkeren Stundenzahl belastet als an andern höheren Schulen und haben in den letzten Jahren durch den starken Anwachs der Schülerzahl in den unteren und mittleren Klassen eine erhebliche Vermehrung der beschwerlichen Correcturen erhalten.

Die Zahl der Schüler in den einzelnen Klassen und in der ganzen Anstalt hat während der beiden Jahre folgende Bewegung erfahren:

	VI	V	IV	III b	III a	II b	II a	I	Smma
Bestand nach Neujahr 1860...	47(4)	49(3)	47(8)	41(8)	27(7)	18(4)	18(7)	23(8)	270 (49)
Abgang bis Ostern...	2	6	6	6	6	2	3	9	40
Also Rest. oder nach der Versetzung Zugang zu Ostern...	45 8 39	43 45 3	41 48 —	35 37 8	21 28 2	16 21 2	15 16 —	14 27 1	230 230 55
Also Bestand n. Ostern 1860.... Zugang bis Neujahr.. Abgang bis dahin...	47 2 2	48 2 3	48 2 1	45 1 4	30 — 2	23 1 2	16 — —	28 — 2	285 8 16
Also Bestand n. Neujahr 1861....	47(3)	47(3)	49(8)	42(8)	28(8)	22(4)	16(7)	26(8)	277 (49)
Abgang bis Ostern...	5	3	8	3	6	2	6	14	47
Also Rest. oder nach der Versetzung Zugang zu Ostern...	42 7 38	44 46 2	41 44 4	39 41 3	22 33 1	20 20 1	10 17 —	12 22 —	230 230 49
Also Bestand nach Ostern 1861.... Zugang bis Neujahr.. Abgang bis dahin...	45 3 1	48 2 2	48 1 2	44 2 4	34 3 1	21 1 3	17 — 2	22 1 3	279 13 18
Also Bestand n. Neujahr 1862....	47(4)	48(1)	47(6)	42(7)	36(8)	19(4)	15(6)	20(8)	274 (45)

Die in Klammern eingeschlossenen Zahlen beziehen sich auf die auswärtigen Schüler.

Die Schülerzahl hat sich also auf gleicher Höhe gehalten wie in den beiden vorangehenden Jahren. In Quinta und Quarta haben beim Beginne des Schuljahres zu Ostern neue Schüler nur vermöge eines Tausches mit der höheren Bürgerschule aufgenommen werden können; außerdem fand sich für einige noch Platz durch Abgänge im Laufe des Schuljahres. Auf bevorstehende Ostern werden bei den sehr zahlreichen Anmeldungen voraussichtlich viele Wünsche der Aufnahme nicht allein in Quinta und Quarta, sondern auch in Sexta und Unter-Tertia nicht befriedigt werden können.

Das Durchschnittsalter der Schüler in den verschiedenen Klassen hat sich folgendermaßen herausgestellt:

	VI	V	IV	III^b	III^a	II^b	II^a	I^b	I^a
N. Neujahr 1860	10⁹/₁₂	11⁷/₁₂	13	14¹/₁₂	15⁵/₁₂	16⁶/₁₂	17⁵/₁₂	18¹/₁₂	19⁴/₁₂
N. Neujahr 1861	10⁶/₁₂	11⁹/₁₂	13¹/₁₂	14⁹/₁₂	15	15⁹/₁₂	17⁵/₁₂	18¹/₁₂	19⁷/₁₂
N. Neujahr 1862	10⁷/₁₂	11⁸/₁₂	12¹¹/₁₂	14⁹/₁₂	15¹/₁₂	16	16⁹/₁₂	18²/₁₂	18¹¹/₁₂

Hinsichtlich der vom Lyceum in den beiden Jahren abgegangenen Schüler ist folgendes zu berichten:

1860.

Mit dem Zeugnisse der Reife für die Universitätsstudien giengen zu Ostern ab:

1) **Friedrich Wöbler** aus Hannover, Sohn des Tischlermeisters, 18½ Jahr alt, 8 Jahr Schüler des Lyceums, um Theologie zu studiren.

2) **Ernst Heinrichs** aus Hannover, Sohn des Kanzlei-Pedellen, 19¼ Jahr alt, 7 Jahr auf dem Lyceum, zum Studium der Mathematik und der Naturwissenschaften entschlossen.

3) **Friedrich Barmeister** aus Hannover, Sohn des weil. Hauptmanns a. D., 19 Jahr alt, 5 Jahr auf dem Lyceum, zum Studium der Jurisprudenz.

4) **Wilhelm Claus** aus Hannover, Sohn des weil. Malergehülfen, 18½ Jahr alt, 5 Jahr Schüler des Lyceums, um sich der Theologie zu widmen.

5) **Vernhard Bauerschmidt** aus Lüchow, Sohn des

Predigers, 20¾ Jahr alt, 4½ Jahr Schüler des Lyceums, zum Studium der Jurisprudenz.

6) Louis Sternheim, Sohn des Hauptcollecteurs, mosaischer Confession, 19 Jahr alt, 6½ Jahr auf dem Lyceum, um sich der Philosophie zu befleißigen.

Georg Körting aus Hannover, Sohn des Administrators der Gasanstalt, 21¾ Jahr alt, 5¾ Jahr Schüler des Lyceums, erkrankte gleich nach Beendigung der schriftlichen Reifeprüfung und war verhindert an dem mündlichen Examen theilzunehmen. Nichts desto weniger beschloß die Prüfungscommission unter Genehmigung des Königl. Oberschulcollegiums demselben auf Grund seiner Schulleistungen und der schriftlichen Prüfungsarbeiten ein ehrenvolles Zeugniß der Reife zu ertheilen. Leider fand schon die vorläufige Mittheilung dieses Beschlusses ihn fast besinnungslos, und schon am folgenden Tage entschlief er in Folge eines von früheren Krankheiten zurückgebliebenen Gehirnübels. Der Schmerz der Lehrer war ein sehr tiefer, da Körting durch seine geistige Tüchtigkeit ihnen viele Freude gemacht und durch seinen Character ihre volle Achtung und Liebe erworben hatte.

Außerdem verließen die Ober=Prima zu Ostern 1860
Alfred Prinz zu Ysenburg=Büdingen, Sohn Sr. Durchlaucht des Königl. Preußischen Gesandten hierselbst, 18¼ Jahr alt, 1 Jahr Schüler des Lyceums; derselbe trat als Officier in die Preußische Armee.

Georg Meyer aus Wunstorf, Sohn des Predigers, 21 Jahr alt, 7 Jahr auf dem Lyceum, 2 J. in Prima, um noch das Gymnasium zu Göttingen zu besuchen.

Aus Unter=Prima giengen ab: (Sept.) Ludwig Eneccerus aus Hannover, welcher nach einer unerlaubten Entfernung von Haus und Schule später die Universität bezog um Mathematik zu studiren; (Nov.) August Lodemann aus Hannover, welcher in eine Maschinenfabrik eintrat.

Die Ober=Secunda verließen zu Ostern Ernst Holzberger und Hermann Credener aus Hannover, beide um die Bergschule zu Clausthal zu beziehen, ferner Gustav Quellhorst aus Moisburg um sich dem Seewesen zu widmen.

Aus Unter=Secunda giengen zu Ostern ab Karl Halle

aus Kl. Freden und Albert Tronnier aus Meine, beide um andere Schulen zu besuchen. Im September entfernte sich Ludwig Haspelmath aus Linden unerlaubter Weise und bezog später die Bergschule zu Clausthal. Zu Michaelis ging August Martini aus Frankenhausen ab, um sich der Oekonomie zu widmen.

Unter den 41 Schülern, welche aus den andern Klassen abgiengen, sind 15 direct ins bürgerliche Leben übergegangen (4 zur Kaufmannschaft, 5 zur Apothekerei, 1 zur Oekonomie, 1 zu einem Gewerbe, 3 zum Seewesen, 1 ins Steuerfach), 1 auf eine Handelsschule, 1 auf eine Cadettenanstalt, 20 zu anderen Schulen oder in Privatinstitute (darunter 3 auf die höhere Bürgerschule), 1 unbestimmt. Zwei treffliche Schüler wurden durch frühzeitigen Tod fortgerafft, nämlich während der Sommerferien der Unter-Tertianer August von dem Knesebeck, Sohn des weil. Berghauptmanns, 13½ Jahr alt, durch einen unglücklichen Zufall und im October der Quartaner Emil Hausmann, Sohn des Predigers a. D. hierselbst, 11½ Jahr alt, durch das Nervenfieber. Beide Knaben hatten durch ihre Talente wie durch ihren Character die schönsten Hoffnungen für die Zukunft erregt.

1861.

Mit dem Zeugnisse der Reife für die Universitätsstudien giengen folgende Ober-Primaner ab:

A. zu Ostern

1) Hermann Wächter aus Hannover, Sohn des Regierungsrathes, 18¾ Jahr alt, 9 Jahr auf dem Lyceum, zum Studium der Jurisprudenz entschlossen.

2) Ludwig Schumacher aus Ahlden a. d. A., Sohn des weil. Amtsgehülfen, 19¾ Jahr alt, 6 Jahr Schüler des Lyceums, um Philologie und Theologie zu studiren.

3) Adolf Werner aus Hannover, Sohn des seitdem verstorbenen Kaufmanns, 18 Jahr alt, 8 Jahr auf dem Lyceum, um sich der Jurisprudenz zu widmen.

4) Adolf Pfannkuche aus Hannover, Sohn des Generallieutenants, 17½ Jahr alt, 7½ Jahr dem Lyceum angehörig, zum Studium der Medicin entschlossen.

5) **Georg Sauerwein** aus Hameln, Sohn des Kürschnermeisters, 20 Jahr alt, 4 Jahr auf dem Lyceum, für Philologie und Theologie bestimmt.

6) **Georg Kunke** aus Hannover, Sohn des verst. Kleidermachers, 23¾ Jahr alt, 4 Jahr Schüler des Lyceums, um Theologie und Philologie zu studiren.

7) **Hermann Becker** aus Hülpede, Sohn des Predigers, 20 Jahr alt, 1½ Jahr dem Lyceum angehörig, zur Theologie bestimmt.

8) **Friedrich Bockhorn** aus Syke, Sohn des Thierarztes, 20 Jahr alt, 6½ Jahr auf dem Lyceum, um Theologie zu studiren.

9) **Karl Oldekop** aus Hannover, Sohn des Kriegsraths, 18¼ Jahr alt, 9 Jahr Schüler des Lyceums, um in einer Maschinenfabrik sich zunächst praktisch zum Ingenieur vorzubereiten.

10) **Armin Schöning** aus Hannover, Sohn des Oberwundarztes Dr. med., 19¾ Jahr alt, 5½ Jahr auf dem Lyceum, um Jurisprudenz zu studiren.

11) **Ernst Kunke** aus Hannover, Sohn des verst. Kleidermachers, 20½ Jahr alt, 8½ Jahr auf dem Lyceum, um sich der Philologie zu widmen.

12) **Karl Mummenthey** aus Königshütte, 20 Jahr alt, 4 Jahr Schüler des Lyceums, mit der Absicht sich der Bauwissenschaft zu widmen.

13) **Ernst Schmalfuß** aus Hannover, Sohn des Schulraths 18¾ Jahr alt, 9 Jahr dem Lyceum angehörig, um Chemie und Mathematik zu studiren.

B. zu Michaelis.

14) **Adolf Prelle** aus Molzen bei Uelzen, Sohn des Predigers, 22½ Jahr alt, 5 Jahr Schüler des Lyceums, für Theologie bestimmt.

15) **Adolf Küster** aus Hannover, Sohn des Geh. Regierungsraths, 18¾ Jahr alt, 9½ Jahr auf dem Lyceum, um sich der Jurisprudenz zu widmen.

Außerdem verließen im Laufe des Jahres die Schule:

Aus Ober=Prima (Mich.) Gustav Wertheim aus

Imbshausen, um auf das Gymnasium in Braunschweig überzugehen.

Aus Unter-Prima (Ost.) Erich Richter, um sich auf dem Gymnasium zu Hildesheim weiter vorzubereiten.

Aus Ober-Secunda (Ost.) Emil Günther aus Lauenau auf das Gymnasium zu Göttingen; Adolf Dietrichs aus Hannover zur Oekonomie; Louis Friedrichs aus Hannover zur polytechnischen Schule, Wilhelm Winkel und Wilhelm Behrens aus Hannover zur Kaufmannschaft; Ludwig Detmer aus Hannover ins preußische Militär; (Joh.) Oskar Renzhausen aus Hannover ins östreichische Militär; (Weihn.) Julius Magnus wegen Krankheit.

Aus Unter-Secunda: (Ost.) Otto Borchers auf das Gymnasium zu Lüneburg wegen Versetzung des Vaters; Wilhelm Müller aus Hannover zur Kaufmannschaft; (Joh.) Emanuel Flemming aus Hannover dgl.; Theodor von Malortie aus Hannover zum Militär.

Aus den übrigen Klassen gingen im Laufe des Jahres 32 Schüler ab; nämlich 11 gleich ins bürgerliche Leben (4 zur Apothekerei, 5 zur Kaufmannschaft, 1 zum Seewesen, 1 zu einem Gewerbe), 2 auf die Cadettenanstalt, 16 auf andere Schulen oder Privatinstitute (darunter 7 auf die höhere Bürgerschule, durch die Befürwortung des Directors unterstützt), 2 unbestimmt. Der Ober-Tertianer Christian Gerold von hier, 17 Jahr alt, ein braver Schüler, starb im März am Nervenfieber.

Der Unterricht hat in diesen beiden Jahren seinen gewohnten Gang innegehalten. Auch die regelmäßigen **Schulfeiern**, nämlich die öffentlichen Prüfungen der untern Klassen vor Ostern und der obern vor Weihnachten, so wie der mit der Abiturienten-Entlassung verbundene Schulactus sind in beiden Jahren in üblicher Weise abgehalten, nicht weniger die herkömmlichen jährlichen Concerte der Schüler des Lyceums. Dazu kam im Jahre 1860 am 19. April eine öffentliche Schulfeier zur Erinnerung an den vor 300 Jahren erfolgten Tod des Reformators Ph. Melanchthon, welcher als der Begründer des protestantischen höheren Schulwesens für die Gymnasien eine noch hervorragendere Bedeutung hat als für die gesammte protestantische Kirche; die Festrede wurde von Herrn Oberlehrer

Dr. Guthe gehalten und ist nachträglich durch den Druck veröffentlicht. Am 26. April desselben Jahres war zur Vorfeier des Geburtstages Sr. Majestät des Königs der feierliche Schulactus, welcher bis dahin im Turnus mit der höheren Bürgerschule jedes zweite Jahr am Geburtstage selbst gehalten war, was aber in diesem Jahre unthunlich war, weil der Geburtstag gerade auf das Pfingstfest fiel, auch abgesehen davon, daß die seit einigen Jahren angeordnete kirchliche Feier der Schulfeier im Wege steht.

Im Jahre 1861 hat am 18. Juni auch eine für das Lyceum neue Art von Schulfest stattgefunden. Es hatten nämlich die Schüler der obern und mittlern Klassen um Erlaubniß gebeten, den für jeden Deutschen und insbesondere auch für jeden Hannoveraner hochwichtigen Jahrestag der Schlacht von Waterloo durch eine gemeinschaftliche Feier auf dem Thiergarten festlich begehen zu dürfen, und es wurde ihnen dies in der Weise gestattet, daß die ganze Anordnung und Leitung einem Ausschusse der Schüler überlassen blieb, während die Lehrer nur als Zuschauer anwesend waren. Unter Gesang, Reden und gemeinsamen Spielen mit einem artigen Feuerwerke zum Schluß verlief das Fest in bester Ordnung und zu allgemeiner Zufriedenheit. Die Schüler der untersten Klassen, welche man hier nicht zugelassen hatte, weil das Feuerwerk die Heimkehr für jüngere Knaben zu sehr verspätete, brachten an einem anderen Orte unter Aufsicht ihrer Lehrer gleichfalls sehr vergnügt zu.

Nicht ohne große Bedeutung für das Lyceum konnte es sein, daß in Folge der Berathungen einer Directoren-Conferenz durch die vom Königl. Oberschulcollegium unter Genehmigung des Königlichen Ministeriums der geistlichen und Unterrichts-Angelegenheiten erlassene Bekanntmachung vom 31. Juli 1861 die bisherige Einrichtung der Reifeprüfungen erhebliche Modificationen erhielt. Allerdings beruhten die über die Maturitäts-Prüfungen vielfach gehegten und auch in öffentlichen Blättern ausgesprochenen ungünstigen Ansichten größtentheils auf Vorurtheilen und mangelhafter Kenntniß der seit dem Jahre 1846 bestehenden Einrichtung. Denn bei der ersten Einführung der Maturitäts-Prüfungen im Jahre 1830 war freilich der Bogen zu scharf gespannt. Nicht allein die ungemeine Ausdehnung der schriftlichen und mündlichen Prüfung war sehr angreifend, sondern es waren auch die Forderungen so hoch gestellt, daß ein jeder Schüler, der sich nicht mit der schimpflichen und benachtheiligenden No. III. begnügen wollte, zu bedeutenden Anstrengungen nur für den Zweck des Examens gezwungen war, ohne doch sein Ziel immer dadurch zu erreichen; endlich war auch die Abstufung der Zeugnisse nach drei Nummern geeignet zu krankhaftem Ehrgeize zu reizen. Für die Strenge dieser ältesten Instruction ist es charakteristisch, daß der durch g u t bezeichnete Normalstandpunkt fast ein Maximum war, welches nur ein höchst ausgezeichneter Schüler in allen Fächern zugleich erreichen könnte. Wenn Männer, welche während der Geltung dieser Instruction die Schule besucht und die Maturitäts-Prüfung bestanden haben, von daher ein ungünstiges Vorurtheil gegen die Maturitäts-Prüfungen haben, so ist das nicht zu verwundern. Aber nachdem schon vorher verschiedene erleichternde Modificationen eingetreten waren, erhielten durch die Instruction von 1846 die Maturitäts-Prüfungen einen ganz veränderten Charakter. Nicht allein war hier die Ausdehnung des Examens erheblich beschränkt und die Abstufung nach Nummern beseitigt, sondern es waren auch die Forderungen erheblich herabgestimmt. Der durch g u t bezeichnete Normalstandpunct erscheint hier fast als ein Minimum, welches ein jeder für die Universitätsstudien begabte Schüler bei erträglichem Fleiße ohne Schwierigkeiten erreicht. Dabei war noch gestattet ein Zurückbleiben hinter dem Normalstandpuncte in einzelnen Fächern durch überwiegende Leistungen in andern zu compensiren und sogar auch bei sonst lobenswerthen Schülern einzelne Mängel nachzusehen, wenn auch keine Compensationsmittel vorhanden seien; kurz die Forderungen dieser Instructionen waren der Art, daß sie keinen hinlänglich begabten Schüler zu besondern oder gar übermäßigen Anstrengungen veranlassen konnten. Auch sind seit 1846 nur sehr wenige Schüler des Lyceums nicht bestanden, und auch diese haben regelmäßig bei Wiederholung des Examens sich das Zeugniß der Reife erworben. Wenn nichtsdestoweniger den

Maturitäts-Prüfungen auch in den letzten Jahren alles mögliche schlimme nachgesagt ist, so beruht dies entweder, wie gesagt, auf Unkenntniß der veränderten Einrichtungen oder auf ganz unbegründeten Vorurtheilen. So ist z. B. der Grund für die schlechten Ergebnisse der juristischen Amts-Examina mehrfach in den Maturitätsprüfungen gesucht, während es doch viel näher lag, dieselben aus den Verhältnissen der zwischenliegenden Universitätszeit zu erklären, welche am häufigsten von den Juristen nicht angemessen benutzt zu werden pflegt. Daß die Maturitätsprüfung hier höchst unschuldig ist, wird sonnenklar durch den Umstand, daß bei den Theologen und Medicinern, welche dieselbe nicht weniger hinter sich haben, die späteren Prüfungen keineswegs gleich üble Erscheinungen gezeigt haben.

Kurz die Instruction von 1846 war in ihrem ganzen Geiste und in ihren wesentlichsten Bestimmungen von der Art, daß bei richtiger Anwendung ein dringendes Bedürfniß der Aenderung nicht gefühlt wurde, nur mit Ausnahme derjenigen Theile, welche nicht die Abituren der Gymnasien betrafen, sondern diejenigen, welche einen andern Bildungsgang gehabt und meistens schon vor dem Examen die Universität bezogen hatten; denn die bei diesen eintretenden besonderen Verhältnisse waren allerdings in der Instruction zu wenig berücksichtigt. Indeß ließ sich nicht verkennen, daß auch hinsichtlich der Abituren manche wichtige Bestimmungen durch ihre Fassung der Mißdeutung ausgesetzt waren und daß sich sonst dieses und jenes bessern ließ, namentlich um den Zweck zu erreichen, daß die Reifeprüfung für jeden Schüler, der seine Schulzeit mit genügendem Fleiße benutzt hat, einer besondern Vorbereitung durchaus nicht bedürfe oder zu bedürfen scheine und ihn nicht zu Anstrengungen veranlasse, welche für nachhaltige Geistesbildung werthlos sind.

In diesem Sinne ist nun die neue Instruction abgefaßt, welche allen einigermaßen begründeten Vorwürfen gegen die frühere Einrichtung Rechnung getragen hat. Man durfte nur besorgen, daß in einigen Puncten zu weit gegangen und durch zu milde Bestimmungen den Schülern eine Verlockung zur Trägheit gegeben sei; dann freilich würde es sehr zu beklagen sein, wenn nicht die große Mehrzahl der Abituren sich über das geforderte Minimum bedeutend erheben sollte. So viel aber aus der am Lyceum vorliegenden kurzen Erfahrung (zu Michaelis ist die erste Prüfung nach der neuen Instruction abgehalten) geschlossen werden darf, läßt sich hoffen, daß bei richtiger Anwendung der Vorschriften auch jetzt kein für die Universitätsstudien in Wahrheit unbefähigter das Zeugniß der Reife erhalten und daß eine nachtheilige Rückwirkung auf das wissenschaftliche Streben der Schüler, wenn sonst der rechte Geist herrscht, nicht eintreten wird.

Oeffentlicher Schulactus
zur Entlassung der Abituren,

Donnerstag den 10. April, Anf. 10 Uhr Vorm.,

in der Aula.

Choral.
Lateinische Rede des Abituren Bobo Cleeves aus Hannover: „De Thucydidis virtutibus historicis."
Deutsche Rede des Abituren Ernst von Bothmer aus Landesbergen: „Ueber die Bedeutung der griechischen Dichter für die Jugend."
Englische Rede des Abituren Claus von Reden aus Münder: „On the character of Macbeth."
Chorgesang.
Entlassung der Abituren durch den Director.
Choral.

Oeffentliche Prüfung
der unteren Klassen des Lyceums
den 11. und 12. April
in dem Schulsaale.

Freitag, Anf. 8 Uhr Vorm.
Choralgesang.

Ober-Tertia.

8 Uhr 15 Min. Lateinisch.	Oberlehrer Dr. Deichmann.
8 „ 50 „ Mathematik.	Oberlehrer Dr. Guthe.
9 „ 10 „ Geschichte.	Collaborator Mejer.

Declamation.

Unter-Tertia.

9 Uhr 30 Min. Lateinisch.	Oberlehrer Dr. Stisser.
10 „ 10 „ Geometr. Vorübungen	Oberlehrer Dr. Guthe.
10 „ 30 „ Griechisch.	Collaborator Dr. Müller.

Declamation.

Quarta.

11 Uhr 5 Min. Lateinisch.	Collaborator Dr. Müller.
11 „ 45 „ Rechnen.	Oberlehrer Dr. Guthe.
12 „ 5 „ Französisch.	Lehrer Schulze.

Declamation.

Sonnabend, Anf. 9 Uhr Vorm.

Quinta.

9 Uhr 10 Min. Religion.	Collaborator Mejer.
9 „ 30 „ Lateinisch.	Candidat Sander.
10 „ 5 „ Naturgeschichte.	Collaborator Mejer.

Declamation.

Sexta.

10 Uhr 25 Min. Lateinisch.	Lehrer Schulze.
11 „ 5 „ Geschichte.	Candidat Sander.
11 „ 25 „ Rechnen.	Lehrer Hinrichs.

Declamation.

Die Hefte und Zeichnungen der Schüler werden ausliegen und die Mappencensuren den Angehörigen der Schüler auf Verlangen zur Einsicht ausgehändigt werden.

Dr. H. L. Ahrens, Director.

\
Schulnachrichten des Lyceums zu Hannover.

Ostern 1864.

Daneben

Ueber die Göttin Themis. Zweiter Theil.

Vom

Director Dr. H. L. Ahrens.

Hannover.
Schrift und Druck von Fr. Culemann.
1864.

Die Göttin Themis.

Von

Dr. Heinrich Ludolf Ahrens, Director.

Zweite Abtheilung.

Abschn. II. Das appellative θέμις mit seiner näheren Sippe.

§ 1. Der Abkürzung wegen werde ich hauptsächlich nur den Sprachgebrauch der älteren epischen und lyrischen Poesie berücksichtigen, welcher in der attischen und gemeinen Sprache fast nur durch die Begrenzung in einen engeren Kreis modificirt ist.

Am häufigsten erscheint θέμις in den Formeln θέμις ἐστί, οὐ θέμις ἐστί, ἥ θέμις ἐστί[1]). In diesen bezeichnet es, um andere Erklärungen zu übergehen, nach Apollon. Lex. 87, 1 τὸ καθῆκον καὶ πρέπον, nach Nitzsch zu Od. β, 14 das Gebührliche nach den Anschauungen der homerischen Welt. Jedoch erscheint diese für ἔοικε passende Bestimmung für θέμις zu weit gefaßt. Denn in den meisten Fällen ist θέμις, dem lateinischen fas entsprechend, deutlich das nach göttlicher Ordnung gebührliche. Es bezieht sich nämlich auf das Verhalten gegen die Götter, wie Od. γ, 45. κ, 73, Hesiod. Op. 136. Sc. 447, Theogn. 688, oder auf vorzugsweise von den Göttern geschütztes, nämlich auf das vom Ζεὺς ξένιος geschützte Gastrecht Il. Λ, 779. Od. γ, 187. ι, 268. ξ, 56. ω, 286, auf das Recht der unter Obhut des Zeus (ζ, 207) stehenden Bettler π, 97, auf einen der Aufsicht des Ζεὺς ὅρκιος unterliegenden Schwur Il. Ψ, 44.

---

[1]) Statt ἐστί steht πέλει Il. I, 134. Das Verbum fehlt zuerst Od. ω, 286, Hesiod. Op. 256 und in der gleichbedeutenden Formel οὐ θεμιτόν Pind. P. 9, 42. Später ist die Ellipse des ἐστι bei θέμις und θεμιτόν regelmäßige Sitte.

581, Hes. Sc. 22, auf Pietätspflicht gegen Vater und Gatten Od. λ, 451. ξ, 130. Auch Il. Π, 796 πάρος γε μὲν οὐ θέμις ἦεν ἱππόκομον πήληκα μιαίνεσθαι κονίῃσιν ist zu verstehen „war es von den Göttern nicht gestattet", wie besonders durch den folgenden Gegensatz τότε δὲ Ζεὺς "Εκτορι δῶκεν klar wird; auch stand der Helm des Achilleus, weil von den Göttern gegeben (Σ, 84), unter deren besonderer Obhut. Auf die Ordnung im Götterstaate bezieht sich Hesiod. Th. 396 τιμῆς καὶ γεράων ἐπιβησέμεν, ἥ θέμις ἐστίν, auf etwas göttliches endlich auch Il. Ξ, 386 (vom Schwerte des Poseidon) τῷ δ' οὐ θέμις ἐστὶ μιγῆναι ἐν δαΐ λευγαλέῃ, wo Eustathius nicht unrichtig durch οὐ δυνατὸν erklärt, in welchem Sinn auch das lateinische non fas est zuweilen übergeht; was nach göttlicher Ordnung nicht gestattet ist, ist auch nicht möglich. Ebenso sagt Plato Apol. c. 6 vom Apollon οὐ γὰρ δήπου ψεύδεταί γε· οὐ γὰρ θέμις αὐτῷ, vgl. auch in § 2 οὐ θεμιτὸν Pind. P. 9, 42.

Da Volks= und Rathsversammlungen unter der besondern Obhut der Göttin Themis stehen und ihre Ordnung demnach eine göttliche ist, so gehören hierher auch Il. I, 32 'Ατρείδη, σοὶ πρῶτα μαχήσομαι ἀφραδέοντι, ἥ θέμις ἐστὶν ἄναξ ἀγορῇ und B, 73 ἔπεσιν πειρήσομαι, ἥ θέμις ἐστίν, wo gleichfalls von dem Verhalten in der ἀγορῇ die Rede ist; ferner Ω, 652 οἵ τέ μοι αἰεὶ βουλὰς βουλεύουσι παρήμενοι, ἥ θέμις ἐστίν, wo freilich nicht eine eigentliche officielle βουλὴ γερόντων gemeint ist.

Auf die göttliche Ordnung der Aphrodite könnte man beziehen Il. I, 133 μή ποτε τῆς εὐνῆς ἐπιβήμεναι ἠδὲ μιγῆναι, ἥ θέμις ἀνθρώπων πέλει, ἀνδρῶν ἠδὲ γυναικῶν, was vs. 275. 276 mit der Veränderung ἥ θέμις ἐστὶν ἄναξ ἤτ' ἀνδρῶν ἤτε γυναικῶν wiederholt ist und ebenso Τ, 176. 177, wo aber der zweite Vers in den besseren Handschriften fehlt. Aber auch in den andern beiden Stellen ist dieser sehr bedenklich; denn mit Recht hat Nitzsch zu Od. β, 14 bemerkt, daß die Formel ἥ θέμις ἐστὶ bei Homer immer ein begleitendes Gefühl der Billigung enthält, nicht wie ἡ δίκη ἐστὶ die bloße, wenn auch tadelnswerthe Gewohnheit bezeichnet. Aber in jenen Stellen dürfte die Billigung auch vom Standpunkte des homerischen Zeitalters sich schwer annehmen lassen; wird doch z. B. Od. σ,

325. χ, 445 den Mägden das μίσγεσθαι mit den Freiern zum schweren Vorwurf gemacht. Und es sprechen auch andere Gründe dafür, daß der anstößige Vers I, 134. 276 von einem jüngeren Interpolator stamme[2]), welcher θέμις ganz in der Weise wie δίκη auch von nicht löblichen Sitten brauchen zu können glaubte, wie auch h. Ap. 541 gesagt ist ὕβρις θ', ἣ θέμις ἐστὶ καταθνητῶν ἀνθρώπων, was als jüngere und seltene Ausdehnung des Gebrauches erscheint.

Außer den letzterwähnten Stellen ist die Formel ἣ θέμις ἐστὶ mit einem Genetiv verbunden Od. ξ, 130 ἣ θέμις ἐστὶ γυναικός, wo der Genetiv gleichfalls bezeichnet, für wen es θέμις etwas zu thun, und ι, 268 ἥ τε ξείνων θέμις ἐστίν, wo er bezeichnet, für wen es θέμις ist etwas zu erhalten.

§ 2. An den Sinn jener Formeln schließt sich der übrige Gebrauch von θέμις zunächst in folgenden Fällen: Il. E, 761 (Ἄρης) ὅς οὔ τινα οἶδε θέμιστα, Od. ι, 215 οὔτε δίκας εὖ εἰδότα οὔτε θέμιστας (vom Polyphem), Theogn. 1141 εὐσεβέων δ' ἀνδρῶν γένος ἔφθιτο, οὐδὲ θέμιστας | οὐκέτι γιγνώ-

---

[2]) Daß vs. 134 ἣ θέμις ἀνθρώπων πέλει, ἀνδρῶν ἠδὲ γυναικῶν in vs. 276 nicht wörtlich wiederholt ist, sondern hier lautet, ἣ θέμις ἐστὶν ἄναξ ἠτ' ἀνδρῶν ἠτε γυναικῶν, während doch keine Nothwendigkeit einer Aenderung vorliegt, läßt sich nur daher erklären, daß vs. 276 in dieser Gestalt früher an seinem Platze gestanden hat, als vs. 134. Bei der Uebertragung von dort in die Rede des Agamemnon, der zur Versammlung spricht, konnte die Anrede ἄναξ nicht bleiben, und es wurde eine Aenderung nöthig, die freilich sehr ungeschickt ausgeführt ist. Denn zuerst ist die Interpunction nach dem dritten Fuße fehlerhaft, vgl. Scholl. Harl. zu Od. γ, 34 in Cram. Anecdd. Paris. III p. 432: ἡ ὑποστιγμὴ πορᾴσημος· οὐδέποτε γὰρ τὸ ἔπος εἰς δύο διαιρεῖται τῇ στιγμῇ, ὅ ἐστιν εἰς τὸν ιβ' χρόνον. Die Interpunctionen, welche an jener Stelle jetzt im homerischen Texte vorkommen, sind fast alle unnütz, meistens um eingeschobener Vocative willen gesetzt. Ferner ist der Ausdruck θέμις πέλει statt θέμις ἐστὶ sonst ganz ungebräuchlich, und endlich das ἀνθρώπων mit seiner Apposition ἀνδρῶν ἠδὲ γυναικῶν recht wunderlich. Aber auch in der andern ältern Gestalt ist der Vers nicht ohne schweres Bedenken, da der allein zulässige Sinn „wie es Brauch ist zwischen Männern und Weibern" sich aus dem ἥτε—ἥτε nicht herausbringen läßt; die Interpreten, namentlich Eustathius 1178, 56, Passow m Lexicon und Spitzner haben sich vergebens abgemüht.

σκουσ' οὐδὲ μὲν εὐσεβίας, Pind. fr. 1 οὐ θέμιν οὐδὲ δίκαν ξείνων ὑπερβαίνοντες; nicht weniger auch in den Abschn. I, § 11 beigebrachten Stellen. Eine Form θεμιστή (s. unt. § 10) mit demselben Sinne erscheint Hesiod. Th. 235 οὐδὲ θεμιστέων λήθεται, ἀλλὰ δίκαια καὶ ἤπια δήνεα οἶδεν. Man erkennt hier meistens deutlich den Begriff des fas, namentlich auch Theogn. 1141 in der Zusammenstellung mit εὐσεβία und Od. ι, 251. Pind. fr. 1, wo durch δίκαι und θέμιστες, δίκα und θέμις jus et fas ausgedrückt wird; der Plural θέμιστες bezeichnet die einzelnen Anwendungen der θέμις. Aber freilich sind die griechischen Begriffe θέμις und δίκη lange nicht so scharf geschieden, als die römischen fas und jus, wie das schon in der angeführten Stelle des Hesiod liegt, vgl. auch § 4 und Abschn. I, § 11. Daher ist θέμις, θέμιστες von den Grammatikern auch häufig durch δίκη, δίκαιον, δίκαια erklärt, z. B. Hesych. s. θέμις, θέμιστας, θέμιστες, Phot. s. θέμις und θέμιστα, auch θέμιν, δικαιοσύνην, vgl. Abschn. I, A. 41.

In τίνειν ὁμοίαν θέμιν Aesch. Suppl. 418 theilt θέμις, in den Scholien durch δίκη erklärt, mit diesem die Bedeutung Buße, Strafe. Aber es handelt sich auch hier um das gottgeschützte Recht der Schutzflehenden, und θέμις ist nach Analogie von δίκη zur Bezeichnung der gerechten Buße für einen religiösen Frevel gesetzt.

In der erwähnten Stelle Il. E, 761 kann man auch geneigt sein mit verändertem Accente θεμιστά als Adjectiv zu nehmen, gestützt auf Hesych. θέμιστα (leg. θεμιστά): ἔννομα, νόμιμα, was M. Schmidt mit einem Fragezeichen auf jene homerische Stelle bezogen hat. Jedoch kann diese Glosse sich auch auf Archil. fr. 87 beziehen, wo Bergk nach den Spuren der Ueberlieferung richtig mit Liebel λεωργὰ καὶ θεμιστὰ geschrieben hat. Dieses Adjectiv θεμιστός mit dem Begriffe fas findet sich außerdem Aesch. Sept. 675 und θεμιστῶς Ch. 633, vgl. Phot. θεμιστός, δίκαιος. Die Form θεμιτός erscheint zuerst h. Cer. 207 οὐ γὰρ θεμιτόν οἱ ἔφασκεν πίνειν αἴθοπα οἶνον und Pind. P. 9, 42 wo es von Apollon heißt τὸν οὐ θεμιτὸν ψεύδει βαλεῖν (d. i. ἀδύνατον s. § 1), ferner Herod. V, 72 οὐ γὰρ θεμιτὸν Δωριεῦσι παριέναι ἐνθαῦτα, und so oft

bei Sophokles und späteren, aber faſt nur in der Formel οὐ
θεμιτόν (ohne ἐστί) = οὐ θέμις ἐστί.
Derſelbe Begriff von θέμις iſt in den Compoſiten ἀθέμιστος
Od. ι, 106. ϱ, 363 und ἀθεμίστιος ι, 189, 428. σ, 141. ν, 287.
Sie ſind von den Freiern und dem Polyphem ſammt den
andern Kyklopen gebraucht, und bezeichnen eine Geſinnung, die
auch das heiligſte Recht nicht achtet. In demſelben Sinne gebraucht Pindar ἄθεμις P, 3, 32. 4, 109.

§ 3. Was θέμις iſt, wird am ſicherſten und vollkommen-
ſten von den Göttern ſelbſt durch Orakel und Weiſſagungen
erkundet[3]), und ſo heißen, wie Themis vorzugsweiſe Göttin der
Weiſſagung iſt, auch die einzelnen Weiſſagungen und namentlich
die Orakelſprüche θέμιστες. So Hom. Od. π, 403 εἰ μέν
κ' αἰνήσωσι Διὸς μεγάλοιο θέμιστες, h. Ap. Pyth. 213 θέμιστας
Φοίβου Ἀπόλλωνος, Pind. P. 4, 54 Φοῖβος ἀμνάσει θέμισσιν
und fr. 174 Δελφοὶ θεμίστων μάντιες (nach Heyne's Emen-
dation für θεμιστῶν ὕμνων μ.). Daher iſt θεμιστεύειν weiſſagen
h. Ap. Pyth. 75. 115 vom Apollon ſelbſt νημερτέα βουλὴν
πᾶσι θεμιστεύοιμι χρέων ἐνὶ πίονι νηῷ, Eur. Ion. 371 vom
Propheten des Apollon τὸν θεμιστεύοντά σοι und in zwei Orakeln der Pythia Ael. V. H. 3, 43. 44 οὔ σε θεμιστεύσω, auch
noch bei Lyſias und nicht ſelten bei ſpäteren Schriftſtellern,
vorzugsweiſe von dem pythiſchen Orakel.

§ 4. Der Plural θέμιστες wird ferner in beſonderer
Beziehung auf richterliche Thätigkeit und königliche Gewalt
gebraucht:
Il. Π, 387 οἳ βίῃ εἰν ἀγορῇ σκολιὰς κρίνωσι θέμιστας.
Hesiod. Op. 9 δίκῃ δ' ἴθυνε θέμιστας.
Ibid. 19 σκολιαῖς δὲ δίκαις κρίνωσι θέμιστας.
Hesiod. Th. 85 διακρίνοντα θέμιστας | ἰθείῃσι δίκῃσι.
Il. Α, 238 δικασπόλοι, οἵ τε θέμιστας | ἐκ Διὸς εἰρύαται.
Il. Ι, 98 λαῶν ἐσσὶ ἄναξ καί τοι Ζεὺς ἐγγυάλιξεν
σκῆπτρόν τ' ἠδὲ θέμιστας, ἵνα σφίσι βουλεύῃσθα,

---

[3]) Himer. Or. XIV, 10 nach Alcäus: (ὁ Ζεὺς τὸν Ἀπόλλωνα) εἰς
Δελφοὺς πέμπει καὶ Κασταλίας νάματα, ἐκεῖθεν προφητεύσοντα δίκην
καὶ θέμιν τοῖς Ἕλλησιν, vgl. Welcker Griech. Götterl. II. S. 15 ff.

und nach der letzten Stelle der unechte Vers B, 206. Hierher gehört auch der Gebrauch von θεμιστεύω für rechtsprechen
Od. λ, 569 (Μίνωα) θεμιστεύοντα νέκυσσιν | ἥμενον, οἳ δέ μιν ἀμφὶ δίκας εἴροντο ἄνακτα,
und für regieren
Od. ι, 114 (von den Kyklopen) θεμιστεύει δὲ ἕκαστος | παίδων ἠδ' ἀλόχων. Ferner gehören hierher die Bezeichnung der Könige als θεμιστοπόλοι Hesiod. fr. 8 Marksch., h. Cer. 215. 474 und die Pindarischen Ausdrücke P. 5, 31 Βαττιδᾶν θεμισκρεόντων, Ol. 1, 12 θεμιστεῖον [4]) σκᾶπτον.

Wie θέμιστες in jenen Fällen zu verstehen sei, erhellt am besten aus den Ausdrücken κρίνειν und διακρίνειν θέμιστας. Mit diesen ist nämlich zu vergleichen κρίνεσθαι ὀνείρους Il. E, 150, später κρίνειν ὀνείρους [5]), oder ὑποκρίνεσθαι ὀνείρους Od. τ, 535. 555, Aristoph. Vesp. 53. Dasselbe ὑποκρίνεσθαι wird auch von der Deutung von Wunderzeichen gebraucht[6]),

---

[4]) In Scholl. Vet. ist zu θεμιστεῖον bemerkt: 'Ἡρωδιανὸς προπαροξύνει· ἀναλογώτερον γάρ· ἡ δὲ χρῆσις προπερισπᾷ, und θεμιστεῖον, τὸ δίκαιον παρὰ τὸ Θέμις. Später wird θεμιστεῖον σκῆπτρον ἀμφέπει erklärt durch μετὰ δικαιοσύνης βασιλεύει. Man hat probabel Hesych. θεμίστεον, δίκαιον hierher bezogen und deßhalb in θεμίστειον gebessert. Den Accent θεμιστεῖος scheinen γυναικεῖος, παιδεῖος zu rechtfertigen. Aber es wird zu schreiben sein Θεμίστειον σκᾶπτον, d. h. das Scepter der Themis, indem dieser dies Insigne vorzugsweise geheiligt war, worüber in Abschn. IV zu handeln. Es hat dann das Adjectiv streng den ktetischen Sinn der besonders von Eigennamen gebildeten Adjective auf -ειος und ist nach der Analogie der letzteren besser zu proparoxytoniren. Allerdings ließe sich auch θεμιστεῖον σκᾶπτον als „Scepter der θέμιστες" rechtfertigen, d. h. das mit den θέμιστες eng verbundene Scepter.

[5]) 3. B. Herod. I, 20, Aesch. Ch. 536, Eur. Hec. 89. Ὀνειροκρίτης kann auf κρίνω oder κρίνομαι zurückgeführt werden. Das Medium κρίνεσθαι bezeichnet mehr die geistige Thätigkeit.

[6]) Hom. Il. M, 228. ὧδέ χ' ὑποκρίναιτο θεόπροπος, ὃς σάφα θυμῷ εἰδείη τεράων, vgl. Od. o, 176, ferner Theocr. 24 (19), 64 ('Ἀλκμήνη Τειρεσίᾳ) τέρας κατέλεξε νεοχμόν, καί νιν ὑποκρίνεσθαι, ὅπως τελέεσθαι ἔμελλεν, ἠνώγει, Poll. 7, 189 τερῶν ὑποκριταί.

ferner abſolut von den Sprüchen der Seher und Orakel, gleich=
bedeutend mit χρῆν, und in dieſer Weiſe auch ἀποκρίνεσθαι⁷).
Daß aber κρίνειν ein ſehr alter Ausdruck für das Wahrſagen
ſei, lehrt die Vergleichung des lateiniſchen carmen nebſt Carmenta oder Carmentis, der Göttin der Weißagung; denn daß
die auch ſpäter nicht verlorene Bedeutung von carmen Weißa=
gung die urſprüngliche und das Wort auf cer-no = κρίνω
(von der Wurzel κρι) zurückzuführen ſei, ſcheint mir beſonders
auch wegen der Carmenta wenig zweifelhaft ⁸). Auch der Name
des alten Orakelortes Κρῖσα ſcheint von der Wurzel κρι zu
ſtammen ⁹). Daß κρίνειν in jenen Anwendungen eigentlich ex-
ponere, explicare, auslegen bedeutet, wird klar durch
die Vergleichung des übereinſtimmend gebrauchten ἐξηγεῖσθαι ¹⁰).

⁷) Herod. I, 78 Τελμησσέες ταῦτα ὑπεκρίναντο (mit Bezug auf
ein τέρας), I, 91 ἡ Πυθίη ὑπεκρίνατο, Xen. Mem. I, 3, 1 ἡ Πυθία
ὑποκρίνεται τοῖς ἐρωτῶσιν, Hesych. ὑποκριτής, μάντις. — Herod.
I, 49 τὴν τοῦ μαντηίου ἀπόκρισιν, Xen. Mem. IV, 3, 16 ὁ ἐν Δελφοῖς
θεὸς ἀποκρίνεται.

⁸) Die bisher verſuchten Etymologien ſcheinen mir wenig Proba·
bilität zu haben. Von cano leiten carmen her Boſſius, Döderlein
Synon. II, S. 185, L. Meyer Vgl. Gr. I, 65; ebenſo auch Pott
Etym. I, S. 280, Benfey Wurzell. II, 117, indem dieſe cano aus
sanskr. çans narrare, celebrare werden laſſen, wogegen Corſſen Kr.
Beitr. 406 dieſes ohne Identificirung mit canere zu Grunde legt;
von sanskr. kri (facere), ποίημα vergleichend, A. W. von Schlegel.

⁹) Man hat Κρῖσα als das Femininum eines alten Participiums
κρίς zu betrachten (vgl. φύς, φῦσα), alſo die weißagende. Hierher
wird auch der Name des alten achäiſchen Sehers Κρῖος gehören Paus.
III, 13, 2, ferner Κρῖνις, der Prieſter des Apollon zu Chryſe nach
Scholl. Il. A, 39, auch wol der mythiſche Weißager Κάρνος Paus. III,
13, 3. Scholl. Theocr. 5, 83, obgleich dieſer zu den Karneen in enge
Beziehung geſetzt iſt, auch der mythiſche den Apollon reinigende Kretenſer
Καρμάνωρ, Vater des Sängers Χρυσόθεμις Paus. X, 7, 2 und des
Εὔβουλος, deſſen Tochter wieder Κάρμη, offenbar eine Familie, die mit
der Θέμις εὔβουλος (Abſch. I, §. 7 und §. 13. e) eng zuſammenhängt.

¹⁰) Diod. 2, 29. ἐνυπνίων τε καὶ τεράτων ἐξηγήσεις, Eur. Iph. A.
529 Κάλχας θέσφατ' ἐξηγήσατο und oft abſolut, Eur. Bacch. 185, Ph.
1011, vom Apollon ſelbſt Aesch. Eum. 585, Plat. Rep. IV p. 427.
C., V. p. 469. A. Daher die ἐξηγηταὶ Τελμησσέες Herod. 1, 78 =
προφῆται.

Somit ist zunächst der Gebrauch von κρίνειν (ὑποκρίνεσθαι) für die Deutung und Auslegung von Zeichen und Wundern verständlich; aber auch der absolute Gebrauch für weißagen erklärt sich daraus, daß der begeisterte Seher die im Geiste gehörte dunkle Stimme des Gottes in Worten verkündigt und gleichsam auslegt. Selbst von Apollon konnte der Ausdruck gebraucht werden, weil dieser in Wahrheit nur der προφήτης seines Vaters ist. In den Compositen ὑποκρίνεσθαι, ἀποκρίνεσθαι bezeichnet die Präposition, daß die Auslegung und Weißagung als Antwort auf eine Anfrage erfolgt, vgl. ὑπακούειν und ἀποδιδόναι[11]).

Kehren wir nun zu dem griechischen Ausdrucke κρίνειν θέμιστας zurück. Die Analogie mit den Orakel- und Sehersprüchen ist unverkennbar. Wie solche Aussprüche θέμιστες heißen, deren letzte Quelle in Zeus zu suchen ist, und wie Apollon und dann die menschlichen Propheten ὑποκρίνονται oder θεμιστεύουσι, so stammen auch die θέμιστες der Richter von Zeus, und ihr Geschäft besteht in dem κρίνειν θέμιστας oder θεμιστεύειν. Auch manche andere Ausdrücke werden gleichmäßig vom Weißagen und Richten gebraucht[12]). Hiernach ist es wol einleuchtend, daß die gerichtlichen θέμιστες die den Richtern von Zeus in den Geist gegebenen **Rechtsoffenbarungen** sind, welche diese kundmachen und auslegen.

---

[11]) Auf jede Art von Antwort sind ὑποκρίνεσθαι und ἀποκρίνεσθαι erst allmählich angewandt. Bei Homer kommt ὑποκρίνεσθαι außer den angeführten Stellen nur zweimal vor (ἀποκρίνεσθαι gar nicht), nämlich Il. H, 407. Od. β, 111, und zwar nicht in dem einfachen Sinne ant‑
worten, wie ἀμείβεσθαι, ἀπαμείβεσθαι, sondern erwidernd seinen Willen erklären, welcher vorher dem Fragenden dunkel sein konnte. Man sieht, wie dieser Gebrauch den Uebergang zu dem vulgären bildet. Die Anwendung des aus dem gerichtlichen Gebrauche entlehnten respondere auf die Aussprüche der Orakel und Weißager scheint erst dem griechischen ὑποκρίνεσθαι, ἀποκρίνεσθαι nachgebildet zu sein.

[12]) So Herod. I, 84 Τελμησσέων δικασάντων, Eur. Or. 164 ἐδίκασεν ὁ Λοξίας. Das lateinische carmina bedeutet zugleich Orakelsprüche und die alten Rechtsformeln. Von den weißagenden Nornen werden alle sonst dem Richter zukommenden Aussprüche gebraucht, s. J. Grimm Rechtsalt. S. 750, Mythol. S. 379. Diese Analogien lassen sich leicht

Da nun das Rechtsprechen eine Hauptfunction des heroischen Königthums ist, so kann man geneigt sein die θέμιστες, insofern sie mit den Königen in Verbindung gebracht werden, ausschließlich auf ihre richterliche Thätigkeit zu beziehen. Aber der Zusatz ἵνα σφίσι βουλεύῃσθα in Il. I, 99 zeigt, daß die Könige Scepter und θέμιστες nicht bloß haben um zu richten, sondern auch um für das Volk zu rathen und zu regieren. Wie Themis nicht bloß weißagt, sondern auch weisen Rath ertheilt und wie überall die Begriffe Weißagung und βουλή eng verbunden sind[13]), so beziehen sich auch die θέμιστες, welche die Könige von Zeus erhalten und als θεμιστοπόλοι verwalten, zugleich auf Richten und Rathen. Wenn aber Od. ι, 114 von den Kyklopen gesagt ist θεμιστεύει δὲ ἕκαστος παίδων ἠδ' ἀλόχων, so ist darin, da die Kyklopen nach vs. 106 ἀθέμιστοι sind, und nach vs. 112 keine θέμιστας haben, eine uneigentliche und ironische Ausdrucksweise zu erkennen „ein jeder ist König über Weib und Kind", vgl. Hesych. θεμιστεύει, ἄρχει, κελεύει ἃ βούλεται.

Sehr gewöhnlich sind θέμις und θέμιστες von den alten Grammatikern durch νόμος, νόμοι erklärt, besonders mit Rücksicht auf den homerischen Gebrauch. So Plut. V. Hom. θέμιστες γὰρ καὶ θεσμοὶ οἱ νόμοι, Apoll. Lex. 87, 2 mit Il. I, 156, Hesych. s. θέμις, θέμιστας, θέμιστες, auch θεμιστά, νόμιμα, ἔννομα und θεμιστευτόν, νομοθετητόν, EtM. 445, 21 mit Il. A, 238, Phot. s. θέμιστα u. a. Wenn sich nun auch keine Stelle findet, welche diese Erklärung vollständig sicherte, so ist doch deutlich, daß der Begriff wenigstens der

vermehren. Uebrigens ist es keineswegs die Meinung, daß der richterliche Ausdruck κρίνειν überall auf jenes κρίνειν θέμιστας zurückzuführen sei. Schon Homer sagt Od. μ, 440 vom Richter κρίνων νείκεα πολλά δικαζομένων αἰζηῶν, wo es doch vielmehr das Schlichten und Entscheiden zu bezeichnen scheint.

[13]) Od. π, 402. θεῶν εἰρώμεθα βουλάς. εἰ μέν κ' αἰνήσωσι Διὸς μεγάλοιο θέμιστες κτλ., ξ, 328. ὄφρα θεοῖο ἐκ δρυὸς ὑψικόμοιο Διὸς βουλὴν ἐπακούσαι, h. Ap. 132. χρήσω βουλὴν Διός, Pind. Isthm. 11, 8 Τειρεσίαο βουλαῖς, P, 3, 92 Νηρέος εὐβούλου. Auch die Epitheta der Themis εὔβουλος, ὀρθόβουλος beziehen sich vorzüglich, wenn auch nicht ausschließlich, auf ihre weißagende Thätigkeit, vgl. Abschn. I, §. 7 mit A. 24

göttlichen Gesetze sich mit dem der θέμιστες, der göttlichen Rechtsoffenbarungen, sehr nahe berührt.

§ 5. In naher Berührung mit jener gerichtlichen Beziehung von θέμιστες steht folgende seltnere Anwendung:

Il. Λ, 806. ἀλλ' ὅτε δὴ κατὰ νῆας 'Οδυσσῆος θείοιο ἷξε θέων Πάτροκλος, ἵνα σφ' ἀγορή τε θέμις τε.
Od. ι, 112. τοῖσιν δ' οὔτ' ἀγοραὶ βουληφόροι οὔτε θέμιστες.

Beide Stellen erläutern sich gegenseitig. Daß in der zweiten, wo von den Kyklopen die Rede ist, die Interpreten θέμιστες unrichtig als Ordnungen, Gesetze oder dgl. genommen haben, ergibt sich aus der ersten, wo θέμις in der gleichen Verbindung mit ἀγορή unmöglich einen derartigen Sinn haben kann. Scholl. A geben hier: ὅπου αὐτοῖς τά τε ὤνια ἐπιπράσκετο καὶ τὰ δικαστήρια ἐγίνετο· ἡ γὰρ Θέμις ἐπόπτης τῶν ἐκκλησιῶν. Die Deutung von ἀγορή auf den Kaufmarkt scheint wegen H, 382 gemacht zu sein, wo eine Volksversammlung beim Schiffe des Agamemnon erwähnt wird. Aber daß bei der ἀγορή Λ, 807 an eigentliche Volksversammlungen zu denken ist, wird durch das ἀγοραὶ βουληφόροι der parallelen Stelle (vgl. ἀγοραὶ βουλαφόροι Pind. Ol. 12, 5) gelehrt, und es erscheint auch sachgemäß, daß die ordentlichen Volksversammlungen in der Mitte des Schiffslagers bei den Schiffen des Odysseus (vgl. Θ, 223) stattfanden. Jene ἀγορή bei dem Schiffe des Agamemnon H, 382 wird in Scholl. B nicht übel für eine bloße concio behuf Einholens der Tagesbefehle erklärt. Aber wahrscheinlicher ist es, daß der jüngere Sänger jener Stelle, die spätere Sitte auf das griechische Heer vor Troja übertragend, das Feldherrnzelt des Agamemnon und vor diesem die ἀγορά in der Mitte des Lagers gedacht hat, gerade wie Sophokles Aj. 721. Die Bemerkung wegen der Themis in Scholl. A zu Λ, 807 gehört offenbar zu einer zweiten alten Auffassung, welche die ἀγορή als ἐκκλησία anerkannte und θέμις oder vielmehr Θέμις wahrscheinlich als das ἄγαλμα der Themis auf dem Platze der Volksversammlung deutete (Abschn. I, § 5.). Damit stimmt des Aristonikos Erklärung der Aristarchischen διπλῆ zu Λ, 806 „ὅτι ὑποτίθεται κατὰ μέσον τοῦ ναυστάθμου θεατροειδῆ τόπον εἰς ὄχλου συναγωγήν". Aber mit dieser Deutung von θέμις läßt sich wieder die parallele Stelle ι, 112 schwer vereinigen. Wol aber paßt für diese sehr gut die andere Erklärung von θέμις in Λ, 807 durch τὰ δικαστήρια, indem dann den Kyklopen Volksversammlungen und Gerichte als die Hauptmerkmale staatlicher Cultur abgesprochen werden. Sehr leicht konnte θέμις aus der Bedeutung Recht in die von Gericht übergehen, und weiter auch in die von Gerichtsort, obgleich es in Λ, 807 nicht gerade nothwendig ist ἀγορή und θέμις unmittelbar als Bezeichnungen der Plätze zu nehmen. Diese Erklärung der beiden Stellen wird durch die folgenden Betrachtungen kräftig bestätigt.

Der Schild des Achilles hat nach Il. Σ, 497 ff. eine bildliche Darstellung, wo innerhalb einer Volksversammlung (λαοὶ δ' εἰν ἀγορῇ ἔσαν ἀθρόοι) die richtenden Geronten ἐπὶ ξεστοῖσι λίθοις ἱερῷ ἐνὶ κύκλῳ sitzen. Die ξεστοὶ λίθοι auf dem Platze der Volksversammlung werden auch Od. θ, 6 erwähnt. Hier gehen Alkinoos und Odysseus auf die ἀγορή der Phaeaken und setzen sich auf jene Steine; dann kommen durch Athena als Herold berufen die übrigen Phaeaken, und vs. 16 heißt es καρπαλίμως δ' ἔμπληντο βροτῶν ἀγοραί τε καὶ ἕδραι, wo ἀγοραί als Bezeichnung des einen Marktplatzes bemerkenswerth ist. Die neben der ἀγορά erwähnten ἕδραι scheinen gerade jene Sitzsteine des κύκλος zu sein, für die ἄνακτες bestimmt, wenn sie auch nicht gerade zum Richten versammelt sind. In Od. γ, 406 sind die ξεστοὶ λίθοι vor der Thür des königlichen Hauses zu Pylos, und auf ihnen sitzt Nestor, wie vor ihm Neleus, mit dem Scepter [14]). Wenn vor dieser Thür die Volksversammlung gehalten wurde, wie die troische ἐπὶ Πριάμοιο θύρῃσιν Il. B, 788. H, 347, so verhalten sich jene Steinsitze, die nicht ausschließlich für den König bestimmt gewesen sein können, zu derselben ganz ähnlich wie die des κύκλος in der Darstellung auf dem Schilde des Achilles. Mit ἀγοραί τε καὶ ἕδραι θ, 16 ist zusammenzustellen Od. γ, 31 ἷξον δ' ἐς

---

[14]) Auch bei den alten Germanen findet sich eine Weise des Gerichtes, wo der Gerichtsherr auf Steinstaffeln vor der Thür seiner Burg sitzt, s. Grimm RU. 804. Diese Sitte trägt übrigens mehr einen monarchischen Character, das Gericht im Ringe einen aristokratischen.

Πυλίων ἀνδρῶν ἀγυρίν τε καὶ ἕδρας, ἔνθ' ἄρα Νέστωρ ἧστο σὺν υἱάσιν, wo von einem Opferfeste die Rede ist. Es scheint deutlich, daß ἕδραι auch hier den mit Sitzen versehenen Platz für die Angesehensten bezeichnet. Aber freilich nach vs. 7. 8 zerfällt die ganze Versammlung in neun ἕδραι, jede mit 500 Menschen. Jedoch diese Beschreibung enthält so auffallende, von den Interpreten und Kritikern nicht übersehene Anstöße, daß ich nicht anstehe die beiden Verse für interpolirt zu halten.

Synonym mit ἕδραι erscheint θῶκοι, gewöhnlich collectiv θῶκος. Telemach setzt sich β, 14 in der Volksversammlung ἐν πατρὸς θώκῳ, εἶξαν δὲ γέροντες, also ein Sitzplatz für König und Geronten, hier anscheinend bankartig. In Od. o, 468 geht der König mit seinen Gästen nach dem Mahle ἐς θῶκον δημοῖό τε φῆμιν, wo δήμου φῆμις von Eustathius richtig von einer Zusammenkunft des Volkes zum Schwatzen verstanden wird (Scholl. Vulg. ἐκκλησίαν), natürlich auf dem Markte. θῶκος ist, wie in der jüngeren Sprache oft ἕδρα, hier in die Bedeutung Sitzung übergegangen, in Scholl. vulg. durch βουλή und συνέδριον (dies fälschlich zu φῆμιν gezogen) erklärt. Neben δήμου φῆμις muß θῶκος hier die gesellige Zusammenkunft der Edeln auf ihrem Sitzplatze bezeichnen. In Od. β, 26 wird der durch die Freier in Ithaka herbeigeführrte anarchische Zustand, ähnlich dem der Κύκλωπες ἀθέμιστοι, durch die Worte geschildert οὔτε ποθ' ἡμετέρη ἀγορὴ γένετ' οὔτε θόωκος, wo also der letzte Ausdruck, von Eustathius richtig durch συνέδριον erklärt, dem θέμιστες ι, 112 entspricht, aber auch die berathende Sitzung der βουλὴ γερόντων bezeichnen wird. Auch die Sitzung der olympischen Götter, welche den aristokratischen Charakter der βουλή trägt, heißt θῶκοι Θ, 439 oder θῶκος ε, 3, und den Nymphen werden μ, 318 χοροί und θῶκοι, Tanz- und Sitzplätze, zugeschrieben, diese offenbar zur geselligen Unterhaltung dienend wie o, 468.

Auch Herodot braucht θῶκος noch in jenem alterthümlichen Sinne, wenn er VI, 63 vom spartanischen Könige Ariston berichtet ἐν θώκῳ κατήμενος μετὰ τῶν ἐφόρων. In IX, 94 finden die zur Unterhandlung mit dem angesehenen Bürger von Apollonia Euenios beauftragten Männer diesen ἐν θώκῳ sitzend und setzen sich zu ihm; hier scheint der θῶκος wie Od. o, 468 zum geselligen Verkehre der angesehenen Bürger benutzt zu werden.

Bei Sophokles dagegen erscheint die Benennung κύκλος Aj. 749 (ἐκ ξυνέδρου καὶ τυραννικοῦ κύκλου) für die Versammlung der Fürsten, welche nach vs. 721 vor dem Feldherrnzelte neben einer ἀγορᾷ des Volkes statt hat. Besonders beachtenswerth ist aber Oed. r. 159 Ἄρτεμιν ἃ κυκλόεντ' ἀγορᾶς θρόνον εὐκλέα θάσσει, wo die neueren Interpreten bald eine Enallage für θρόνον κυκλοέσσης ἀγορᾶς angenommen haben, bald das Epitheton κυκλόεις daher erklären, daß sich um den θρόνος der Artemis die kyklischen Chöre bewegt hätten, beides sehr wenig glaublich. Richtiger vergleicht Eustathius p. 1158, 28 diesen κυκλόεις ἀγορᾶς θρόνον mit dem ἱερὸς κυκλός der Ilias, den er durch δικαστηρίου κύκλος interpretirt. An einer andern Stelle p. 1135 nimmt er zwar den ἱερὸς κύκλος falsch als ἀγορά, gibt aber in der Sophokleischen Stelle θῶκον für θρόνον. Und allerdings scheint hier der Dichter statt des altüblichen Ausdruckes θῶκος das synonyme θρόνος gesetzt zu haben, aber mit der Nebenbeziehung, daß er jenen Platz als den Sitz der Artemis (Eukleia) bezeichnet, weil ihr ἄγαλμα auf demselben war, wovon in Abschn. V zu reden. Derselbe heißt ἀγορᾶς θρόνος, weil er auf dem Markte war, und κυκλόεις von seiner durch Il. Σ, 503 bezeugten Form [15]).

Nach diesen Zusammenstellungen scheint folgendes sicher genug zu sein, wie es im Wesentlichsten auch schon von Nitzsch zur Od. β, 14 dargestellt ist. Nach alter Sitte war auf dem für die Volksversammlung dienenden Markte ein abgesonderter mit Steinsitzen versehener Platz für die Häupter des Volkes, welcher ἕδραι oder θῶκος [16]) oder von seiner Form κύκλος ge-

---

[15]) Auch später hieß ein Theil des Marktes in Athen noch κύκλος oder κύκλοι, freilich damals für den Verkauf von Sclaven und anderen Dingen benutzt, s. Hesych. s. v., Poll. 10, 18, Scholl. Arist. Eqq. 137. Auf den ganzen Markt ist der Ausdruck κύκλος bezogen Eur. Or. 917 κἀγορᾶς χραίνων κύκλον.

[16]) Unrichtig hat Schömann Gr. Alt. I, S. 27 θῶκος für synonym mit ἀγορά genommen, insofern auf dieser auch Sitzplätze angebracht seien. Allerdings wird das Sitzen der Volksversammlung mehrfach er-

nannt wird, vielleicht auch θέμις. Derselbe dient den Ange=
sehensten bei der Volksversammlung als Ehrenplatz, von wo
aus sie das Hauptwort führen[16 b]), aber auch behuf geselligen
Verkehres, während das Volk sich auf dem Markte umhertreibt,
wahrscheinlich auch zu berathenden Versammlungen der Ge=
ronten[17]); endlich als Gerichtsstätte, wobei das Volk rings den
κύκλος umstand, wie in Rom die corona das tribunal.

Der κύκλος verhält sich zur ἀγορά einigermaßen wie das
tribunal zum forum; aber es ist keine Spur, daß jener Platz
erhöht gewesen ist. Vielmehr wenn Aristonikos (Aristarch), wie
oben bemerkt, zu Λ, 807 in ἀγορῇ τε θέμις τε des achäischen
Lagers einen θεατροειδὴς τόπος erkennt, so scheint der κύκλος
mit der Orchestra verglichen zu sein, über welcher sich der

---

wähnt, wie Il. B, 96. 99. 200. 211. 255, Σ, 246. Od. β, 69, und Σ,
245 scheint das Stehen deutlich als Ausnahme bezeichnet zu werden.
Aber in dieser Stelle ist die ἀγορή der Troer auf dem Schlachtfelde,
und das Stehen wird doch nicht hierdurch motivirt, sondern durch die
Aufregung der Furcht; ohne diese würden sie sich gesetzt haben, natürlich
auf den Erdboden. Auch das achäische Heer setzt sich auf dem Schlacht=
felde Γ, 326; die Wache beim Graben und dann die dort improvisirte
βουλή sitzt offenbar auf platter Erde K, 182. 196, und Achilleus läßt
Ψ, 258 neben dem Grabhügel des Patroklos den weiten ἀγών sich setzen,
natürlich ohne eigens zubereitete Sitze. Daß aber auch die Volksver=
sammlung in Il. B auf dem Boden gesessen habe, ist vs. 95 in den
Worten ὑπὸ δὲ στεναχίζετο γαῖα λαῶν ἱζόντων verständlich genug ange=
deutet. Wenn vs. 99. 211 von derselben gesagt ist ἐρήτυθεν δὲ καθ'
ἕδρας, so heißt das auf den Plätzen, wo sie saßen, ohne daß an
eigentliche Sitze gedacht zu werden brauchte.

[16 b]) Allerdings Il. T, 50 setzen sich Diomedes und Odysseus viel=
mehr μετὰ πρώτῃ ἀγορῇ. Aber dieser Abschnitt gehört auch nach an=
dern Merkmalen zu den jüngsten Stücken der Ilias, und sein Verfasser
scheint die Sitte einer späteren Zeit vor Augen gehabt zu haben.

[17]) Freilich für eine vom Volke abgeschlossene Berathung eignet
sich der θῶκος auf der ἀγορή nicht besonders. Eine solche findet Il. B,
53 beim Schiffe des Nestor statt, während nach vs. 89 ff. die ἀγορή an
einem anderen Platze war; Il. I, 70 und 89 ff. ist sie, mit einem
Schmause verbunden, im Zelte des Agamemnon, und Od. η, 189.
θ, 41 gleichfalls mit Mahl im Hause des Alkinoos.

Raum für die Versammlung des Volkes nach Art des θέατρον allmählich erhob.

Sehr gut stimmt die alte germanische Sitte, nach welcher die Richter im Kreise saßen, woher das Gericht selbst ring heißt, altnordisch dômhrîngr, d. h. Gerichtsring, s. Grimm Rechtsalt. S. 747. 809. In Scandinavien saßen die Urtheiler desgleichen auf Steinen S. 804, vgl. Grote Griech. Gesch. I, c, 20 A. 34. Der Ring diente aber auch für andere öffentliche Handlungen RA. S. 747. 433; das Volk stand rund umher (der Umstand) S. 747. Wie Homer ἀγορή und θῶκος oder ἕδραι oder θέμις verbindet, so deutsch Ding und Ring, d. h. Volksversammlung und Gericht, s. RA. S. 747. Zu vergleichen ist auch der Tie der niedersächsischen Dörfer, ein erhöhter, mit Linden bepflanzter und mit Steinsitzen versehener Platz, welcher für Gemeindeversammlungen und Lustbarkeiten dient[18], ehemals auch für Gerichte[19]).

Daß der κύκλος in der Beschreibung des Achilleischen Schildes ἱερός genannt wird, erklären die Scholien A durch

---

[18]) S. Schambach Niederd. Wörterb. S. 229, Brem. Wb. V, 66, Frisch II, 374, Haltaus S. 1811. Das Wort findet sich tî, ty, tie, tye, thy, thye, tih geschrieben. Ein seltenes entsprechendes hochdeutsches zie, zieh, forum, conciliabulum ist nachgewiesen Diut. II, 350, Schmell. 4, 244. Dasselbe Wort ist auch agf. tige forum, wovon foretige, forum, emporium Ettm. 534. Vergleicht man damit agf. Tiigesdäg, Tiisdäg, Tivesdäg dies Martis, dem oberdeutschen Ziestac entsprechend (vgl. Grimm Myth. 115, Ettm. 527) und ferner, daß der Dinstag, ursprünglich Dingstag (woran der ältere niederdeutsche Gebrauch nicht zweifeln läßt) von thing, ding (Versammlung) benannt ist, so scheint es klar, daß auch jener Name des Versammlungsplatzes mit dem Gotte Tin, Ziu, an dessen Tage die Versammlungen waren, zusammenhängt. Die echtere agf. Form der Benennung wird, wie bei dem Gotte, tiv sein; im Niederdeutschen läßt sich sowohl tie als ti rechtfertigen.

[19]) Schaumann Niedersf. Gesch 592. Die Gerichte unter der Linde, mehrfach mit den Zusätzen vor der Kirche, bei dem Kirchhof, in der Mitte des Dorfs, auch uf ben hougk (tumulus) under die Linden, s. Grimm RA. 796, sind nach niedersächsischem Ausdrucke nichts anders als Gerichte auf dem Tie, der sehr gewöhnlich der Kirche nahe liegt.

die Bemerkung Θέμιδι γὰρ ἱερὰ τὰ δικαστήρια, Eustath. 1158, 2. 26 διὰ τὴν ἐν αὐτῷ Θέμιν καὶ δίκην (wol Θέμιν καὶ Δίκην). Gewiß ist es richtig, daß diese Stätte besonders der Themis geweiht war, und man darf die Notiz, daß in den Volksversammlungen ein Agalma der Themis gewesen sei (Abschn. I § 5) speciell auf diesen Platz beziehen. Nach der Sophokleischen Stelle Oed. r. 159 ist derselbe der Ἄρτεμις Εὔκλεια heilig; aber es wird sich in Abschn. V ergeben, daß diese in Wahrheit mit der Themis identisch ist. Bei der Betrachtung jener Stätte ist hier geflissentlich so ausführlich verweilt, weil sie für das Wesen der Göttin von der höchsten Bedeutung ist. Nicht bloß als Gerichtsstätte ist sie der Themis geweiht, sondern diese steht allen den Handlungen vor, welche sich an dieselbe knüpfen, nämlich auch den Volksversammlungen, deren Mittelpunkt der θῶκος bildet, den Rathsversammlungen, deren eigentlichstes Local es war, endlich auch gewiß den geselligen Vereinigungen der Anakten im θῶκος, wie sie Il. O, 84 bei einer solchen mit einem Mahle verbundenen Sitzung der Götter das Amt der Ordnerin hat (Abschn. I § 5). Hiernach darf man aber auch vermuthen, daß das appellative θέμις in der Verbindung mit ἀγορή nicht ausschließlich, wie es vorher vorläufig genommen ist, die Rechtsprechung bezeichne, sondern alles wozu jener der Themis heilige Ring dient oder auch diese Stätte selbst, ohne beschränkte Beziehung auf einen Theil ihres Gebrauches. Man wird ἀγορή τε θέμις τε am besten durch Ding und Ring übersetzen. Eine Bestätigung dieses allgemeineren Sinnes wird sich gleich im Folgenden ergeben. Man beachte übrigens, wie ἀγορή und θέμις oder θῶκος den beiden in der heroischen Zeit erscheinenden Bestandtheilen des Staates entsprechen, dem δῆμος und den ἄνακτες. -

§ 6. Ein ganz vereinzelter Gebrauch findet sich Il. I, 156. 298, indem von den Bewohnern der Städte, welche Agamemnon dem Achilleus zu schenken verspricht, gesagt ist

οἵ κέ ἑ (σε) δωτίνῃσι θεὸν ὣς τιμήσουσιν
καί οἱ (σοι) ὑπὸ σκήπτρῳ λιπαρὰς τελέουσι θέμιστας.

Aus dem Zusammenhange ist klar, daß θέμιστες hier gewisse Leistungen an den König sein müssen, verschieden von den Geschenken. Die meisten Neueren verstehen deshalb mit der einen

Erklärung der Scholien [20]) geordnete Abgaben (φόροι), und man muß dann θέμιστες als einen Ausdruck für das fassen, ἃ θέμις ἐστὶ βασιλεῦσι τελεσθῆναι. Indeß würde dieser Begriff auch auf die δωτῖναι passen, und insbesondere ist von geregelten Abgaben an den König aus der heroischen Zeit nichts bekannt [21]). Außer den Geschenken werden überall keine Leistungen der Unterthanen an den König erwähnt als die Einladung zu Schmäusen (sammt den Geronten), welche theils von Einzelnen, theils von dem ganzen Volke gegeben werden [22]). Wir

[20]) Scholl. A. zu I, 156 καὶ ὑπ' αὐτοῦ βασιλευόμενοι εἰρηνικῶς βιώσονται, und κατὰ τὸ δίκαιον λαμπροὺς φόρους τελέσουσιν. Die erste Erklärung vom geordneten, gesetzmäßigen Leben (auch in Scholl. B. L.) ist ganz verkehrt. Nitzsch zu Od. α, 117 hat Gerichtsgebühren verstanden, von denen aus jener Zeit nichts bekannt ist, wenn man nicht die wunderliche Stelle Il. Σ, 507 dahin ziehen will.

[21]) K. Fr. Hermann Staatsalt. § 8, 9 hat angenommen, daß hier und Od. 8, 74 von Periökenstädten die Rede sei, welche in einem abhängigeren Verhältniß zum Könige gestanden und diesem geordnete Abgaben gezahlt hätten; ähnlich auch Schömann Gr. Alt. I, 34, welcher die Städte als königliches Privateigenthum betrachtet. Diesen Fictionen, welche in den Ueberlieferungen aus der heroischen Zeit keinen Anhalt haben, wird hoffentlich meine Erklärung vorgezogen werden dürfen.

[22]) Il. Θ, 162. M, 311, vgl. das δήμια πίνειν der Geronten P, 250, zwar παρ' Ἀγαμέμνονι ἢ Μενελάῳ, aber nach jenem Ausdrucke nothwendig aus dem gemeinen Gute bestritten. Insbesondere gehört auch hierher Od. λ, 185 Τηλέμαχος τεμένεα νέμεται καὶ δαῖτας ἐΐσας δαίνυται, ἃς ἐπέοικε δικασπόλον ἄνδρ' ἀλεγύνειν, mit welcher Stelle sich Nitzsch ohne Noth geplagt hat. Ἀλεγύνειν kommt auch sonst nur in der Verbindung mit δαῖτα vor, Od. α, 374. β, 139. θ, 38. ν, 28, und der Zusammenhang verlangt überall den Sinn das **Mahl genießen**, **des Mahles pflegen**. Dahin zielt auch die alte Erklärung durch φροντίζειν Apoll. Lex. 22, 31, Eustath. 1678, 63, Hesych. ἀλεγύνεται, -φροντίζεται (leg. ἀλεγύνετε, -φροντίζετε); man vergleiche die Ausdrücke δείπνου, δόρπου, σίτου μέδεσθαι Il. Σ, 295. Ω, 2. 618, Od. τ, 321. Mit dieser Erklärung stimmt auch die Verbindung δολοφροσύνην ἀλεγύνειν h. Merc. 361. Alle anderen alten Erklärungen von δαῖτα ἀλεγύνειν sind unzulässig, und wenn Apollonius II, 495 es in dem Sinne ein **Mahl bereiten** gebraucht, so ist er nur einer derselben aus Irrthum gefolgt. Somit ist der Sinn jener Stelle: „Telemachos, obgleich nicht als König anerkannt, genießt doch zum Theil die

würden sicherlich von diesen noch viel mehr erfahren, wenn nicht die Verhältnisse sowohl im Lager vor Troja als auch in Ithaka exceptioneller Natur wären. Gerade solche Schmäuse werden aber durch den Ausdruck θέμιστες bezeichnet sein. Wie γάμος zugleich Hochzeit bedeutet und Hochzeitsschmaus, τάφος Begräbniß und Begräbnißschmaus, so kann θέμις, das wir in der Bedeutung Gericht kennen gelernt haben, auch einen Gerichtsschmaus bezeichnen, wozu nicht allein das Epitheton λιπαραί sehr gut paßt, sondern auch das Verbum τελεῖν, d. h. ausrichten[23]). Mahlzeiten schließen sich auch nach alter deutscher Sitte an das Gericht an (Grimm RA. 869), und ähnliches ist auch bei den ältesten Griechen um so mehr anzunehmen, weil auch die berathenden Versammlungen der Geronten mit einem Mahle verbunden zu sein pflegen, s. Il. I, 70 und Schömann Gr. Alt. I S. 24. Auch daß Od. λ, 185 der König in Beziehung auf die ihm gegebenen Schmäuse speciell als δικασπόλος bezeichnet wird (A. 22), deutet auf Gerichtsschmäuse hin. Solche waren aber besonders geboten, wenn der König, wie das eine natürliche Annahme ist, die entfernteren Städte seines Gebietes behuf der Rechtsprechung bereiste.

Wenn aber θέμις, wie oben glaublich gemacht ist, jede in dem θῶκος oder κύκλος vorgenommene Handlung bezeichnen konnte, so kann der Ausdruck auch für alle mit solchen verbundenen Schmäuse gelten, z. B. die Rathsschmäuse, insbesondere wenn dieselben, wie das gewiß die älteste und einfachste Sitte war, gerade auf eben jener Stätte stattfanden und somit selbst zur Zahl jener Handlungen gehörten. Natürlich konnten solche dem Könige und den Geronten gegebenen Schmäuse, auch wenn sie ihr ursprüngliches Local verließen, doch die Benennung θέμιστες behalten, wie sie auch fortwährend unter der Obhut der Themis blieben.

---

königlichen Vortheile, nämlich den Nießbrauch des Krongutes und die Einladung zu Mahlzeiten, wie sie sonst dem Könige (δικασπόλος) zukommt."

[23]) Vgl. λιπαραὶ τράπεζαι, aus Greg. Naz. angeführt, und Callim. fr. 80 Bgk. τέρπουσιν λιπαραὶ Φοῖβον ὀνοσφαγίαι. Ferner Od. δ, 7 θεοὶ γάμον ἐξετέλειον, Il. Ω, 660 τελεῖν τάφον.

§ 7. Vereinzelt ist auch die Anwendung von ἀθέμιστος in
Il. I, 63 ἀφρήτωρ ἀθέμιστος ἀνέστιός ἐστιν ἐκεῖνος,
ὅς πολέμου ἔραται ἐπιδημίου ὀκρυόεντος.
Denn die gewöhnliche Bedeutung des Wortes (§ 3), welche von
den Interpreten auch hier anerkannt wird, ist in der Zusam=
menstellung mit ἀφρήτωρ und ἀνέστιος wenig passend. Wie
diese einen Menschen bezeichnen, der sich durch seine Gesinnung
von der Gemeinschaft der Familie und des Geschlechts losfagt,
so wird ἀθέμιστος ein solcher sein, der die noch höhere Gemein=
schaft der Gemeine oder des Staates verläugnet. Wie das
Wort diesen Sinn haben kann, ist daraus zu begreifen, daß
der Ring, die Stätte der θέμις und der θέμις, den Mittel=
punkt der Gemeine bildet wie der Herd des Hauses. In dem=
selben Sinne gebraucht Sophokles Ant. 367 ἄπολις.
§ 8. Eine neue Anwendung von θέμις enthält Pind. P.
11, 9, wo edirt ist ὄφρα Θέμιν ἱερὰν Πυθῶνά τε (Πυθώ τε
Bgk.) καὶ ὀρθοδίκαν γᾶς ὀμφαλὸν κελαδήσετ' und auch in
den Scholien die Göttin Themis verstanden wird, welche als
Inhaberin des Orakels genannt sein soll (Abschn. I A. 31),
während die neueren Interpreten an ihren Cultus zu Delphi
erinnern und durch ihre Erwähnung die Gerechtigkeit der Py=
thischen Preise bezeichnet sehen. Alle diese Motivirungen haben
nichts überzeugendes, und schon das Epitheton ἱερός, für Gott=
heiten nicht üblich [24], zeigt genügend, daß vielmehr θέμιν ἱερὰν
zu schreiben ist. Man kann dann den Wettkampf oder den
Inbegriff der heiligen Spiele verstehen, in welchem Sinne θέμις
noch in jüngeren pamphylischen, pisidischen und lycischen Zu=
schriften erscheint [25]. Der Ausdruck θέμις konnte auf die Spiele

---

[24] Nur etwa Hesiod. Th. 21 ἄλλων τ' ἀθανάτων ἱερὸν γένος, aber
nicht als Epitheton einzelner Götter; auf Πλούτων ἱερώτατος Orph. H.
17, 17 ist nichts zu geben.

[25] Corp. Inscr. Vol. III nr. 4198 (Telmessus in Lycien) νικήσας
— παγκράτιον τὴν τετάρτην θέμιν, nr. 4274 (Xanthus in Lycien) ἀγωνι-
σάμενον ἀνδρῶν πάλην ἐν τῷ ἐπιτελεσθέντι ἀγῶνι θέμιδος — ἀγωνοθε-
τοῦντα τῆς θέμιδος, nr. 4352. 4353 (Siba in Pamphylien) ἀγωνοθε-
τοῦντος — καὶ ἐπιτελοῦντος θέμιν Παμφυλιακήν, ebenso nr. 4354. 4356
mit τὸ δεύτερον und τὸ γ' nach θέμιν; nr. 4358 [Παμφυλιακ]ῆς θέμιδος;
nr. 4366 (Termessus in Pisidien) νικήσας θέμιν πάλιν ἀνδρῶν πάλην
τὴν ἀχθεῖσαν κτλ. und ähnlich nr. 4365. 4366. b. c. g. h.

angewandt werden nicht allein weil sie ein heiliges und gött=
liches Institut sind, oder weil Themis bei allen öffentlichen
Versammlungen wirkend gedacht wird, sondern ganz vorzüglich
wegen der Aehnlichkeit, welche die Spiele mit Gerichten haben,
wie denn auch der Ausdruck ἀγών auf die Gerichtsverhandlun=
gen angewandt ist. Sehr deutlich tritt diese Aehnlichkeit bei
der Schilderung der Gerichtsverhandlung auf dem Schilde des
Achilles Σ, 497 ff. hervor. In der Mitte liegen zwei Talente
Goldes τῷ δόμεν ὃς μετὰ τοῖσι δίκην ἰθύντατα εἴποι, ganz
wie die Preise bei den Kampfspielen. Um die Streitenden sitzen
zunächst im heiligen Ringe die richtenden Geronten, wie bei den
Spielen in ähnlicher Weise die Kampfrichter. Das Volk um=
ringt im weiteren Kreise, indem es dem einen und dem andern
der Streitenden parteinehmend zuruft, gerade so wie es natür=
lich bei den Spielen geschah. Es ist auch wahrscheinlich, daß
der für die Spiele dienende Platz, der ἀγών, nach der einfachsten
ältesten Einrichtung von der ἀγορά nicht verschieden war, wie
denn nach Eustath. 1335, 58 der Markt von den Boeotern
ἀγών genannt wurde. Dann hatte also Themis schon wegen
dieses unter ihrer speciellen Obhut stehenden Locales auch über
die Spiele die Aufsicht. Man kann nun annehmen, daß θέμις,
der Bedeutung Gericht entsprechend, in jener pindarischen
Stelle zunächst Kampfgericht bedeutet, woraus dann leicht
der in den kleinasiatischen Inschriften erscheinende Sinn hervor=
gehen konnte. Jedoch wird die etymologische Untersuchung in
Abschn. III auch eine andere Möglichkeit bieten, θέμις als Fest=
versammlung zu verstehen.

Auf die Spiele bezieht sich auch der Ausdruck θεμίπλεκτοι
στέφανοι Pind. N, 9, 52, wo coronae legitime nexae erklärt
wird. Man wird jetzt geneigt sein müssen, eine bestimmtere
Beziehung auf die θέμις der Spiele anzuerkennen, vielleicht auch
Θεμίπλεκτοι zu schreiben und die von der Themis als der Vor=
sitzerin der Spiele geflochtenen Kränze zu verstehen.

Wieder eine andere Beziehung hat θέμις erhalten Pind. N.
7, 47, wo von dem in Delphi erschlagenen und dann als Heros
verehrten Pyrrhos gesagt wird, es sei ihm vom Schicksale be=
stimmt gewesen ἡρωίαις πομπαῖς θεμισκόπον οἰκεῖν ἐόντα
πολυθύτοις εὐώνυμον ἐς δίκαν, d. h. daß er bei der zu Ehren der

Heroen gehaltenen Feier an der Spitze stehen und gleichsam als Ordner (Scholl. δίκαιον ἔφορον) auf Beobachtung alles dessen sehen sollte, was θέμις ist. Man könnte hier wieder diese θέμις auf die mit der Procession verbundene Panegyris beziehen; aber richtiger dürfte folgendes sein. Bei jenen ἡρωίαις πομπαῖς wurden die Bilder der Heroen zu einem lectisternium getragen, f. Scholl. γίνεται ἐν Δελφοῖς τοῖς ἥρωσι ξένια, ἐν οἷς δοκεῖ ὁ θεός ἐπὶ ξένια καλεῖν τοὺς ἥρωας und über ein ähnliches Lectisternium von Heroinen Boeckh zu Pyth. XI in. Bei diesem Mahle, welches das eigentliche Ziel der Procession bildet, mußte besonders θέμις herrschen, wie Themis die Ordnerin bei den Göttermahlen ist, und Pyrrhos wird durch θεμισκόπος als der Vorsitzer des Mahles bezeichnet. Und so beziehen auch schon die Scholien die Aufsicht des Pyrrhos besonders auf die πολύθυτοι θυσίαι jener ξένια, indem sie ihn diese μετά Θέμιδος (leg. θέμιδος) üben lassen.

In Pind. Ol. 11, 24 ἀγῶνα δ' ἐξαιρετὸν ἀεῖσαι θέμιτες ὦρσαν Διὸς erklärt man durch sacrae leges, decreta, instituta Jovis und bezieht es auf die heilige Ordnung der Spiele. Aber richtiger dürfte man Eingebungen in Bezug auf das, was θέμις ist, verstehen, welche der Dichter als Seher in seinem Kreise nicht weniger zu erhalten glaubt als die Könige die θέμιστας in dem ihrigen. Da die θέμις sich hier auf die olympischen Spiele bezieht, so steht allerdings diese Anwendung auch mit den vorher erwähnten in naher Verbindung.

§ 9. Endlich hat Pindar auch ein Verbum θεμίζειν in P. 4, 141 θεμισσαμένους ὀργὰς (Scholl. δικαίως διακρίναντας), das von θέμις abgeleitet scheint mit dem Sinne „zu dem bringen was θέμις ist", also ziemlich gleichbedeutend mit σωφρονίζειν. Dieses Verbum erscheint außerdem in Hesych. θεμιζέτω: μαστιγούτω, νομοθετείτω. Κρῆτες, und mit etwas veränderter Form Eustath. 735, 55. 1699, 37. θεμισσέτω, τουτέστι νομοθετείτω, δικαζέτω und Phot. θεμισσέτω, αἰκιζέτω, wo M. Schmidt zu Hesych. 1. 1. richtig δικαζέτω verlangt. Mit der Erklärung μαστιγούτω vergleiche man den entsprechenden euphemistischen Gebrauch von σωφρονίζειν im Sinne von κολάζειν.

Zu diesem Verbum gehört auch anscheinend die Glosse

Hesych. θέμησις, ἡ δικαιοσύνη παρὰ Πυτίᾳ, wo man nach der Buchstabenfolge mit Recht θέμισις verlangt hat. Ueber den verderbten Schluß der Glosse s. Abschn. III §. 5. Ebenso stammt anscheinend vom Verbum θεμίζω Et. Gud. 258, 9 θεμιστίς (leg. θέμιστις), ἡ δίκη, καὶ κλίνεται θεμίστιος, θέμιστι (leg. θεμίστι), θέμιστιν, wahrscheinlich dorisch. Suidas hat θέμιστις ohne Erklärung. H. Stephanus im Thesaurus erwähnt aus alten Lexiken auch θεμιστύς, was die gewöhnlichere Form sein würde.

§ 10. Außerdem hat Hesychius folgende hierhergehörige Glossen:

θεμιστῇ, τῇ δίκῃ, wo M. Schmidt gegen die Reihenfolge Θέμιστι, τῇ Δίκῃ edirt hat. Aber ein mit θέμις gleichbedeutendes Nomen θεμιστή wird durch θεμιστέων Hesiod. Th. 235 geschützt. θέμις und θεμιστή verhalten sich wie z. B. δαίς und δαίτη, πτύξ und πτυχή. Die entsprechende dorische Form ist anzuerkennen Callim. Lav. Pall. 78 εἶδε τὰ μὴ θεμιτά sc. ὁρᾶν, wo im gewöhnlicheren Ausdrucke θέμις oder θεμιτόν stehen würde. Man kann aber auch annehmen, daß dieses Substantiv θεμιστή, θεμιτή eigentlich das Femininum des Adjectivs θεμιστός, θεμιτός sei, wie z. B. das synonyme ὁσία, vgl. Lobeck Parall. 362 ff. Es spricht dafür namentlich die Analogie von θεμιτόν (ἐστι) und jenem θεμιτή sc. ἐστι mit ὅσιον oder ὁσία ἐστί, wo gleichfalls das Verbum oft fehlt. Uebrigens ist denkbar, daß in manchen der Fälle, wo jetzt Acc. pl. θέμιστας gelesen wird (s. III §. 11), eigentlich θεμιστάς das wahre ist, wie denn wirklich Et.G. 258, 11 θεμιστάς, δίκας, νόμους καὶ κριτὰς geschrieben ist, wo die letzte Erklärung hindert θέμιστας zu setzen.

θεμιστισία, ὁσία, wofür W. Dindorf gegen die Reihenfolge θέμιστα, ὅσια vorschlägt. Ich vermuthe θεμιστήσια, ὅσια von θεμιστή gebildet wie Ἰθακήσιος, ἡμερήσιος oder von θέμις wie Χαριτήσια von Χάριτες, vgl. Lobeck Prolegg. 427 ff.

θεμιστός, δίκαιος, βασιλεύς, ὅσιος. Die Glosse verstößt gegen die alphabetische Ordnung und θεμιστός paßt auch schlecht mit der Erklärung βασιλεύς. M. Schmidt hat Ruhnken's Aenderung θεμιστοπόλος angenommen, gleichfalls gegen die Reihenfolge und auch sonst wenig probabel. Ich vermuthe der Reihenfolge entsprechend θεμιστής²⁶), direct von θέμις abgeleitet wie ἱππότης, ἀσπιστής von ἵππος, ἀσπίς, also einer der θέμις übt, womit alle jene Erklärungen stimmen. Das Wort ist außerdem erhalten in Et. Gud. 259, 11 θεμιστάς, -κριτάς. Siehe jedoch Abschn. III § 12.

θεμιστόρων, συνετῶν. M. Schmidt vermuthet ἱστόρων oder will von θεμός = θεσμός ableiten, so daß legum periti zu verstehen seien. Aber θεμίστωρ ist nur eine Nebenform zu θεμιστής, wie ἀσπίστωρ Aesch. Ag. 386 zu ἀσπιστής. Es kann aber einer, der θέμις übt, sehr wohl auch συνετός = σώφρων genannt werden, indem ihm der ἀθέμιστος = ὑβριστής entgegensteht.

§ 11. Obgleich nun die obigen Anwendungen von θέμις und Zubehör sich sämmtlich ohne eigentlichen Zwang auf den Grundbegriff der göttlichen Ordnung zurückführen lassen, da die menschliche Rechtsprechung und Regierung in jenen Kreis fällt, insofern sie auf göttlicher Eingebung beruht, so hat doch schon bei einigen jener Anwendungen angedeutet werden müssen, daß die etymologische Untersuchung eine andere Erklärung empfehlen wird. Daß aber der Begriff von θέμις in Wahrheit ein weiterer war, zeigen auch die Erklärungen bei Hesychius θέμις: — καὶ ἡ τιμή. καὶ τὸ ἀξίωμα, welche freilich in der erhaltenen Literatur der Belege entbehren, aber in der folgenden Untersuchung ihre Bestätigung finden werden.

---

²⁶) Vielleicht richtiger θεμίστης, da diese von Substantiven abgeleiteten Masculina auf -της gewöhnlich barytoniirt werden, s. Buttm. A. Gr. II, 428. Aber der Accent θεμιστής läßt sich durch ἀσπιστής vertheidigen, welches wie ἀσπιδιώτης direct von ἀσπίς stammt.

Abschnitt III. Etymologie.

§ 1. Mit seltener Einstimmigkeit haben alte und neue Etymologen Θέμις und θέμις auf den Stamm ΘΕ (τίθημι) zurückgeführt [1]), und allerdings spricht dafür, daß θεσμός, unzweifelhaft zu jenem Stamme gehörig, mit θέμις sich im Begriffe sehr nahe berührt [2]). Aber ein formelles Bedenken entsteht zunächst dadurch, daß die gewöhnlichen an Verbalstämme tretenden Suffixe mit μ, nämlich μα, μος, μη, μων (ο) nach alter Regel keinen kurzen Stammvocal vor sich dulden, wenn sie nicht

---

[1]) So von τίθημι Scholl. L. Π. Β, 73, von συντίθεσθαι Cornut. 17, 78. In Scholl. Theog. 135 wird Θέμις erklärt als ἡ θέσις τοῦ παντὸς ἡ ἀμετάθετος. Nach Ammian. 21, 5 und Euseb. Pr. Ev. VIII p. 110. C. (ed. Col. 1688) hat sie ihren Namen daher, daß sie τὰ τεθειμένα, d. h. fatali lege decreta verkündet. In Epim. Hom. 200, 6, Et. M. 445, 13, Et. G. 258, 6 wird Θέμις zunächst von θεσμός hergeleitet (für Θέσμις), dieses von τίθημι. Umgekehrt freilich läßt Diodor V, 67 θεσμός von Θέμις stammen (I, A. 24), und ebenso nach meiner Besserung die Scholien zu Aristophanes Θεσμῳδεῖν (I, A. 27). Von neueren Etymologen will ich nur erwähnen Pott Et. F. II, 594 (Aufl. I) und Zschr. f. vgl. Spr. VIII, 175, Benfey WL. II, 266, Curtius Etym. I, 218, L. Meyer Zschr. f. vgl. Spr. VIII, 281.

[2]) Hesychius erklärt θεσμοί geradezu durch θεῖοι νόμοι, und in diesem Sinne wird das Wort nebst θέσμα von den Aelteren vorzugsweise gebraucht. Auch der Name der Δημήτηρ Θεσμοφόρος, deren nahe Verwandtschaft mit Themis sich in Abschn. V ergeben wird, bezieht sich entweder ausschließlich oder zunächst auf alte heilige Ordnungen (das fas) der Ehe, λέκτροιο παλαιοῦ θεσμός Od. ψ, 296, s. Welcker Götterl. II, 496, Preller Gr. Myth. I, 608. Das Wort ist auch wie θέμιστες in den von Philo gebrauchten Ausdrücken θεσμῳδός, θεσμῳδεῖν (vgl. Abschn. I A. 27) auf Göttersprüche angewandt. Wie eng den griechischen Etymologen die Beziehung zwischen θέμις und θεσμός geschienen hat, ergibt sich auch aus A. 1. Es würde hierher auch noch das in Scholl. Plat. p. 313 als Amtslocal der Archonten zu Athen genannte θεσμίσιον gehören, wenn nicht Dindorf Thesaur. III, 339 mit Recht eine Corruptel aus θεσμοθέσιον, θεσμοθέτιον annähme.

durch ϑ, τ, σ verstärkt sind, s. Lobeck Prolegg. p. 391 ff., eigentlich nur mit Ausnahme von ἔρυμα, welches aber mit dem zweisilbigen ῥῦμα identisch ist³). Bildungen wie θέμα, ἀνάθεμα, πόμα (dieses freilich schon bei Pindar) sind entschieden gegen die ältere Sitte⁴). Auch einige vereinzelte Beispiele des kurzen Vocales vor seltneren Suffixen mit μ, namentlich δύνα-μις (vgl. φῆμις) und θῠ-μέλη (vgl. πῐ-μέλη)⁵), können das Mißtrauen gegen ein θέ-μις, neben dem nirgends ein θῆ-μις erscheint, nicht ganz beseitigen. Noch größere Schwierigkeiten macht bei der Ableitung von ΘΕ der in der ältesten Abwandlung erscheinende Nominalstamm θεμιστ-. Denn ein Suffix μιστ- wird schwerlich auf irgend eine glaubliche Weise erklärt werden können, wie denn dazu noch nicht einmal ein Versuch gemacht zu sein scheint.

Unter diesen Umständen wird es gerechtfertigt sein, sich nach einer andern Deutung umzusehen, und zwar hoffe ich glaublich zu machen, daß vielmehr ein Stamm θεμ oder eine Wurzel θαμ zu Grunde liegt, als deren ursprüngliche Bedeutung (um sie nach üblicher Weise verbalisch zu fassen) sich häufen ergeben wird.

§ 2. Um die begriffliche Entwicklung dieser Wurzel in den verschiedenen dahin gehörigen Bildungen richtiger zu beurtheilen, wird es dienlich sein, einige sinnverwandte Wurzeln unter Her-

---

³) Lobeck nennt außer ἔρυμα noch ὄνομα und στόμα. Aber der Ursprung des letzten ist ganz dunkel, und auch für ὄνομα läßt sich der verbale Stamm nicht mit Sicherheit nachweisen. Vergleicht man skr. nāma, lat. nōmen, so scheint ὄνομα für νώμα zu stehen; aber goth. namō, mhd. name haben kurzen Vocal.

⁴) In ἡγεμών ist wie in κηδεμών das ε nicht zum Stamm gehörig, ebenso auch das υ in δαιτυμών.

⁵) Der eigentliche Stamm von δύναμαι ist dunkel, und es ist sehr wohl möglich, daß α eigentlich der alte, hier nicht in wechselndes ε und ο übergegangene Flexionsvocal ist. Dann wäre das α zu betrachten wie der kurze Vocal in den Beispielen der vorigen Anmerkung. Deutlicher verhält es sich so mit τελαμών und Τελαμών (ω), ursprünglich ταλαμων von W. ταλ, wie auch im Aorist ταλάσαι das zweite α nur ein eingeschobenes ist.

anziehung der verwandten Sprachen zu vergleichen*). Zunächst will ich bei diesen den Grundbegriff häufen in seinen leichtverständlichsten Anwendungen nachweisen.

I. (W. kuk)⁷). Im Sanskrit ist das zweite k in ç übergegangen, wie häufig. Im Griechischen und Lateinischen ist bald für das erste, bald für das zweite k, wie gleichfalls nicht selten, p eingetreten, zuweilen auch für beide. Im Deutschen entspricht mit regelmäßiger Lautverschiebung der angenommenen Grundform kuk eine Wurzel huh, deren zweites h auch als ch erscheint und anderseits in gewohnter Weise oft in g übergeht. Aber andern deutschen Wörtern liegt auch ein kup zu Grunde, dessen p sich aber zum Theil der ersten Lautverschiebung entzogen hat. Endlich ist auch im Deutschen nicht selten ein s vorgetreten, wobei dann das erste k zunächst unverwandelt geblieben ist. Im Lateinischen ist mehrfach ein verstärkendes n eingeschoben. Außer den regelmäßigen Vocalverstärkungen ist zu bemerken, daß mehrfach im Lateinischen und Deutschen das u in o geschwächt ist.

Skr. kôç-as thesaurus, kuçalas felix (eig. dives), kuçalam und kauçalam felicitas.⁸)

---

*) Für das Sanskrit habe ich hauptsächlich nur Bopp's Glossarium Sanscritum (1847) benutzen können, für das Deutsche Gothisches Glossar von E. Schulze, Ettmüller's Lexicon Anglosaxonicum, Graff's Althochdeutschen Sprachschatz und das Mittelhochdeutsche Wörterbuch von Müller und Zarncke. Ich habe mich hier auf die Vergleichung des Gothischen beschränkt, wenn die andern Dialekte nichts besonders belehrendes enthalten, und sonst in der Regel nur das Angelsächsische und Althochdeutsche angezogen. Des Altpersischen, Celtischen, Slavischen und Litthauischen habe ich mich aus Mangel an Kenntniß und an Hülfsmitteln enthalten.

⁷) Der Bequemlichkeit wegen habe ich es mir nach Anderer Vorgange gestattet, eine solche Urform jeder Wurzel zu fingiren, aus der die Gestaltungen in den verschiedenen Sprachen am leichtesten erklärt werden können.

⁸) W. kuç ist nur mit den Bedeutungen amplecti (hier = kus) und splendere aufgeführt. Die angenommene Grundbedeutung häufen wird sich auch im Folgenden rechtfertigen, vgl. § 4. I, § 8. A, § 9.

Griech. πυκνός, πυκινός gehäuft, zahlreich, spissus, frequens, und davon Πνύξ, G. Πυκνός, Benennung der Volksversammlung zu Athen und ihres Platzes. Lat. cu-mulus für cuc-mulus wie sti-mulus für stigmulus *); conc-ilium (vgl. ex-ilium, vig-ilium), contio (richtiger als concio, s. Corsf. Ausspr. I, 22) für conc-tio wie quintus für quinctus; cunc-ti nach Festus = omnes conjuncti et congregati; pŏpulus für pup-ulus, wie man aus publicus sieht, alt poublicos für pouplicos, da ou Ablaut von u ist; endlich cōpia. Goth. hiuh-ma öχλος, ahd. hôhi agger, altn. haugr und ahd. houc (G. -ges) tumulus, vgl. Grimm RA. 801, ags. hygan augere. Ferner ags. heáp acervus, turma und hype acervus, ahd. houf acervus, tumulus und hûfo acervus, strues, agger, cumulus, tumulus; das Niederdeutsche hat neben hûpen in fast gleichem Sinne hucke (Schambach S. 87), was auf huh zurückgeht. Endlich mhd. schoch (schoc), geschoch Haufe, schoche Heuhaufe; ahd. scopar, scober, mhd. schober acervus, cumulus foeni, ags. sceáf, ahd. scoub fasciculus, manipulus, ahd. scoppôn, mhd. schöpfen vollstopfen.

II (W. ki). Für k ist im Sanskrit k', im Griechischen zum Theil π, wie auch im Deutschen bald h bald f.

Skr. k'i colligere, cumulare mit den Derivaten k'ajas cumulus, multitudo, k'itis und k'itâ cumulus, rogus, k'ajanam strues lignorum, rogus.

Griech. ποί-μνη grex mit ποιμήν pastor und ποιμαίνω, welche Wörter auf ein altes ποῖ-μα zurückführen, zu dem sich ποίμνη verhält wie στρωμνή zu στρῶμα; das Suffix μην in ποιμήν ist mit dem gewöhnlichen μων identisch [10]). Ferner πῶυ grex mit einer ungewöhnlicheren, aber nicht beispiellosen

---

*) Es wäre allerdings auch möglich, daß cumulus zu einer einfacheren Wurzel ku häufen gehört, von welcher dann kuk nur eine Erweiterung ist. Es spricht für diese Annahme nicht weniges, worauf hier nicht näher eingegangen werden kann.

[10]) Auch litth. pemů (St. pemen) Hirte steht jener Deutung nicht im Wege, da auch im Litthauischen dem skr. k' zuweilen p entspricht wie skr. pak' = litth. kep, s. Curtius Etym. II, 53.

Vocalverwandlung [11]). Dann mit κ κοι-νός, wo das Gemeinsame gleichsam ungetheilt in einem Haufen gedacht wird; (τὸ κοινόν = populus), endlich κῶ-μος Schwarm, wie κῶμος Διονύσου und selbst κῶμος πελειῶν Eur. Ion. 1197, und κώμυς δέσμη χόρτου. Lat. coe-tus (Versammlung, Haufe von Menschen), verschieden von coitus aus coire, mit oe als Ablaut von ι (Corss. Ausspr. I, 156); cī-vis, osk. kēvs, wird zunächst als Plural bestanden haben, nämlich cives etwa die Staatsgenossen, die das κοινόν bilden. Man kann auch das Wort von einem alten cîu (formell = πῶν) mit der Bedeutung von Bürgerschaft, civitas gebildet glauben. Eine treffliche Analogie bietet das nächste deutsche Wort. Ahd. Mhd. hî-wen (hîen) n. pl. famuli, domestici, aber auch conjuges, ags. hîvan domestici. Am vollständigsten ist der Begriff des Wortes, zunächst für altschwed. hion, erklärt „maritus et uxor, servi aliique homines ad domum pertinentes", f. Richthofen Altfr. Wb. 815ª, also die gesammten Hausgenossen, analog mit cives, aber auf den engeren Kreis der Familie beschränkt, und dann noch specieller auf das den Mittelpunkt der Hausgenossenschaft bildende Ehepaar. Eine umfassendere Bedeutung ist aber noch zu erkennen, wenn ahd.

---

[11]) Es gibt eine Anzahl von Fällen, wo ω als Vocalverstärkung der Wurzelvocale υ und ι erscheint. So χῶ-σαι, χῶμα, πλώ-ειν von W. χυ, πλυ, φώς von W. φυ (Curt. I, 269), κῶμα zu κεῖμαι von W. κι. Zu W. κι häufen fügen sich außer πῶν und den gleich nachher erwähnten κῶμος und κώμυς auch κώμη und πῶμα § 8. A. Auch ist das gutbeglaubigte πωμενικός Theocr. 1, 23 vielleicht nicht zu verachten. Ferner bemerke man das dorische θῶ-σθαι (Diall. II, 343) neben θοίνη, das auf eine W. Θι hinzeigt, und dor. σῶ-σθαι von W. συ (σύ-μενος, σεύ-ομαι, σοῦ-μαι), das Diall. II, 204. 352 nicht ganz richtig beurtheilt ist. Bedenkt man nun, daß der Wurzelvocal ᾱ neben den Ablauten ε und ο auch noch eine Verstärkung in ω zeigt, z. B. ἔτραπον, τρέπω, τρόπος, τρωπάω, so wird man annehmen dürfen, daß jenes aus υ und ι entstandene ω eigentlich für ῡυ und ῡι steht, wo dann die Vocalreihen ε ο ω | ει οι ωι | ευ ου ωυ aufs genaueste correspondiren. Da der Diphthong ωυ überall fast ungebräuchlich, ῳ nur vor Vocalen gestattet ist, konnte leicht für sie das bloße ω eintreten.

hiwiski (gewöhnlich familia, mhd. hiwische, agſ. hivisc) in einer Gloſſe als vulgus genommen ist und wenn agſ. hîv-rêd (gewöhnlich familia) auch die Bedeutungen exercitus, curia hat. Wenn übrigens aus goth. heivafráuja οἰκοδεσπότης, agſ. hîv-rêd u. a. von Grimm Gr. II, 461 richtig auf einen Singular heiv n. geschlossen ist (es kann auch der Plural zu Grunde liegen), so entspricht dieser genau dem oben supponirten lat. ciu. — Mit f erscheint die Wurzel in ahd. agſ. fî-n strues, namentlich ahd. witovîna, agſ. vudufîn strues lignorum, ferner niederd. fieme, viem Brem. Wb. I, 387 oder fimme Schamb. 270 (richtiger fî-me), holl. vim, uhd. feime Frisch I, 256, Grimm Wb. III, 1451, welche Ausdrücke für Heu-, Garben- und Holzhaufen gebraucht werden.

III. (W. rag). Diese Wurzel ist in ihrer Gestalt höchst veränderlich. Es kann nämlich einerseits der Vocal auch an die Spitze treten, anderseits die Stellung der beiden Consonanten vertauscht werden, so daß dadurch die vier Formen rag, arg, gar, agr entstehen, welche letzteren besonders im Griechischen erscheinen. Ferner findet sich für r mit bekanntem Wechsel auch l, besonders im Griechischen und Lateinischen. Für g hat das Sanskrit g', das Deutsche die regelmäßige Lautverschiebung. Es erscheint aber statt desselben im Sanskrit auch gh und abgeschwächt h, im Griechischen χ, im Deutschen entsprechend g. Der Vocal erleidet außer den andern bekannten Veränderungen im Sanskrit auch die Schwächung von ra oder ar in ṛ; anderseits erscheint daselbst und im Deutschen zum Theil auch i als Wurzelvocal [12]).

Skr. arg' colligere, coacervare, ṛktham und riktham divitiae.

Griech. ἀγϱ-όμενος (versammelt) und mit verstärkender Einschiebung eines Vocales ἀγείϱω (St. ἀγεϱ) mit ἀγοϱά und ἄγυϱις, ferner mit κ für γ ἀκϱωνία, ἄθϱοισμα, πλῆθος. Die Wurzelform γαϱ erscheint mit voller Reduplication in γάϱγαϱα

---

[12]) Die angenommene Vielgestaltigkeit dieser Wurzel wird sich schon nach den hier gemachten Zusammenstellungen schwerlich in Abrede stellen laſſen, vgl. §§ 4. 7. 8. C. Auch läßt sich jede einzelne der angenommenen Aenderungen durch genügende Analogien belegen.

(auch) γάργαλα Hesych.) **große Menge** mit γαργαίρω wimmeln, γέργερα nach Hesych. πολλά, nach Varro L. L. 5, 11 greges. Ferner mit λ λέγειν in der alten Bedeutung sammeln, auch häufen in αἱμασιάς λέγειν Od. σ, 359. ω, 223, αἱμασιολογεῖν Anecdd. Bekk. 362, 29, wie die αἱμασιαὶ auch λιθολογίαι hießen. Es waren nämlich die zur Umzäunung dienenden αἱμασιαὶ Steindämme aus kunstlos gehäuften Steinen. Ihre Anfertiger sind die λιθολόγοι, eig. Steinhäufer, später überhaupt für Maurer. Endlich von der Wurzelform ἀγλ ἀγέλη grex.

Lat. rogus **Scheiterhaufen** und mit l legere sammeln, legio Heerhaufe oder überhaupt große Menge. Von der Wurzelform agr wird agger herzuleiten sein, da die übliche Ableitung von aggerere nur wenig für sich hat, nämlich als unrichtige Schreibung für āger (ähnliche falsche Consonanten-Verdoppelungen f. Corsf. Ausspr. I, 89), wenn nicht etwa eine Assimilation aus arg-er anzunehmen; ferner acervus mit c für g, wie überhaupt im Lateinischen c und g wenig scharf geschieden sind. Endlich dürfte **grex gregis** hierher zu ziehen sein, wol nach Pott's Vermuthung (Et. F. I, 219) mit angedeuteter Reduplication (gre-g für ger-g) mit dem vorher erwähnten γέργερα greges zu vergleichen.

Goth. rikan (Praet. rak) σωρεύειν und übereinstimmend mhd. **rechen** (riche, rach). Das zum Rechen dienende Instrument ist ags. race, ahd. recho, wovon ags. racjan rastello colligere u. a. Das nhd. **harke** ist offenbar eigentlich dasselbe Wort für arke (wie heischen für eischen) und geht auf die Wurzelform arg zurück. Endlich gehört hierher mit Wurzelvocal i ags. rîc, ahd. rîchi dives, vgl. oben Str.

§ 3. Mit diesen Wurzeln stimmt nun eine griechische Wurzel θαμ zunächst in der Bedeutung **häufen** und ihren leichtesten Anwendungen. Davon θημών, θημωνία, θῶμος, acervus, besonders auch **Garbenhaufen**. Entstellter ist die Wurzel in θίς, G. θινός, welches Wort in ὀστεόφιν θὶς Od. μ, 45 und θῖνες νεκρῶν Aesch. Pers. 820 überhaupt einen Haufen bedeutet (vgl. Hesych. θιναί, αἱ τῶν καρπῶν συγκομιδαί), gewöhnlich aber vom aufgehäuften Sande gebraucht ist und daher vom Meeresstrande. Von Aristarch wurde nach

Et. Gud. 30, 48 das Wort mit ει geschrieben, und auch Apoll. Lex. 186, 24 schützt die Schreibung θεῖνα, wie denn auch, worauf freilich weniger zu geben, eine jüngere Inschrift von Corcyra C. I. nr. 1838 θεῖν' bietet und Hesychius θεινῶν, αἰγιαλῶν. Auch ein θήν Hieron. in Ezech. 47, 8 ist vielleicht nicht für einen bloßen Fehler zu halten. Denn es scheint, daß θείς, was für die richtigere Schreibung gelten muß, aus θην-ς geworden ist, wie μείς aus μην-ς, daß aber in jenem der Diphthong gewöhnlich unorganischer auch in die anderen Casus übertragen ist. Das ν aber steht für ursprüngliches μ wie in χθών, χιών, vgl. L. Meyer Vgl. Gr. II, 68.

(θαμύς), nur im Plural θαμέες, θαμειαί, θαμέα vorkommend, nebst θαμινός, θαμά, θαμίζω ꝛc. fällt in dem Begriffe **dichtgedrängt, häufig**, spissus, frequens fast ganz mit πυκνός (W. kuk) zusammen, wie denn auch jene Wörter sehr gewöhnlich durch πυκνός erklärt werden.[13]) Auch werden beide Ausdrücke als Synonyma verbunden Il. M, 92. Od. ξ, 12 πυκνοὶ καὶ θαμέες. Die Uebertragung auf zeitliches Verhältniß mit dem Begriffe oft, besonders in θαμά, θαμινός, θαμίζω ist gleichfalls der Wurzel πυκ gemeinsam wie auch dem verwandten nhd. häufig.

Hesych. θάμυρις: πανήγυρις, σύνοδος ἢ πυκνότης τινῶν. καὶ ὁδοὺς θαμυρὰς τὰς λεωφόρους. — θαμυρίζει: ἀθροίζει, συνάγει. Das Adjectiv θαμυρός, aus welchem θάμυρις und θαμυρίζειν, verhält sich zu θαμύς wie λιγυρός zu λιγύς. Auch hier zeigt sich die Sinnverwandtschaft mit πυκνός schon in der Erklärung durch πυκνότης. Mit θάμυρις, πανήγυρις vergleiche man die aus den drei parallelen Wurzeln gebildeten Ausdrucke für Versammlung: I. πνύξ, concilium, contio; II. coetus; III. ἀγορά, ἄγυρις. Die ὁδοὶ θαμυραί sind eigentlich viae frequentes.

Mit Recht haben auch schon die Alten θάμνος Gebüsch, Busch hierhergezogen, z. B. Scholl. A. Il. Λ, 156: θάμνοι] οἱ σύμφυτοι τόποι παρὰ τὸ θαμὰ συμφυτεύεσθαι αὐτούς, ὅ

---

[13]) So Hesych. θαμά, τὰ πυκνά, καὶ θαμέα τὰ αὐτά — θαμέας, πυκνούς — θαμίζεις, -πυκνύζεις — θαμινά, πυκνό — θαμύτεραι, πυκνότεραι.

ἐστι πυκνῶς. Die Sinnverwandtschaft mit πυκνός ergibt sich aus dem Ausdrucke θάμνοις ἐν ἀκινοῖσι Od. ε, 471 und aus der Beschreibung der θάμνοι als πυκινὴ ὕλη ζ, 128. Weniger klar ist auf den ersten Blick, daß auch die Ausdrücke θέμεθλα, θεμέλια (Hom. θεμείλια), θεμέλιοι sc. λίθοι, θέμειλα fundamenta (alle diese Wörter nur selten im Singular) nicht bloß in der Form, sondern auch in der Bedeutung mit θαμύς = πυκνός spissus, frequens eng zusammenhängen. Aber man vergleiche die Beschreibung, wie der Grabhügel des Patroklos errichtet wird

Il. Ψ, 255 τορνώσαντο δὲ σῆμα θεμείλιά τε προβάλοιτο
ἀμφὶ πυρήν, εἶθαρ δὲ χυτὴν ἐπὶ γαῖαν ἔχεναν.

mit der entsprechenden Schilderung vom Grabhügel des Hektor:

Ω, 797 αἶψα δ' ἄρ ἐς κοιλὴν κάπετον θέσαν· αὐτὰρ ὕπερθεν
πυκνοῖσιν λάεσσι κατεστόρεσαν μεγάλοισιν,
ῥίμφα δὲ σῆμ' ἔχεαν.

so wird es klar, daß dort die θεμείλια nichts anderes sind als πυκνοὶ λᾶες, d. h. gehäufte Steine, ein Steinhaufen. Aus dieser ältesten rohen Art der Grundlegung erklärt sich auch der lateinische Ausdruck fundamenta jacere, dem homerischen θεμείλια προβαλέσθαι entsprechend. Frühzeitig sind dann jene griechischen Ausdrücke auf jede Art der fundamenta übertragen.

§ 4. Ferner gehört zu derselben Wurzel das Adjectiv θεμερός (so verlangt den Accent richtig Lobeck Prolegg. 261, Pathol. 102) in folgenden Glossen des Hesychius:

θεμέρη: βεβαία, σεμνή, εὐσταθής.
θέμερον: σεμνόν, ἀφ' οὗ καὶ τὸ σεμνύνεσθαι θεμερύνεσθαι.
θεμερόφρονας: συνετούς, σώφρονας.
θεμερῶπις: ἐρασμία, ἀγχόνη.

Die letzte Glosse hat Sopinga probabel auf Aesch. Pr. 135 τὰν θεμερῶπιν αἰδῶ bezogen und gebessert ἐρασμία αἰσχύνη; aber man wird dann noch vervollständigen müssen θεμερῶπις αἰδώς: ἐρασμία αἰσχύνη. Dasselbe Compositum hat Empedokles vs. 394 St. nach Bentley's sicherer Besserung Ἁρμονίη θεμερῶπις. Das Verbum θεμερύνεσθαι (so richtig cod. F. für θερμ.) wird Poll. 6, 185 als Synonymon von ἡδυπαθεῖν und θρύπτεσθαι im Gebrauche der Komiker erwähnt. Endlich findet sich θεμερός noch App. Anth. Pal. 239 τῷ (dem Attis) πᾶσιν καιροῖς θεμερώτερα πάντα φύοντι.

Die letzte Stelle schließt sich unmittelbar an den nachgewiesenen Grundbegriff der Wurzel; man könnte mit gleichem Sinne πυκνότερα an die Stelle setzen, d. h. „wächst alles dichter, d. h. üppiger". Auch das komische θεμερύνεσθαι kann leicht dahin gezogen werden mit der Bedeutung „üppig, in Fülle leben". Dagegen bedarf die Bedeutung βέβαιος, εὐσταθής einer Rechtfertigung. Wie eng die Begriffe gehäuft und dicht zusammenhängen (wo vieles in kleinem Raume gehäuft ist, wird es fest), und mit dicht wieder fest, zeigt wieder πυκνός, πυκινός, das oft durch dicht oder fest wiederzugeben ist; auch πυκάζειν befestigen Hesiod. Op. 624. Der Name des πύξος wird von den alten Etymologen richtig auf τὸ πυκνὸν τοῦ ξύλου bezogen, wie Theophrast H. Pl. 1, 5, 5 πύξος und ἔβενος als πυκνότατα bezeichnet. Von der identischen skr. Wurzel kuç ist aus demselben Grunde das Gold kôças genannt, vgl. Plat. Tim. 59. B. πυκνότερον χρυσοῦ. Von der gleichen Wurzel stammt auch lat. conc-iliare, in der Bedeutung dicht machen nach Varro L. L. 6, 45 ein technischer Ausdruck der Walker.

Als die bestbezeugte Bedeutung von θεμερός erscheint aber συνετός, σώφρων, womit auch die beiden Anwendungen von θεμερῶπις bestens stimmen. Auch σεμνός, wodurch θεμερός erklärt wird, kann in der Bedeutung ernst gefaßt werden, welcher Begriff sich mit dem von σώφρων nahe berührt, und mit θεμερύνεσθαι = σεμνύνεσθαι vergleiche man Hesych. σωφρονίζεται, σεμνύνεται. Es erscheint aber die Uebertragung auf geistige Thätigkeit ebenso bei allen den drei sinnverwandten Wurzeln:

I (W. kuk). Skr. kuçalas dexter, peritus, gnarus, wovon kauçalam dexteritas. — Griech. πυκνός, πυκινός, πύκα, πεπυκασμένος sehr gewöhnlich und πευκάλιμος immer mit der Bedeutung einsichtig, verständig, klug, besonders häufig durch συνετός und σώφρων erklärt. [14]) Im Et.M. 696, 39 wird erläuternd bemerkt „ἡ γὰρ φρόνιμος διάνοια πεπυκνωμένη ἐστίν", und allerdings scheint es deutlich, daß das rechte Denken als ein Sammlen und Verdichten des Geistes gedacht wurde. — Lat. cōg-itare mit g für c wie oft (Corsf. Krit. Beitr. S. 53) und cunc-tari (nach Non. 4, 55 bei Aelteren auch contari geschrieben aus cunctari), eig. sich bedenken und daher zaudern, nebst percunctari oder, wie häufiger geschrieben ist (Corsf. Beitr. 4) percontari, eig. genau bedenken und daher forschen, fragen. — Goth. hug-s νοῦς, hugjan cogitare.

II. (W. ki). Skr. niç-k'i reputare und die verstärkte Wurzel k'it cogitare mit den Derivaten k'ittam, k'êtas etc. meus, animus, cogitatio, k'itras dexter, callidus. — Griech. κίνυσθαι, -διανοεῖσθαι und πινυμένην, συνετήν Hesych., welches nur in diesen beiden Glossen erhaltene Verbum genau dem Athmanepadam von k'i entspricht (z. B. κίνυται, πίνυται = k'inutê. Zu der Form mit π gehören aber auch πινυτός, σώφρων, συνετός — πινυτή, σύνεσις, φρόνησις, σωφροσύνη — πίννυσις, σύνεσις (die Erklärungen aus Hesychius), ferner πινύσκω im Sinne von σωφρονίζω, wozu der Aorist ἐπίνυσεν Il. Σ, 249 und anderes mehr. Es ist in diesen Formen das νυ beibehalten, welches eigentlich nur dem Präsens gehört, wie in γανύσσεται Il. Σ, 504 von γά-νυμαι und in ἐτάνυσα, τάνυσις, vgl. mit τάνυται Il. P, 389 (Skr. tanutê), wo das Präsens sonst nur in der schwachen Form τανύω erscheint. Jene Wörter haben trotz der Aehnlichkeit in Laut und Sinn mit πεπνῦσθαι besonnen, verständig sein (πεπνυμένος = συνετός) und πνυτός, ἔμφρων, σώφρων Hesych., die zu πνέω gehören, zunächst nichts zu schaffen.

III (W. rag). Griech. λόγος ratio, λογίζεσθαι u. a. — Lat. argutus scharfsinnig, schlau mit argutiae, argutari. — Goth. rahnjan λογίζεσθαι, ἡγεῖσθαι, und mit g ragin γνώμη, consilium, ragincis, βουλευτής, σύμβουλος,

---

[14]) So Hesych. πυκιμήδεος, συνετῆς — πυκινήν, συνετήν — πυκινόν, συνετόν — πυκινόφρων, σώφρων — πυκνά, συνετά — πευκαλίμαις, συνεταῖς.

Es ist nun auch klar, daß die Benennung des Fuchses θάμιξ, ἀλώπηξ Hesych. seine Klugheit bezeichnet. Auch hier bieten alle drei synonymen Wurzeln Analogien dar.
I (W. kuk). Goth. fauhô, ahd. fôha und fuhs, ags. fox von W. fuh, entsprechend der griechischen Wurzelform πυκ.
II (W. ki). Griech. κίναδος, κινάδιον, κινάδρα (vgl. Phot. κινάβρα: -οἱ δὲ τὴν ἀλώπεκος σοβήν), κίδαφος, κιδάφη, κινδάφη, κινδάφιον, κίρα, κίραφος, auch mit vortretendem σ σκιδάφη, σκίνδαφος, alles Benennungen des Fuchses, meistens nur bei Hesychius überliefert, welche die Wurzel κι erkennen lassen, und sich auf seine Verschlagenheit beziehen; man vergleiche noch Hesych. Phot. κιναβευμάτων, πανουργημάτων, Suid. κίνιφος, ὁ ποικίλος, Hesych. κιναφεύειν, πανουργεύεσθαι, Eustath. 1397, 26 σκίραφος, πανούργημα.
III (W. rag). Ahd. reinhart aus reginhart von goth. ragin consilium, Name des Fuchses im Thierepos, in franz. renard zur gewöhnlichen Benennung geworden, niederd. hypokoristisch reineke.

Endlich kann man hierher auch ziehen Hesych. θεμούς: διαθήκας, παραινέσεις. Denn für die Ableitung von τίθημι, so daß das Wort nur eine andere Form von θεσμός wäre, sprechen die angegebenen Bedeutungen nicht sonderlich. Wohl aber vergleicht sich besonders mit der zweiten goth. ragin consilium von der mit W. dham synonymen Wurzel rag. Das Verbum θεμῶσαι, nur Od. ι, 486. 542, das sich formell an θεμός anschließt, bietet der Erklärung sehr große Schwierigkeiten, und es soll auf dasselbe hier nicht weiter eingegangen werden.

§ 5. Wie in einigen roheren griechischen Dialecten θ mehrfach in τ übergegangen ist, so findet sich dies auch bei W. θαμ, und es scheint, daß in einzelnen Fällen Formen mit τ aus solchen Dialekten auch in die Schriftsprache, zumal die dichterische, aufgenommen sind. Es gehört hierher folgendes.

Der Name des alten Sängers Θάμυρις oder Θαμύρας scheint deutlich zu θαμυρός (§ 3) zu gehören. Da dieses mit θεμερός ursprünglich identisch ist, so kann man den Namen auf die Weisheit des Sängers beziehen und u. a. vergleichen, daß die Mutter des Hesiodus Πυκιμήδη genannt wird. Nun ist aber Thamyris auf einer alten Vase Ann. dell' Inst. Arch. VIII, 328 Ταμύρας genannt. Mit Recht ist auch bemerkt, daß Ταμύρας, wie nach Cert. Hes. et Hom. Einige den Vater des Homer nannten, nichts anderes ist als Θαμύρας. Auch werden die Ταμιράδαι hierher gehören, nach Hesychius ἱερεῖς τινες ἐν Κύπρῳ, womit die von dem alten Sänger Εὔμολπος sich herleitenden Εὐμολπίδαι in Eleusis zu vergleichen; ι für υ findet sich auch sonst im kyprischen Dialekte, s. Zschr. f. vgl. Spr. III, 164, IX, 365.

τάμισος (coagulum, Lab) ist der attischen Prosa fremd und findet sich nur einerseits bei Hippokrates, andererseits bei Nikander und Theokrit, um späterer Schriftsteller nicht zu ge= denken, anscheinend ein ionisches Wort. In Scholl. Vet. Theocr. 7, 16 wird erklärt: τάμισος δὲ ἡ πιτύα εἴρηται παρὰ τὸ θαμίζειν, ὅ ἐστι πυκνοῦν, τὸ γάλα περὶ αὐτὴν τρεφόμενον. Diese Erklärung, statt deren noch keine andere probable auf= gestellt ist, scheint durchaus richtig zu sein, und es dürfte hier= durch in der schon oben (I, § 9) erwähnten Glosse θέμισις: ἡ δικαιοσύνη παρὰ πυτίᾳ das letzte dunkle Wort seine Erklärung finden. Man wird nämlich zu schreiben haben: θέμισις: ἡ δικαιοσύνη παρὰ .... (θέμισος): πυτία (= πιτύα), so daß durch eine Lücke zwei Glossen mit einander verschmolzen sind.

τεμποῦροι: ἀρχὴ ἐπιμελομένη τῆς τῶν γυναικῶν εὐκο= σμίας Hesych. Das ist eine Behörde, wie sie sonst unter dem Namen σωφρονισταί vorkommt. Da nun θεμερός den Sinn von σώφρων hat, so wird man glauben können, daß der erste Theil des Wortes (der zweite ist οὖρος custos) zu W. θαμ gehöre mit verstärkendem π [15]), welches wir auch im Lateinischen wieder= finden werden.

τόμαροι, τομοῦροι. Nach Strab. VII, 328 wurde in Od. π, 403, wo von dem Orakel zu Dodona die Rede ist, für θέμιστες von Einigen τομοῦροι gelesen, welcher Ausdruck die

---

[15]) Ueber solche Wurzelverstärkungen durch π s. L. Meyer vgl. Gr. I, 362 ff., besonders in den Wurzeln karp, darp, drap, ghalp, sarp, malp, varp, valp, skalp. Am klarsten ist die Sache bei μέλπω neben μέλος.

προφῆται des Orakels zu Dodona bezeichne¹⁶). Damit ist zu vergleichen Hesych. τόμουροι: προφῆται, ἱερεῖς, οἰωνοσκόποι, διάκονοι und Lycophr. 223 τόμουρε, in den Scholien durch μάντι erklärt. Eine andere Form gibt Hesychius: Τόμαρος, τὸ ἐν Δωδώνῃ ὄρος, καὶ ἱερεὺς καὶ θύτης καὶ μάντις. Dagegen Steph. Byz. Τόμαρος, ὄρος Δωδώνης, ὅ τινες Τομοῦρον καὶ τοὺς κατοικοῦντας Τομούρους. Strabo erklärt die Benennung τομοῦροι für die dodonäischen Propheten aus Τομαροῦροι = Τομαροφύλακες, Hüter des Berges Tomaros, was hinsichtlich des ersten Theiles weniger Wahrscheinlichkeit hat, als hinsichtlich des zweiten. Denn τομοῦρος und die von Hesychius bezeugte Form verhalten sich wie die bei demselben durch οἰκοφύλαξ erklärten αὐλουρός und αὐλαρός (cod. αὐλαρος), womit zu vergleichen πυλωρός, Hom. πυλάωρος, Herod. πυλουρός, Hesych. πυλαυρός und πυλευρός, woneben auch wieder ein dorisches πυλᾶρός angenommen werden darf, wie θεαρός neben θεωρός, vgl. Diall. II, 200. Nach diesen Analogien sind τομοῦρος und τόμᾶρος mit οὖρος (ὦρος) custos zusammengesetzt. Als erster Theil ist aber am natürlichsten τομή (τομά) anzuerkennen, freilich nicht in der gewöhnlichen Bedeutung des Wortes, sondern als eine epirotische Form für θομή von W. θαμ. Daß dieses θομαί Orakelsprüche bedeutete, soll vorläufig nur aus dem verwandten θέμιστες geschlossen werden; mehr in § 8 E. Es sind dann also die τομοῦροι sehr passend als χρησμοφύλακες zu verstehen oder besser noch als Pfleger der Göttersprüche vgl. κηπουρος. Aber wie steht es nun mit dem Namen des Gebirges, auf welches Strabo jene Benennung bezieht? Er nennt den Berg, unter welchem das Heiligthum lag, Τόμαρος oder Τμάρος (ἀμφοτέρως γὰρ λέγεται); beide Formen bezeugt auch Stephanus von Byzanz und daneben die dritte Τομοῦρος. Hesychius hat Τόμαρος und wieder Τμάριος, Ζεὺς ἐν Δωδώνῃ, auch Τμάριον, ὄρος Ἀρκαδίας (?). Bei Plinius Praef. 4 ist Tomarus. Die Orphischen Argonautika vs. 264. 1154 bieten Τομᾶριάς -φηγός, dagegen Callim.

---

¹⁶) Wenn Eustathius 1058, 1—1760, 45—1806, 37. 46 auch τόμουροι = μαντεῖαι erwähnt, so beruht dies nur auf einer falschen Lesart in seiner Handschrift des Strabo.

h. Cer. 52 ὥρεσιν ἐν Τμάριοισιν und Claud. Bell. Get. 19 Caeso Tmārii Jovis augure luco. Man wird nun nicht umhin können den Namen des Berges mit dem der Propheten in engster Beziehung zu glauben; am leichtesten wird man annehmen, daß der heilige Berg selbst der prophetische genannt sei. Die für diesen entschieden vorherrschende Form mit α wird dadurch auch für die Propheten als die echtere epirotische erkannt. Zugleich sieht man, daß die Länge des α in dem Τομαριάς der Argonautika, an der man Anstoß genommen hat, ganz richtig ist. Τμαρος, aus Τόμαρος syncopirt vgl. Lobeck Pathol. I, 295, ist vielmehr Τμᾶρος zu schreiben und die Verkürzung der ersten Silbe in Τμάριος aus der besonders bei Eigennamen, um sie dem Verse bequem zu machen, herrschenden dichterischen Freiheit zu erklären; am bequemsten vergleicht sich χρῡσός und χρῠσεος. Uebrigens läßt sich über den Accent jener Wörter nichts sicheres bestimmen. — Man kann jetzt auch daran denken bei Kallimachos in Del. 94 das überlieferte

ἀλλ᾽ ἔμπης ἐρέω τι τομώτερον ἢ ἀπὸ δάφνης

zu vertheidigen. Wenn τομαί in der Sprache von Doboma Weißagungen waren, so konnte der Dichter, nach alexandrinischer Sitte den glossematischen Ausdruck aufgreifend, τομώτερος wol in dem Sinne von μαντικώτερος gebrauchen. Die Aenderung τορώτερον wird allerdings durch das Scholion σαφέστερον, ὀξύτερον empfohlen, da diese Wörter oft als Erklärungen von τορός dienen; aber dieselben konnten auch sehr leicht für τομώτερον gebraucht werden, wenn dieses hier falsch von τέμνω abgeleitet wurde.

§ 6. Im Lateinischen, wo der aspirirte T=Laut fehlt, ist dieser bekanntlich oft durch f vertreten, wie in θήρ fera, θύρα fores. So ist denn auch W. dham zu erkennen in f ă m - u l u s, alt famul, osk. famel, und familia. Der echte Begriff von famuli, familia, nämlich Hausgenossen, Hausgenossenschaft, (vgl. Corssen Beitr. 185) stimmt sehr genau mit dem § 2. II behandelten deutschen Ausdrucke ahd. hîwen nebst hîwiski, der von der synonymen Wurzel ki stammt; auch darin herrscht Einklang, daß famuli wie hîwen besonders auch auf das Gesinde beschränkt ist. Aus einem oskischen f a a m a t = habitat hat nun Corssen ferner auf ein Substantiv fāma oder fāmos (dies vorzuziehen) mit der Bedeutung **Haus** geschlossen. Wie gut auch hierfür die Ableitung von W. dham paßt, wird sich in § 8 A ergeben. Uebrigens zeigt die verschiedene Quantität, daß der Zusammenhang zwischen diesem tāmos und fămulus kein unmittelbarer ist. — Eine sehr verschiedene Anwendung hat die Wurzel in fĕmur gefunden. Daß das Wort hierher gehört, zeigen die gleichbedeutenden von der synonymen Wurzel kuk stammenden Ausdrücke: lat. coxa (vgl. noxa von noc-eo), goth. hup, ahd. huf. Offenbar ist die Hüfte so benannt, weil sie im Verhältniß zu den benachbarten Theilen gleichsam angehäuft erscheint, womit sich zugleich auch der Begriff des Festen verbindet (vgl. § 4). In ähnlicher Beziehung ist von derselben Wurzel gebildet ahd. hiufilu pl. genae, d. h. der erhabene und volle Theil der Wangen, welches Wort in der mhd. Form hiufel sich auch von den Brüsten gebraucht findet; endlich auch wol skr. kukshi-s venter.

Aber auch fămes gehört hierher. Man vgl. von W. kuk goth. huhrus und mit verstärkendem n agf. hungur, ahd. hungar. Der eigentliche Begriff ist Begierde, wie zu W. kuk gehören lat. cupio, agf. âhygjan studiose petere, ymbhoga desiderium. Auch λῑμός wird für λιμμός sein von λίπτω (λελιμμένος) cupere.

Endlich bei der innigen Begriffsverwandschaft zwischen θέμις und fas, die auch von den Römern anerkannt ist (I § 11), scheint die Vermuthung gerechtfertigt, daß auch fās mit fastus weder von fari noch von skr. dhâ, τίθημι (f. Corsf. Beitr. 197) abgeleitet sei, sondern vielmehr für fam-s stehe von W. dham.

§ 7. Aber den aspirirten T-Laut hat das Lateinische in manchen Fällen auch durch die Tenuis t ersetzt[17]) und so sind

---

[17]) Freilich hat Corsfen Beitr. 75 nach dem Vorgange von Curtius dies geläugnet. Aber nicht allein im Inlaute liegt bei lateo, patior, puter, rutilus vgl. mit λαθεῖν, παθεῖν, πύθεσθαι, ἐρυθρός (agf. reód, reád, abd. rót) u. a. die Erscheinung klar genug vor und kann nur durch gekünstelte Mittel weggedeutet werden; anderseits finden sich auch für dieselbe Verwandlung im Anlaute eine Anzahl schwer wegzuläugnender Beispiele. Dahin gehören insbesondere tueor = θηέομαι (W.

auch noch folgende Wörter hierher zu ziehen. Zuerst tumulus, ein hoher Erdhaufe; man beachte besonders auch die Definition des Stilo Aelius bei Festus, wonach tumulus eigentlich „cumulus arenae editus, secundum mare in altum elevatae: unde similiter et manu factus et naturalis proprie dici potest". In dieser Bedeutung stimmt also das Wort ganz mit θείς, welches oben der Wurzel θαμ vindicirt ist. Es ist aber tumulus mit Corßen Beitr. 247 als deminutive Form eines verlornen tumus zu betrachten, welches einem griechischen θόμος entspräche. Desselben Ursprungs sind aber deutlich tŭmeo, tŭmor, tŭmidus, deren Bedeutung ohne Schwierigkeit auf den Grundbegriff häufen zurückgeführt wird.

Dieselbe Form der Wurzel erscheint in den Compositen aes-tumare, (jünger aestimare), an-tumare, aeditumus (falsch aedituus). Die beiden ersten, auf alte Nomina aes-tumus, au-tumus zurückzuführen, enthalten die Wurzel in derjenigen Beziehung auf geistige Thätigkeit, welche schon in § 4 besprochen ist. Unter den dort bemerkten Anwendungen der synonymen Wurzeln ist besonders die in III goth. rahnjan λογίζεσθαι, ἡγεῖσθαι zutreffend. Außerdem ist mit aestumo zu vergleichen das ganz synonyme τιμᾶσθαι von τιμή und dieses von W. τι, welche wir auch weiter unten als eine der griechischen Formen von W. ki kennen lernen werden. Uebrigens ist aestumo, wie schon die Alten erkannt haben, mit aes zusammengesetzt und also zunächst vom Geldschätzen gebraucht, autumo mit der alten Präposition au. In aeditumus zeigt der zweite Theil den Begriff des Sorgens (= curator aedis), wie denn denken und sorgen engverwandte Begriffe sind und z. B. in φροντίζειν zusammenfallen. Von den synonymen Wurzeln gehört hierher:

I (W. kuk) Griech. πύκα, ἐπιμελῶς s. Hesych. — ags.

θαF), θέσομαι, tango = θιγεῖν, traho = ags. dragan, nhd. trecken, also von W. dhragh, tingo = ahd. tunchôn, mhd. tunken, was auf altes dh schließen läßt, talpa vgl. ags. delfan, ahd. telban (graben), also der Gräber; terra am natürlichsten mit skr. dharâ zu vergleichen, also von ter = dhar wie cella von cel-are. Ob tus = θύος ein Lehnwort sei, scheint mir sehr zweifelhaft. Anderes übergehe ich, weil es weitläuftigerer Auseinandersetzung bedarf.

hyge, hoga cura, hoga sollicitus, hogjan sollicitum esse, ahd. bihuct sollicitudo.

II (W. ki). Lat. cūra, altlat. coi-ra, coera (Corsf. Ausspr. I, 199).

III (W. rag). Griech. ἀλέγω, ἄλγος, eig. Sorge; ahd. rôha, ruoha, ags. rêce (mit Umlaut aus ô) cura; altf. rôkjan, ags. rêcan, ahd. rôhan, ruohan curare.

Ferner temperare entspricht in seiner Bedeutung vielfach genau dem griechischen σωφρονίζειν, wie temperans = σώφρων und temperantia = σωφροσύνη; alle andern Anwendungen des Wortes lassen sich unschwer auf jenen Grundbegriff zurückführen. Da wir θεμ-ερός in der Bedeutung σώφρων (§ 4) und die τεμπούροι als σωφρονισταί (§ 5) kennen gelernt haben, so wird in temperare wie in dem letzten Worte die durch p verstärkte Wurzel dham anzuerkennen sein.

Schwieriger scheint es temnere, contemnere mit seiner Bedeutung hier unterzubringen. Aber auch das von der synonymen Wurzel kuk stammende ags. hogjan cogitare hat nicht allein in der Zusammensetzung mit for, ofer und vith (wie auch ahd. farhugan, uberhugan) die Bedeutung contemnere, wo dieser Sinn erst durch die Präposition bewirkt ist, sondern auch hogjan spernere, hogung contemptus, gehogjan contemnere, wobei die Partikel ge wie häufig ganz dem lat. con entspricht und nur eine verstärkende Kraft hat. Man kann damit vergleichen, daß auch φρόνημα oft den Begriff der stolzen, hoffärtigen Gesinnung enthält.

Leichter ist temere mit temeritas auf den Grundbegriff der Wurzel zurückzuführen. Temere agere wird eigentlich heißen „das erste beste thun, indem man gleichsam aus einem großen Haufen ohne Sichtung herausgreift". Die ursprüngliche Bedeutung erscheint klarer in Anwendungen wie silvae temere insecutae Hor. Od. 1, 12, 7, d. i. in verworrenem Haufen. Noch deutlicher gehören temerare und contaminare besudeln hierher nebst contumelia, eig. Besudelung. Zu der synonymen Wurzel ki ist von Benfey WL. II, 77 gut auch πίνος sordes gezogen nebst lat. in-quinare, wozu dann wieder coenum gehört und cūnire, stercus facere. Im Deutschen wird dahin gehören mit vortretendem s und verstärkendem t (vgl. goth. giutan mit χέϜω von W. χυ) agſ. scîtan, ahd. scîzan cacare. Noch deutlichere Analogien geben andere ſynonyme Wurzeln, auf die ich jetzt aber nicht eingehen kann. Es bezeichnen jene Ausdrücke, wie beſonders bei πίνος klar iſt, zunächſt Schmutz, der ſich auf einer Oberfläche angehäuft hat, vgl. collecta sordes Horat. Ep. 1, 2, 53, und ſind auf das stercus eigentlich nur durch einen Euphemismus angewandt.

§ 8. Aus dem Deutſchen gehört zunächſt hierher isl. dammr, mhd. tam, nhd. damm agger, wovon goth. faurdammjan, agſ. demman obturare. Die Bedeutung ſtimmt aufs beſte mit ϑημών, ϑείς, tumulus. Wenn nhd. demmen auch ganz die geiſtige Bedeutung von temperare zeigt, z. B. die begierden demmen, ſ. Grimm Wb. II, 708, ſo mag dieſe nähere Berührung nur eine zufällige ſein, da ſich dieſe Anwendung leicht aus der Vergleichung der Begierden mit einem Strome erklärt. Auffallender iſt der Gebrauch von nhd. demmen in dem Sinne von ſchlemmen, beſonders in der Verbindung demmen und schlemmen Wb. II, 700. Derſelbe iſt ſchwer aus damm agger zu erklären und erinnert dagegen an gr. ϑεμερύνεσϑαι mit ähnlicher Bedeutung (§ 4). Aehnlich wird auch dempfen gebraucht, z. B. dempfen und zechen Wb. II, 719, und ſcheint hier nur das durch ſecundäres p verſtärkte demmen zu ſein. — Die ſinnliche Bedeutung der Wurzel erſcheint ferner in dem niederdeutſchen Ausdrucke dieme, diemen (richtiger dim-), auch dimme geſprochen, Garbenhaufen, ganz ſynonym mit dem § 3. II beſprochenen fime, feime von W. ki.

Von beſonderer Wichtigkeit iſt aber goth. dôms, isl. dômr, agſ. altfr. dôm, altſ. dôm, duom, ahd. dôm, duom, tôm, tuom, mhd. tuom nebſt Zubehör und verdient eine eingehendere Betrachtung. In formeller Hinſicht entſpricht das Wort einem griechiſchen ϑημός (Dor. ϑᾱμός), das in ϑημών ſteckt, oder auch dem wirklich gebräuchlichen ϑωμός[18]). An Bedeutungen ſind folgende zu unterſcheiden:

---

[18]) Vgl. goth. brôthar, ahd. bruodar, ſkr. bhrâtri, ϕράτηρ, frāter; agſ. bôce, ahd. buoche, ϕηγός (bor. ϕᾱγός), fāgus; agſ. bôg, ahd. buoc, ſkr. bâhu, πῆχυς (bor. πᾶχυς). Griechiſches ω als Ablaut von α

A) ahd. dôm m. domus in der Uebersetzung des Isidorus de nativitate 9, 1 „in minemu dome (in domo mea)", altf. dôm, duom templum, altfr. dôm, mhd. tuom Kirche, besonders dann auf die Kathedralkirchen beschränkt, wie schon ahd. duom nach einer Glosse episcopalis ecclesia (Graff V, 334). Die Bedeutung Haus ist aber auch noch zu erkennen in mhd. ingetuome, welches Wort in Mhd. Wb. III, 133 ^{b} durch Vermögen erklärt wird, aber in der zweiten dort angeführten Stelle deutlich nur das im Hause befindliche Vermögen bezeichnet. Dasselbe Wort erscheint im Niederdeutschen in den Formen ingedôm, ingedoeme, ingedoemte und wird Brem. Wb. II, 696 genau erklärt durch „Hausrath nebst dem, was in Kisten und Kasten ist". Das Wort stimmt vollständig mit griech. ἐνδομενία (schon von Passow im Griech. Lex. verglichen), nach der genauesten Erklärung Phryn. p. 334 σκεύη τὰ κατὰ τὴν οἰκίαν καὶ ἔπιπλα. Dieses steht nun für ἐνδομινία (mit ε für ι wegen des folgenden ι), von einem Adjectiv ἐνδόμινος aus ἐν δόμῳ gebildet oder vielleicht aus ἔνδομ, der ursprünglichen Form von ἔνδον. Ebenso steckt also in ingedôm dôm = δόμος. Das Altfriesische zeigt in ähnlichem Sinne das einfache dôm in der auf die Brautführung bezüglichen Formel „mith dôme and mith drechte (Gefolge)", f. Richth. 690 ^{a}, wo dôm durch Gut erklärt wird, aber deutlich die Aussteuer bezeichnet, welche sich nach Brem. Wb. auch als „jungfräuliches Ingedoeme" bezeichnet findet. Es hat nun J. Grimm, ohne das letzterwähnte Wort zu berücksichtigen, zuerst Gr. III, 427 zweifelnd, dann Wb. II, 1233 definitiv angenommen, daß dôm in jenen Bedeutungen aus lat. domus entlehnt sei, und die andern Germanisten sind ihm darin gefolgt. Schwerlich mit Recht. Denn einerseits ist solche Entlehnung doch besonders für die Stelle im Isidor (auch für ingetuome) an sich recht unwahrscheinlich, auch abgesehen von dem verschiedenen Geschlechte, wird auch nicht dadurch bewiesen, daß im mittelalterlichen Latein die Domkirche domus genannt und wie das la-

---

zeigt sich z. B. in ἔρρωγα von (ῥήγνυμι (W. Fραγ) und πτώξ, πτώσσω von πτήσσω (W. πτακ).

teinifche Wort declinirt wird (Wb. II, 1233); anderſeits läßt ſich dôm in den Bedeutungen Haus, Tempel, Kirche aufs ausreichendſte als deutſche Bildung aus W. dham rechtfertigen. Aus derſelben Wurzel haben wir bereits ein wahrſcheinliches oskiſches fâmos Haus kennen gelernt (§ 6), welches dem deutſchen Worte in ſeiner Bildung genau entſpricht; im Folgenden (§ 10) werden wir ebendahin ſtr. dhâman domus beziehen. Auch von den ſynonymen Wurzeln ſtammen Bezeichnungen für Haus und Tempel:

I (W. kuk). Goth. ahd. agſ. hûs domus, ahd. auch templum (gothiſch findet ſich nur gudhûs ἱερόν), wird aus huh-us zuſammengezogen ſein, wie auch ſonſt das alte û mehrfach durch Contraction entſtanden iſt. Ferner agſ. ahd. hof, eigentlich der umfriedigte Raum, welcher Wohn= und Wirthſchaftsgebäude einſchließt, gr. αὐλή und ἕρκος; man vergleiche die beliebte Formel Haus und Hof mit den homeriſchen δῶμα (δόμοι) καὶ αὐλή, ἕρκεα καὶ δόμοι. Dann das ganze Gehöfte, beſonders das königliche wie αὐλή, oder ein heiliges septum, woher hof isl. = fanum, altfr. = Kirchhof. Im Agſ. ſteht es auch geradezu für domus und davon hofel stabulum. Weſentlich identiſch iſt goth. hugs praedium. Endlich bemerke man folgende Benennungen für allerlei Gebäude, beſonders Scheuern: ſtr. kuç-ulas horreum, granarium, ahd. scuginna, mhd. schûhe, schiune, (aus schiuhne), ahd. sciura, scûra, mhd. schiure (gleichfalls wol aus sciuh-ra), alles horreum, granarium; ahd. scûr, tugurium, domuncula.

II (W. ki). Ahd. hei-m, faſt nur adv. heime domi, heim domum (doch auch heime rure, heimortes in villam suam), agſ. hâm domus, praedium, villa, goth. háims κώμη, aber afháimis ἐκδημῶν, anaháimis ἐνδημῶν. Aus der Vergleichung der verſchiedenen Anwendungen ſieht man, daß das Wort zunächſt ein ländliches Gehöft bedeutete, das für den alten Teutſchen das rechte Heim war. Die Erweiterterung in den Begriff κώμη iſt ähnlich wie bei vicus verglichen mit ſtr. vêças domus und Ϝοῖχος, vgl. Ebel in Zſchr. f. vgl. Spr. VIII, 241. Aber auch κώμη (für κώμη, ſ. A. 11) iſt ſchon von J. Grimm richtig mit háims gleichgeſtellt.

III (W. rag). Altf. racud, agf. reced domus, templum. Auch gr. ῥόγος horreum.

Es ist aber diese Anwendung der drei Wurzeln zunächst aus dem Begriffe decken, umhüllen, umschließen hervorgegangen, der sich bei ihnen aus dem Begriffe dicht (§ 4) entwickelt hat. So ist I πυκάζειν oft bedecken, umhüllen; II ſtr. k'i tegere, operire, woher u. a. πῶμα (für πῶμα A. 11) operculum; III ῥῆγος (verschieden von ῥέγος) Decke und ganz gleichbedeutend altſ. lakan, ahd. lachan. Ich will hier noch eine andere ſynonyme Wurzel erwähnen, welche sich besonders kräftig nach dieser Seite entwickelt hat, nämlich ſtr. sthag colligere, tegere, gr. στέγειν (wohin mit πυκνός ſynonym στεγανός, στεγνός und noch mehr agf. thicce, ahd. dicche), lat. tegere, agf. theccan, ahd. decchan, woher als Benennungen des Hauses στέγος. auch τέγος und τέγη, tectum und tugurium, agf. thecen domus. Der Sinn der von diesen Wurzeln gebildeten Ausdrücke spricht sich recht in dem homerischen Epitheton πυκινὸς δόμος (das dichte Haus) aus, ferner in δόμος ὀμφεκάλυψε Od. δ, 618. o, 118 und δόμοι κεκύθωσι καὶ αὐλή ζ, 303.

B. Eine zweite Bedeutung des Worts steckt in ahd. intuom, mhd. ingetuome, niederd. ingedoemte (Br. Wb.) intestina, ganz analog mit dem vorher behandelten Ausdrucke für ἐνδομενία. Man kann daraus entnehmen, daß dôm, tuom auch Leib bedeutete, wie auch ſtr. dhâman (mit dôm eng verwandt ſ. § 10) zugleich domus und corpus bedeutet und im Griechischen δόμος und δέμας sich nahe berühren. Es ist aber klar, daß in diesen Benennungen der Leib als die Wohnung oder Hülle der Seele betrachtet ist.

C. Eine weitere Bedeutung von dôm ist Macht, Ansehen, Ehre. So agf. dôm auctoritas, dignitas, laus, gloria, dômlîce potenter, dômjan gloriam tribuere, extollere, ahd. des tuomlichsten guotes summi boni, tuomheit magnificentia, tuomjan magnificentiam dare. Auch bei Otfrid III, 20, 179 „giloub ih fasto in thinan duam" (der geheilte Blinde zu Christus) wird das Wort Macht, Herrlichkeit bedeuten. Man kann hiermit θεμερός = σεμνός mit θεμερύνεσθαι = σεμνύνεσθαι vergleichen (ob-

gleich sich dies auch anders deuten läßt § 4); denn σεμνός bezeichnet oft eine hohe Würde und σεμνύνειν verherrlichen. Aber daß dôm auch in diesem Sinne zu W. dham gehöre, zeigt außerdem wieder die Analogie der synonymen Wurzeln.
I (W. kuk). Goth. háuhjau, usháuhjan δόξαζειν, háuheins δόξα, Herrlichkeit, zunächst von háuhs altus, wo das Häufen zunächst in der Dimension nach oben gedacht ist.
II (W. ki). Sкr. k'âj honorare, venerari, colere, apa-k'itis honor, apa-k'itas honoratus, k'itras und vi-k'itras admirabilis. — Griech. τίω nebst τῑμή mit τ für κ, vgl. Curt. II, 76 ff. — Isl. hei-dr honor, dignitas. Dasselbe Wort ist ahd. heit, ags. hâd ordo, besonders von einem geehrten Stande, zumal dem ordo ecclesiasticus gebraucht.
III (W. rag). Skr. argh dignum esse mit arghas donum honorificum und arghjas venerandus, arh honorare, colere mit arhas dignus, rih colere, laudare. — Aus dem Griechischen gehört hierher der religiöse Gebrauch von ἄρχομαι, besonders in ἀπάρχομαι und κατάρχομαι, welcher sich auf die den Göttern vorausgegebenen Ehrengaben bezieht. Ferner wird ὄργια hierher zu ziehen sein, welches alle Cultushandlungen bezeichnet. Dann γέρας, eine Ehrengabe oder einen Ehrenbesitz bezeichnend, oft synonym mit τιμή, nebst γεραρός, γεραίρω (von der in γέρων, γῆρας erscheinenden Wurzel anscheinend zu trennen). Endlich ἀγάλλειν (θεόν) = τιμᾶν von einer Wurzelform ἀγλ, wovon auch ἀγλ-αός (vgl. ταν-αός) herrlich. — Goth. reiks angesehen, mächtig, vornehm.

Man braucht nicht überall den Durchgang durch den Begriff hoch anzunehmen, da auch ohnedies der Begriff häufen in ähnlicher Weise übertragen werden konnte. Man vergleiche cumulare aliquem laudibus, ferner αὐξάνειν τινά und augere aliquem mit augustus u. a. Sehr natürlich ist nun besonders der Angesehnste, König, Fürst oder Obrigkeit, aus jenen Wurzeln benannt, wie auch ahd. tuomo dux.
II Griech. μήνη, ἡ βασίλισσα und von der verstärkten Wurzel τιτ = skr. k'it τιτ-ῆναι, βασιλίδες Hesych., woher

sich begreift, daß Τιτᾶνες ursprünglich nichts anderes bedeutet als ἄναχτες. Auch τιμή ist öfters öffentliches Amt, magistratus.

III. Skr. râg' (als zweiter Theil in Zusammensetzungen) und râgâ rex mit ved. râg' regere. — Griech. ἀρχός mit ἄρχειν und ἄρχων, ὄρχαμος durch βασιλεύς erklärt; ἀγρέταν, ἡγεμόνα, θεόν Hesych., wonach ἀγρόται στρατοῦ Aesch. Pers. 973 sehr gut in ἀγρέται emendirt ist, wie auch bei den Spartanern die Aemter ἱππαγρέται und παιδαγρέται waren. — Lat. rex (g) mit regere. — Goth. fidurragineis τετράρχης, ragineis Landpfleger und raginôn L. sein, isl. regin n. pl. dii; ags. racjan und gereccan gubernare, regere, reccend und gerecca gubernator, praefectus; goth. reiks rex, ἄρχων, reiki n. ἀρχή, reikinôn ἄρχειν.

D. Der ausgedehnte Gebrauch des Wortes als zweiter Theil in Zusammensetzungen schließt sich zunächst an die vorige Bedeutung. Denn wenn es hier nach Grimm Gr. II, 491 einen Stand oder eine Würde bezeichnet, so ist dies vorzugsweise eine hervorragende und geehrte Stellung, z. B. ahd. chuningtuom, piscoftuom, und es entspricht hier das Wort dem griechischen τιμή in τιμή βασιληΐς u. dgl. Aber dôm, tuom bildet auch mit Substantiven und Adjectiven zahlreiche Abstracte, welche den lateinischen auf tus, tas, ia entsprechen, z. B. ags. theóvdôm servitus, ahd. diornutuom virginitas, ags. wîsdôm, ahd. wîstuom sapientia. Diese Anwendung führt auf den Grundbegriff der Wurzel zurück, indem die Abstracta eigentlich Collectiva sind, in welchen von den einzelnen Concreten her eine Eigenschaft gesammelt und gleichsam gehäuft ist, weshalb auch die Abstracta oft zugleich eigentliche Collectiva sind, z. B. juventus. Es begreift sich aber auch, daß auch solche Concreta, in denen sich eine Eigenschaft in gehäuftem Maße findet, durch Composita mit dôm bezeichnet werden konnten, z. B. ahd. heilactuom sanctuarium und sacramentum.

Eine treffliche Analogie bietet das von W. ki stammende ahd. heit, ags. hâd, das wir schon oben in der Bedeutung τιμή mit dôm verglichen haben. In der Zusammensetzung, für

die es noch mehr als dôm gebraucht wird, ist es von diesem
nur wenig verschieden, so daß die beiderseitigen Composita oft
ganz gleichbedeutend sind, z. B. ahd. piscoftuom und piscof-
heit, wîstuom und wîsheit. Jedoch hat heit öfter als tuom
einen echt collectiven Begriff, z. B. agf. vîfhad, mhd. wîp-
heit genus femininum, mhd. kristenheit christianitas,
d. h. die Gesammtheit der Christen, altfr. wîshêd sapientes.
Es ist hier z. B. kristenheit so viel als Christenhaufe.
Auch als selbständiges Wort zeigt das Wort ähnliche Bedeutung, wenn ahd. heit, agf. hâd auch sexus, genus bedeutet,
also eine Classe von Menschen. mit coetus begrifflich nahe verwandt, wie es ihm formell gleichsteht.

    E. Am häufigsten dient dôm mit Zubehör, um die Be-
griffe sententia und censere auszudrücken. So ist goth.
dôms, agf. dôm, ahd. tuom sententia, Urtheil, und
dann auch Gericht, goth. dômjan, gadômjan ἡγεῖσθαι,
κρίνειν, agf. dêman censere, judicare, ahd. tuomjan judicare (vereinzelt auch censere), ahd. tuomo, agf. dêma
judex. Es ist hier aber nicht wie bei judicare aus dem gerichtlichen Gebrauche eine Anwendung in weiterem Kreise hervorgegangen, sondern umgekehrt wie bei sententia der allgemeinere Begriff vorzugsweise auf das feierliche gerichtliche Urtheilen angewandt. Bei Ulphilas findet sich für den eigentlichen
gerichtlichen Gebrauch noch gar kein sicherer Beleg, wogegen im
Ahd. die ungerichtliche Anwendung fast ganz verschwunden ist.
Es stimmen aber die Bedeutungen sententia und censere sehr
gut mit dem, was oben § 4 über die geistige Verwendung von
W. sap und besonders der synonymen Wurzeln nachgewiesen
ist. Am meisten analog ist das aus W. rag beigebrachte. Bei
dieser findet sich auch eine ähnliche Verwendung für das gerichtliche Urtheilen. Denn die fränkischen rachimburgii oder
ragimburgii (nebst vielen anderen Varianten, Graff II, 178),
die Urtheilssprecher RA. 744, haben den ersten Theil ihres Namens ohne Zweifel von jener Wurzel, wahrscheinlich zunächst
zusammenhängend mit goth. ragin γνώμη. Weniger unmittelbar
vergleichen sich ahd. rihtan judicare, rihtari judex, ge-
rihte judicium, worüber im Folgenden zu handeln.

    Eine naheverwandte Anwendung ist es, wenn agf. altfr.

dôm auch die Bedeutung lex, decretum hat. Ebendahin gehört ahd. suntric dôm privilegium, vgl. suntarêwa privilegium, und bei der engen Berührung der Begriffe Gesetz und Sitte (welche sich z. B. im griechischen νόμος verbinden) tuomlich moralis, auch mhd. âtüeme unziemlich; ferner mhd. kristenlîches tuom anscheinend gleichbedeutend mit kristenlîche ê, d. i. Religion als Gesetz gefaßt. Man kann zu dieser Bedeutung von dôm lat. lex (g) vergleichen, das zu der synonymen Wurzel rag gehört.

Noch ist zu bemerken, daß isl. dômr auch von den Weißagungen der Nornen gebraucht wird neben andern gerichtlichen Ausdrücken, s. NA. 750. Man vergleiche damit das oben § 5 entdeckte bodonäische τομά (= θομή) Götterspruch.

F. Eine andere Bedeutung erscheint bei Otfrid IV, 6, 29, wenn hier von den Pharisäern, die Christus mit dem Zinsgroschen versuchen, gesagt wird „sie uoltun duan in einan duam" (Reim giduan), ferner IV, 8, 18 vom Judas Ischarioth „er uuolta duan imo einan duam, so der diufal inan spuan". Es ist hier offenbar derselbe Sinn des Worts, wie in dem von Graff an anderer Stelle (V, 423) aufgeführten tum, welches bei Notker Pf. 14, 3 für dolus steht, in den Glossen zu Prudentius d. pl. tumum strophis (captiosis sycophantarum) und tumiga callida. Obgleich nun auch ein mit tuom verwandtes tum denkbar wäre, so wird man doch wegen Otfrid's Gebrauch am richtigsten annehmen, daß in tum vielmehr û für uo steht, wie bei Notker auch in andern Fällen (Gr. I, 98) und oft in verschiedenen Glossen (Graff I, 53). Die Bedeutung List stimmt aber vollkommen mit dem § 4 über W. θαμ bemerkten und besonders mit deren Anwendung in θάμιξ vulpes.

§ 9. Aber auch noch einige andere Wörter erscheinen hiergehörig, wenn man beachtet, daß im Deutschen manchen anlautenden Consonanten nicht selten ein s vortritt, s. Grimm (Gr. II, 187; der ursprüngliche aspirirte T-Laut wird in diesem Falle zu st, da das Deutsche nach s keinen andern T-Laut duldet.[18b]) Danach sind hierher zu ziehen mhd. stëmon st.

[18b] S. am Schlusse dieses Abschnittes.

(stim, stam) cohibere, ahd. ga-stëmôn compescere [19], mhd. gestëmen schw. cohibere, altn. stemma cohibere, mhd. stemmen stauen, engl. to stem stauen, dämmen, hemmen, ahd. stemmen nach Frisch II, 331. c fluvio molem opponere vel aggerem. Ferner ahd. unstuom, ungistuomi, unstuomig, ungistuomig insolens, intemperans, mhd. gestüeme sanft, stille, ruhig; ahd. gastuomôn cohibere (nur gestumo dir animaequior esto in einer alten Glosse, wo û für uo wie öfters in unstumig, vgl. Graff I, 53), mhd. gestüemen ruhig werden. Man sieht, wie stëmen, stemmen 2c., vollkommen mit demmen zusammenfällt, sowohl in der sinnlichen als in der geistigen Bedeutung. Ganz gleichbedeutend ist aber auch ahd. gastuomôn, das auch in der Construction mit dem Dativ mit ahd. gastëmôn, mhd. stëmen, gestëmen übereinstimmt. Darin liegt eine deutliche Bestätigung für die Zusammenstellung von dôm, tuom mit demmen. Es wird aber das nichterhaltene Nomen stôm, stuom im geistigen Sinne etwa so viel als temperantia, σωφροσύνη bedeutet haben, worauf sich die Bedeutungen aller seiner Derivate leicht zurückführen lassen.

§ 10. Im Sanskrit bietet sich, soweit meine beschränkte Kenntniß reicht, nur ein Wort dar, das hierher zu gehören scheint, nämlich dhâma (St. -an) n., mit den Bedeutungen 1) domus, 2) corpus, 3) splendor, 4) robur. Man stellt es jetzt zu W. dhû, woher sich aber die verschiedenen Bedeutungen schwer entwickeln lassen, und es wird vielmehr aus einer Wurzel dham = θαμ durch das Suffix an ebenso gebildet sein, wie das männliche râgâ (St. -an) aus W. rag' (richtiger rag'). Unter den vier Bedeutungen rechtfertigen sich bei dieser Ableitung nicht allein die beiden ersten, sondern auch splendor und robur (von Herrlichkeit, Macht nicht wesentlich verschieden)

---

[19] In Graff's Sprachschatz VI, 681 ist unrichtig ein starkes Verbum staman angenommen. Die dahin bezogenen beiden Glossen gehören vielmehr zu stëmôn, stëmên (über das Schwanken zwischen diesen beiden Conjugationen s. Gr. I, 880), nämlich kistemet compescit und kistemo dir jam cesso clamare, wo offenbar cessa zu lesen und die Form als Imperativ anzuerkennen ist, vgl. das im Texte erwähnte gestumo dir.

durch das § 8 bei dôm bemerkte. Es ist aber noch zu bemerken, daß die Bedeutung splendere bei den synonymen Wurzeln auch ganz ausdrücklich erscheint, und gerade im Sanskrit, nämlich I kuç splendere, III râg' splendere. Es spricht aber für die gegebene Deutung auch gr. δῶμα, in welchem gleichfalls das μ offenbar zur Wurzel gehört, nicht zum Suffixe. Zugleich entsteht aber bei der großen Uebereinstimmung von dhâma und δῶμα der Verdacht, daß in dem griechischen Worte durch den Einfluß des sinnverwandten δόμος das δ frühzeitig dem organischen ϑ substituirt sein möge.

§ 11. Kehren wir nun zu Θέμις und ϑέμις nebst Zubehör zurück, so fällt hier der begriffliche Zusammenhang mit den nachgewiesenen Anwendungen der Wurzel ϑαμ in vielen Beziehungen unmittelbar in die Augen; in anderen läßt er sich nicht schwer nachweisen. Es ist in dieser Hinsicht besonders folgendes zu bemerken.

a) Die enge Beziehung, in welcher die Göttin Θέμις zu Versammlungen verschiedener Art steht (Abschn. I, § 5) und auch das appellative ϑέμις (II. § 1. 5—8) stimmt sehr gut mit der ursprünglichen Bedeutung der Wurzel und namentlich mit deren Anwendung in ϑάμυρις, πανήγυρις, σύνοδος (§ 3). Man darf jetzt sogar vermuthen, daß in Pindar's ϑέμις ἱερά P. 11, 9 und in dem übereinstimmenden kleinasiatischen Sprachgebrauche (II. § 8) das Wort geradezu die Festversammlung bezeichne.

b) Themis als weise Rathgeberin (I. § 7) paßt zu ϑεμερός, σώφρων, συνετός und den andern Anwendungen der Wurzel auf denkende Thätigkeit (§ 4. 7. 8). Ebendahin gehören aus dem appellativen Gebrauche ϑεμίζειν = σωφρονίζειν und ϑεμίστωρ, συνετός (II. § 9. 10).

c) Mit Themis als weißagender Göttin (I. § 8) und der Beziehung von ϑέμις und ϑεμιστεύω auf Orakelsprüche (II. § 3) vergleichen sich die dodonäischen τόμαροι (§ 5) und die dômar der Nornen (§ 8, E).

d) Auch Themis als Göttin des Rechtes und die in dem Appellativum vorherrschende Beziehung auf das Recht haben besonders in dem deutschen dôm, tuom ein Analogon gefunden. Man beachte, daß in ding und ring, was wir oben (II. § 5) mit ἀγορή τε θέμις τε gleichgestellt haben, ring nach dem vollständigeren nordischen Ausdrucke der dômhringr (Gerichtsring) ist, RA. 809. Genau würde dem griechischen Ausdrucke entsprechen ding und tuom. Es wird aber nützlich sein hier noch einmal die synonyme Wurzel rag zur Vergleichung heran zu ziehen. Von dieser stammen nämlich Ausdrücke, welche mit jener Beziehung die nächste Begriffsverwandtschaft zeigen, nämlich lat. rectus und besonders goth. raihts, ahd. reht, agf. riht justus, auch ahd. reht, agf. riht jus mit ahd. rihtan judicare, rihtari judex, gerichte judicium. Aber da rectus, raihts ꝛc. auch den Begriff gerade haben, der auch in str. ṛg'us und vielen andern Sprossen derselben Wurzel erscheint, so kann man leicht glauben, daß der moralische Begriff recht erst aus diesem hervorgegangen sei, wie es anscheinend auch bei εὐθύς der Fall ist, welches überhaupt mit den Bildungen von W. rag viel Analogie zeigt, z. B. εὐθύνειν = regere. Aber genauere Betrachtung dieses Wortes lehrt etwas anderes. Man kann nämlich mit einiger Wahrscheinlichkeit annehmen, daß das θ in εὐθύς nur secundär sei wie in βριθύς, vgl. βριαρός. Dann wäre der eigentliche Stamm εὐ oder die Wurzel ὐ. Da aber diese rein vocalische Wurzel wenig für sich hat, so darf man weiter vermuthen, daß anlautendes j abgefallen, also W. ju. Diese bietet sich aber sofort mit dem Begriffe recht auch in lat. jû-s dar (alt jous mit Ablaut). Ferner da W. ju auch die Gestalt iv haben konnte (wie str. dju und div), so gehört hierher ahd. êwa, agf. aev, jus, lex, da ahd. ê und agf. ae = goth. ái Ablaut von i ist. Es findet sich aber W. ju auch in einem merkwürdigen gothischen Worte, nämlich dem Comparativ iusiza Gal. 4, 1 melior oder, wie J. Grimm schreibt jusiza. Man hat einen Stamm ius oder jus angenommen; aber es wird eine geminirte Comparation anzuerkennen sein wie in dem entgegengesetzten vairsiza pejor von einem Stamme vair, vgl. Grimm Gr. III, 620, sodaß nun ein altes ju-s bonus gewonnen wird, offenbar derselben Wurzel angehörig, da recht und gut engverbundene Begriffe sind. Dieses erinnert sofort an das homerische ἐΰς mit dem adverbialen ἐΰ, εὖ. Hier wird die stärkere Form ἠΰς nur durch falsche Deutung der alten Schrift (ΕΥΣ statt εὐς gesetzt sein, d. i. εὐ-ς von W. iv. In ἐΰς ist dann der Diphthong ει in ej aufgelöst und das j später verloren wie in κέαται für κείαται. Die Umgestaltung der Wurzel ist hier ganz ähnlich wie in Skr. âju-s aus einer Wurzel iv und gunirt êv, s. Benfey WL. I, 7. Es erklärt sich nun auch die auffallende Doppelform εὐθύς und ἰθύς oder richtiger εἰθύς, wie u. a. mehrfach bei Hesychius geschrieben ist; in εἰθαρ = εὐθύς ist der Diphthong herrschend geblieben. Man wird nämlich annehmen können, daß εἰθύς für εἰϝ-θύς von der andern Wurzelform iϝ stehe, wenn man nicht vorzieht neben W. ju eine andere Form ji zu statuiren, was auch seine Analogien hat. Wenn nun aber die einfache Grundform von εὐθύς überall den sittlichen Begriff recht, gut zeigt, so wird man diesen auch in εὐθύς als den ursprünglicheren betrachten müssen und den Begriff gerade nur als eine Anwendung desselben; das Gerade erschien sehr natürlich als das Rechte und Gute und wurde mit den eigentlich diesen sittlichen Begriff enthaltenden Ausdrücken bezeichnet. Dasselbe wird nun auch für rectus, raihts gelten müssen, wie hier denn auch die rechte Hand so benannt ist als die gute, wie man sie noch gegen Kinder zu nennen pflegt. Wie aber hängt nun in θέμις und in raihts ꝛc. der Begriff des Rechts mit dem Grundbegriffe der Wurzel zusammen? Wie mir scheint, als Correlat zu dem Begriffe der Weisheit und Einsicht, den wir durch beide Wurzeln ausgedrückt gefunden haben (§ 4). Denn Weisheit und Einsicht besteht wesentlich darin zu erkennen, was recht ist.

e) Mit dem deutschen dôm hat θέμις auch noch weitere Beziehungen darin, daß, wie jenes auch lex bedeutet, so θέμις, θέμιστες von den Alten vielfach durch νόμος, νόμοι erklärt wird (II. § 4), und daß allerdings die Begriffe sich sehr nahe berühren; auch ahd. tuomlich moralis stimmt mit θεμιστός. Ferner mit ahd. tuomo dux vergleicht sich θεμιστής, βασιλεύς (II. § 10) und θεμιστεύειν = βασιλεύειν (II. § 4).

f) Auch Themis als Götteramme (I. § 6) findet jetzt ihre etymologische Begründung. Es zeigt nämlich W. τραφ oder eigentlich θραφ, woher τροφός, der gewöhnliche Ausdruck für Amme stammt, eine starke Uebereinstimmung des Grundbegriffs mit W. θαμ und W. πυκ. Ich will nur erwähnen, daß ταρφέες mit θαμέες und πυκνοί synonym ist, ferner daß τρέφειν γάλα nichts anderes ist als πυκνοῦν γ. oder θαμίζειν γ., wovon τάμισος benannt (§ 5). So konnte also eine Amme sehr gut auch aus W. θαμ benannt werden.

g) Es fällt jetzt auch vorläufig ein Licht darauf, wie Θέμις mit Γῆ identificirt sein könne (I. § 3). Da nämlich W. θαμ auch den Begriff dicht und fest enthält (§ 3), so konnte die Erde als das dichte und feste Element leicht von ihr her eine Benennung haben.

h) Die bei Hesychius gegebenen Erklärungen von θέμις durch τιμή und ἀξίωμα (II. § 11) finden jetzt ihre vollkommene Rechtfertigung durch die gleiche Anwendung des eng verwandten dâm (§ 8. C.) und das dazu aus den synonymen Wurzeln beigebrachte.

Anderes übergehe ich, da die Zurückführung von Θέμις und θέμις auf eine Wurzel θαμ bereits hinreichend gerechtfertigt zu sein scheint.

§ 12. Es bleibt aber noch die Aufgabe, das Suffix, durch welches Θέμις und θέμις aus der Wurzel gebildet ist, der Betrachtung zu unterziehen. Zuvor muß aber erst die Gestalt des Nominalstammes genauer constatirt werden.

Bei Homer zeigen sowohl Θέμις als θέμις in ihrer Declination den Stamm θεμιστ, nämlich: G. Θέμιστος Od. β, 68, D. Θέμιστι Il. O, 87, A. Θέμιστα Υ, 4, θέμιστα E, 671; Plur. N. θέμιστες I, 112. Π, 403, A. θέμιστας A, 238. B, 206. I, 99. 156. 298. Π, 387. ι, 215. Nur der Vocativ Θέμι O, 93 weicht etwas aus, da er vom Stamme θεμιστ eigentlich Θέμις lauten sollte. Die Form Θέμι entspricht der Neigung dieses Casus zu stärkerer Verkürzung, kann aber speciell als äolisch betrachtet werden, da dieser Dialekt auch im Vocativ der Wörter auf -ης das zum Stamm gehörende ς abwarf, z. B. Σώκρατε statt Σώκρατες, s. Diall. I, 116. II, 511. Dieselbe Declination herrscht auch sonst im epischen Dialekte, wie Θέμιστος h. Hom. 8, 4, Θέμιστι h. Hom. 23, 2, θέμιστας h. Ap. 391, Hesiod. Op. 9. 219, Th. 85 (auch Theogn. 1137). Nur der Acc. sing. lautet bei Hesiod Θέμιν Th. 16. 35. 901, welche Form als äolisch gelten kann, da dieser Dialekt es liebt, diesen Casus aus dem Nominativ durch Verwandlung des -ς in ν zu bilden, s. Dial. Aeol. § 21, 1.

Dagegen der dorische Dialekt hatte nach der Ueberlieferung der Grammatiker den Declinationsstamm θεμιτ, ganz analog mit χάρις χάριτος, s. Diall. II, 240. Dahin gehören bei Pindar Ol. 13, 8 Θέμιτος, Ol. 11, 24 θέμιτες (dagegen von Orakeln fr. 174 θεμίστων und P. 4, 54 θέμισσιν, doch wol auch auf θεμιστ zurückzuführen). Auch wird Bacchyl. fr. 29 für Θέμιδος von Bergk richtig Θέμιτος verlangt sein. Das Compositum ἄθεμις hat Eur. Ion. 1093 in einem Chore ἀθέμιτας. Ferner ist auch in einer böotischen Inschrift (s. Abth. I S. 60) Θέμιτι und in einer arkadischen Inschrift C. I. nr. 1535 Ἀριστοθέμιτος [19b]). Der Acc. sing. lautet bei dieser Flexion Θέμιν Pind. fr. 7, 7, θέμιν P. 11, 9, auch ἄθεμιν P. 3, 32. 4, 109, ganz wie χάριν.

Wie bei Herodot II, 50 aus den besseren Quellen jetzt Θέμιδος statt des pseudionischen Θέμιος gelesen wird, so haben auch die Atthis und die κοινή die Flexion mit δ (Acc. immer Θέμιν, θέμιν); jedoch hat Plato Rp. II, 380. A. im Namen der Göttin die dorische Form Θέμιτος vorgezogen. Das appellative θέμις erscheint bei den echten attischen Dichtern und Prosaikern außer dieser Form nur im Acc. θέμιν. Merkwürdig ist der Gebrauch von θέμις auch als Accusativ, wobei es als Neutrum erscheint [20]). Es erklärt sich dies nach Buttmann Ausf. Gr. I, 229 aus dem vorherrschenden Gebrauche der Formel θέμις (ἐστί) = θεμιτόν ἐστι, in welcher θέμις leicht indeclinabel scheinen konnte. Jedoch wird sich unten auch die Möglichkeit einer andern Erklärung herausstellen.

[19b]) Dagegen hat eine Inschrift von Thera bei Roß nr. 200 Θεοθέμιος und eine Cyrenäische Κλεύθεμος, leg. Κλευθέμιος, indem hier der herrschenden dorischen Flexion der Namen auf -ις gefolgt ist, vgl. Diall. II, 232. 570. Andere Namen auf -θεμις sind von Keil Anall. 194. 237 zusammengestellt.

[20]) Es findet sich θέμις einerseits so in der Verbindung τὸ μὴ θέμις, Aesch. Suppl. 321 πότερα κατ' ἐχθρὰν ἢ τὸ μὴ θέμις λέγεις (auch Ch. 631 τὸ μὴ θέμις in dunkler Verbindung); anderseits in dem Acc. c. Inf. θέμις εἶναι Soph. O. C. 1191, Xenoph. Oec. 2, 11, Plat. Gorg. 505. D., Ael. N. A. 1, 60.

Die Derivata von θέμις nebst seinen nächsten Verwandten zeigen den Charakter στ nicht allein bei Homer (ἀθέμιστος, ἀθεμίστιος, θεμιστεύω) und den andern Epikern (θεμιστή Hesiod. Th. 235, θεμιστεύω Abschn. II. § 3. 4), sondern zum Theil auch bei den Lyrikern und in den lyrischen Theilen der Tragiker, wie θεμιστός Archil. fr. 87, Aesch. Sept. 675, Ch. 633, θεμιστεῖος Pind. Ol. 1, 12. 'Αθέμιστος mit Zubehör ist auch noch bei Herodot [21]), bei Sophokles nach Ann. Bekk. 352, 16 und bei den attischen Prosaikern [22]) im Gebrauche; ferner θεμιστεύω in der Bedeutung Orakel geben nicht allein Eur. Ion. 371 im Dialoge, sondern nach Harpokration auch von Lysias gebraucht und noch bei Späteren, namentlich Plutarch, woher auch θεμιστεία bei Strabo. Man bemerke noch den thessalischen Monatsnamen Θεμίστιος Abth. I S. 60 und Ζεὺς θεμίστιος Plutarch. Morall. p. 1065. E, was doch ein älterer Beiname sein wird.

Der Stamm θεμιτ erscheint in θεμιτός (= θεμιστός) zuerst h. Cer. 207, dann Pind. P. 9, 42, auch Herod. V, 72 [23]), bei Sophokles, Euripides, Aristophanes und in der attischen Prosa die regelmäßige Form, auch θεμιτά = θεμιστή (II. § 10) Callim. Lav. Pall. 78 in dorischem Dialekte. 'Αθέμιτος ist nach Ann. Bekk. 353, 6 von Agathon gebraucht und erscheint zuweilen in der attischen Prosa (A. 22), häufig in der κοινή. Θεμιτεύειν ist nur Eur. Bacch. 79 in der Verbindung mit ὄργια, also feiern. Vom Stamme θεμιδ sind überall keine Derivata gebildet.

Die Composita, welche Θέμις oder θέμις als ersten Theil haben, zeigen regelmäßig den Stamm θεμιστ. So das epische θεμιστοπόλος (II. § 4), θεμιστοῦχος Ap. Rh. 4, 347; ferner die Eigennamen Θεμισταγόρας, Θεμιστογένης, Θεμιστόδαμος.

---

[21]) Herod. 7, 33 ist ἀθέμιστα statt ἀθέμιτα in derjenigen Familie der Handschriften, welche hinsichtlich des Dialekts mehr Vertrauen verdient; VIII, 143 ist ἀθέμιτα für ἀθέμιστα nur ganz schlecht beglaubigt.

[22]) S. Mätzner zu Antiphon p. 142, Kühner zu Xenoph. Mem. 1, 1, 9. Beide Formen scheinen gesichert, schwanken aber sehr in den Handschriften.

[23]) Θεμιτόν ist hier ohne Variante; aber da ἀθέμιστος bei Herodot die beglaubigtere Form ist, so dürfte doch θεμιστόν richtiger sein.

Θεμιστοδίκη, Θεμιστοκλῆς, Θεμιστόκλεια, Θεμιστοκράτης (I. § 1), auch Θεμιστονόη Hesiod. Sc. 347. Ebenso steht es mit den ohne Zusammensetzung gebildeten Eigennamen, die aber zum Theil hypokoristische Abkürzungen zusammengesetzter Bildungen sind: Θεμιστώ zuerst Hesiod. Th. 261, Θεμίστη, Θεμιστέας, Θεμίστιος, auch Θεμιστιάδες (I. § 2) [24]).

Das pindarische Θεμισκρέων läßt gleichfalls deutlich den Stamm Θεμιστ erkennen, der hier sein τ verlieren mußte. Nur Θεμίπλεκτος bei demselben macht eine Ausnahme (II. § 8), indem es den Stamm Θεμιτ zu enthalten scheint. In Θεμισκόπος ist der erste Theil zweideutig, da doppelt σ nicht gesprochen werden konnte.

Es scheint hiernach vollkommen klar, daß die älteste und echteste Gestalt des Nominalstammes Θεμιστ ist, die sich deshalb auch später noch zum Theil erhalten hat, namentlich in Eigennamen und in der Beziehung auf Orakel; daß ferner der Stamm Θεμιτ nur aus jenem abgeschwächt ist, vielleicht unter Einwirkung der Analogie von Χάρις, χάρις (G. -ιτος; endlich daß die Flexion mittelst δ nur durch die Analogie der zahlreichen Wörter auf -ις, G. -ιδος entstanden ist.

§ 13. Nichtsdestoweniger will ich zunächst an die Erklärung des Stammes Θεμιτ gehen, als sei diese Gestalt die ursprünglichere. Denn Θέμις Θέμιτος hat wenigstens in χάρις χάριτος ein vollkommenes Analogon, einigermaßen auch in dem dorischen Ἄρταμις Ἀρτάμιτος und in dem Neutrum μέλι μέλιτος. Man wird nun nicht zweifeln können, daß das Suffix von χάρις χάριτος zu den zahlreichen an Verbalstämme tretenden Suffixen mit τ gehört, welche active und passive Beziehungen zu der Handlung des Verbi ausdrücken. Das ι ist nur als unwesentlicher Bindevocal zwischen Suffix und Stamm zu betrachten, wie auch im Sanskrit die Suffixe ta, tri, tra häufig den Bindevocal i annehmen, und wie auch das Lateinische denselben nicht selten vor den entsprechenden Suffixen zeigt, z. B. gen-i-tus, gen-i-tor. Im Griechischen dient zu diesem Zwecke gewöhnlich ε und der Bindevocal ι hat sich nur in vereinzelten

---

[24]) Die Namen Θέμισος, Θεμίσων werden sich zu Θεμίσαι verhalten wie γέλασος, μέθυσος, Δάμασος zu γελάσαι, μεθύσαι, δαμάσαι.

Fällen gehalten. Unter dem, was man hierherziehen kann, scheint mir am deutlichsten zuerst das epische ἄπειριτος. Denn vergleicht man ἀπειρέσιος, welches als Weiterbildung eines ἀπείρετος erscheint (vgl. θεσπέσιος aus θέσπετος), und dessen andere Form ἀπερείσιος, so wird man als Grundformen ein ἀ-πέρ-ιτος und ἀ-πέρ-ετος annehmen müssen, von dem in πείρω und περάω erscheinenden Stamme περ unmittelbar abgeleitet und gleichbedeutend mit dem jüngeren ἀπέραντος von dem Derivatum περαίνω, eigentlich womit man nicht durchkommen kann. Ἀπέριτος ist wegen der vielen Kürzen im epischen Verse nach gewohnter Weise zu ἀπείριτος geworden, das aus ἀπέρετος gebildete ἀπερέσιος zu ἀπειρέσιος oder auch mit Dehnung der dritten Silbe zu ἀπερείσιος. Ferner scheint es auch bei ἄλφιτον klar, daß es aus einem Stamme ἀλφ mit dem Suffix τον gebildet ist. Das bloße Suffix τ, der dritten Declination folgend, erscheint gleichfalls nur selten in einfachen Wörtern wie πλώς (St. πλω-τ) Name eines Fisches, eigentlich der Schwimmer, θής (θη-τ) wahrscheinlich von τίθημι, δαίς (δαι-τ) = δαίτη und δαιτύς, häufiger in Zusammensetzungen wie ἀγνώς, theils activ unkundig, theils passiv ungekannt, in beiden Bedeutungen = ἄγνωτος, ἄγνωστος. Auch ἄλφι. die kürzere Form von ἄλφιτον, würde, wenn es noch in andern Casus vorkäme, ohne Zweifel den Stamm ἀλφ-ι-τ zeigen. Aus dem Lateinischen läßt sich am besten tudes (tudit) = malleus vergleichen, eigentlich Schläger, mit einer Bildung auf tor gleichbedeutend. So steht also auch χάρις χάριτος einem möglichen χαρίτη oder mit dem gewöhnlichen Bindevocale χαρ-έτη gleich, vgl. ἀρ-ετή μελ-έτη τελ-έτη, oder auch einem χάρισις χάρεσις (aus altem -τις), vgl. νέμ-εσις, εὕρ-εσις. Aehnlich wird μέλι (μελιτ), auch goth. milith, durch das Suffix τ mit Bindevocal ι von einem Stamme μελ gebildet sein. Wenden wir nun diese Analogien auf θέμις θέμιτος an, so wird dies, indem der Stamm in θεμ-ι-τ zu zerlegen, einem θεμίτη oder θέμισις gleichstehen, und hier dient nun zur trefflichen Bestätigung der gemachten Combination einerseits, daß sich bei Kallimachos ein mit θέμις ganz identisches θεμιτά, dorisch für θεμιτή, gefunden hat (II. § 10), anderseits, daß bei Hesychius θέμισις mit der Erklärung ἡ δικαιοσύνη überliefert ist, also gleichbedeutend mit θέμις, vgl. Abschn. II. § 9. Es ist dieses θέμισις dort vorläufig zu θεμίζω gezogen, wird aber richtiger unmittelbar vom Stamme θεμ herzuleiten sein. Aber wir haben ebd. auch ein θέμιστις kennen gelernt, durch δίκη erklärt, also gleichfalls mit θέμις gleichbedeutend, welches nur eine verstärkte Form von θέμισις (urspr. θέμιτις) ist, wie überall die Suffixe mit τ bekanntlich vielfach durch σ verstärkt werden, s. Lobeck Parall. p. 430 ff., wo freilich vieles ungehörige beigemischt ist. Von Bildungen auf στις bemerke man u. a. μνῆστις (schon Hom.) neben ἀνάμνησις, φύστις Aesch. Pers. 906 neben φύσις, ἄρυστις, synonym mit ἀρυστήρ und ἀρύταινα, vgl. ἐτνήρυσις, ζωμήρυσις, οἰνήρυσις (dorisch Fοινάρυτις Diall. II, 55), verschiedenen Arten von Löffeln. Und auch ein θεμιστή ist nachgewiesen (II. § 10), bei Hesychius gleichfalls durch δίκη erklärt, bei Hesiod ganz identisch mit θέμις. Ferner ist Θεμίστη oder Θεμιστώ, die angebliche Mutter des Homer, in Wahrheit keine andere als Θέμις, s. Abschn. I. § 19. Die Endung ω ist aber nur die alterthümlichste besonders in Eigennamen erhaltene Gestalt der gewöhnlichen η (ᾱ), s. Zschr. f. vgl. Spr. W. III, 88 ff. Es erscheint hiernach wol gesichert, daß auch in dem Stamme θεμιστ ein durch den Bindevocal ι angeknüpftes Suffix στ zu erkennen ist, welches von den volleren Suffixen στις (= τις, σις) und στη (= τη) nicht wesentlich verschieden ist. Allerdings steht der Stamm θεμιστ, wie überhaupt durch seinen Ausgang στ, so auch durch dieses Suffix στ vereinzelt da.

Man erkennt jetzt auch, daß die Form θέμιτ neben θεμιστ in Wahrheit ganz organisch die gewöhnlichere Gestalt des Suffixums darstellt. Beide Suffixe aber, τ und στ, nebst den volleren, die ihnen gleichstehen, bezeichnen ohne Zweifel eine so allgemeine Beziehung zu dem Begriffe der Wurzel, daß sie die in θέμις und Θέμις erscheinenden verschiedenen Anwendungen leicht dulden konnten. .

Den mit θέμις identischen Formen θεμιστή und θεμιτή stehen die Adjective θεμιστός und θεμιτός zur Seite, die umsomehr gleich jenen unmittelbar auf den Stamm θεμ zurückzuführen sind, weil bei Ableitung von θέμις ihre Form eine ungewöhnliche sein würde, da einfache von Substantiven abge=

leitete Adjective sich nicht mit dem Suffix -ος zu begnügen pflegen [25]). Zu der Bildung mit στ vergleiche man hier u. a. ἀνυ-στός, ὀνο-στός und mit Bindevocal ἐδ-εστός, ἀ-κήδ-εστος, ἀ-δάμ-αστος. Es spricht nun vieles für die Annahme, daß jene Abstracta nicht ursprüngliche Substantiva, sondern eigentlich die Feminina dieser Adjectiva sind, s. Abschn. II. § 10. Wie aber θεμιτά = θεμιτή sc. ἐστι von Kallimachos ganz in der Weise wie sonst θεμιτόν gebraucht ist, so findet sich umgekehrt neben dem weiblichen θέμις in der Formel θέμις (ἐστί) seltener auch ein gleichbedeutendes neutrales (§ 12). Es läßt sich daraus schließen, daß auch θέμις eigentlich Adjectiv ist, nämlich eine kürzere Form für θεμιστός oder θεμιτός, wo dann vom Stamme θεμιστ Femininum und Neutrum im Nominativ übereinstimmend θέμις lauten mußte, dieses auch im Accusativ. Das Neutrum θέμις steckt nun auch mit adverbialem Sinne in dem pindarischen θεμισκρέων P. 5, 31, wofür G. Hermann zu Soph. O. C. 1191 wegen der Seltsamkeit der Zusammensetzung gut θέμις κρέων verlangt hat, ohne dies genügend glaublich machen zu können, so lange θέμις nur als Substantiv anerkannt war. Vielleicht wird man am richtigsten geradezu θέμις fem. als eine alte Abkürzung aus θεμιστή betrachten, θέμις neutr. als eine solche aus θεμιστόν. Letzteres hat seine Analogie in ἄλφι für ἄλφιτον, ersteres eine noch bessere, um anderes zu übergehen, in πύξ G. πυκνός für πυκνή. Denn wenn auch πυκνή, wo es als Name der Volksversammlung erscheint, überall nur auf einem Fehler beruht (s. Thesaur. VI, 1270), so deutet doch die von Jon gebrauchte Form πυκναία, wie schon Didymos bei Steph. Byz. 529, 3 bemerkt, auf ein älteres πυκνή hin (vgl. M. Schmidt zu Hesych. III p. 408), und überall kann kein Zweifel sein, daß πύξ wirklich von dem Adjectiv πυκνός abgeleitet ist. Ist aber θέμις eigentlich identisch mit dem Adjectiv θεμιστός, θεμιτός, so entspricht es auch in

---

[25]) Bei ἀθέμιστος ist es zweifelhafter, ob das ἀ mit θέμις zusammengesetzt sei oder mit θεμιστός. Aber in Il. I, 63 ist jenes wegen der Analogie von ἀφρήτωρ und ὑθέμιστος ohne Zweifel vorzuziehen, vgl. II. § 7. Auch ἀθεμίστιος ist zweideutig, entweder aus ἀθέμιστος weitergebildet oder unmittelbar aus θέμις durch Zusammensetzung entstanden.

seiner Bildung noch genauer dem synonymen lat. rec-tus, goth. raih-ts.

Wie nun aber θέμις, θεμιστός, θεμιτός, θεμιστή, θεμιτή, θέμιστις, θέμισις unmittelbar aus dem Stamme θεμ gebildet sind, so wird dasselbe auch von dem pindarischen Aorist θεμίσσασθαι P. 4, 141 anzunehmen sein, welcher mit seiner Bedeutung dem in θέμις ausgeprägten Begriffe doch etwas ferner steht. Im Sanskrit hat der Conditionalis, formell mit dem ersten Aorist zusammenfallend, häufig den Bindevocal i, z. B. a-grah-ishjam. Im Griechischen erscheint mehrfach ε, z. B. ὀλ-έσαι, zum Theil auch andere Vocale wie δαμ-άσαι, ὀμ-όσαι. Sehr leicht konnte sich auch hier in einzelnen Fällen das alte i erhalten, bei θεμίσαι besonders wegen der Analogie von θέμις ιc. Das Präsens θεμίζω, wovon θεμίσσω eine dialektische Nebenform, hat sich dann erst aus dem Aorist gebildet wie z. B. δαμάζω aus δαμάσαι, bei Homer noch δάμνημι. Auch θεμιστής in den Bedeutungen βασιλεύς und κριτής könnte sehr gut ohne Vermittlung von θέμις auf St. θεμ oder, was auf dasselbe hinauskommt, auf den Aorist θεμίσαι bezogen werden und würde in seiner Bildung sich zu lat. rector ganz verhalten wie θεμιστός zu rectus. Endlich empfiehlt sich auch für θεμίστωρ, συνετός dieselbe Art der Ableitung durch die von θέμις weiter abliegende Bedeutung.

§ 14. Die etymologische Untersuchung hat nun gelehrt, daß die religiöse Beziehung, welche dem Begriffe von θέμις anklebt, keine ursprüngliche und nothwendige ist; das stammverwandte deutsche dôm und das von synonymer Wurzel stammende reht, welche am meisten mit dem Begriffe von θέμις stimmen, enthalten sie nur in geringem Maße. Man kann hierin einen besonders frommen Sinn des alten Griechenthums erkennen, welcher alles Recht auf göttliche Eingebung zurückführte, woher dann später, als sich der Begriff des menschlichen Rechtes mehr und mehr absonderte, der alte allgemeinere Ausdruck θέμις speciell für das göttliche Recht in Geltung blieb. Der trotzigere Sinn der Germanen dagegen scheint das Recht von Anfang an mehr als menschliches Product betrachtet zu haben. Freilich ist zu beachten, daß hier der alte religiöse Zusammenhang durch das Christenthum verdunkelt sein mag, und

in der That erscheint dieser bei den Nordgermanen, wo sich das
Heidenthum am längsten hielt, schon deutlicher, wenn hier auch
von dem Weißagen der Nornen alle sonst vom Rechtsprechen
üblichen Ausdrücke gebraucht werden, namentlich auch dômar =
θέμιστες. Es hat sich aber im Deutschen der Begriff des göttlichen Rechtes mehr an den Ausdruck êwa geknüpft, den wir
oben § 11. d. mit lat. jus identificirt haben, das gerade seiner-
seits im Gegensatze zu fas das menschliche Recht bezeichnet.
Man sieht also auch hier, daß die Unterscheidung zwischen gött-
lichem und menschlichem Rechte keine ursprüngliche ist, welche
sich von Anfang an in der Wahl wesentlich verschiedener Ausdrücke geltend gemacht hätte.

Anmerkung 18ᵇ zu Seite 51.

Das Gleichstehen des deutschen Anlautes st mit ursprünglichem dh ist
besonders klar bei agf. st eá m m. fumus, vapor, odor (eá = goth. áu,
ahd. ou), verglichen mit ffr. d h û m a s m. fumus, gr. θυμιᾶν räu-
chern, während θυμός auf den Geist übertragen ist, lat. f ū m u s (f =
dh, θ), litth. d u m a i pl. Rauch, d u m a s Sinn, Gemüth wie θυμός
(d = dh, θ) s. Curt. I, 224, ahd. d o u m, t o u m m. fumus, vapor,
odor, goth. d á u n s f. odor. Von derselben Wurzel dhu, welche auch
in θύειν bei Homer noch die Bedeutung von θυμιᾶν zeigt, stammt
θύος, lat. t ū s (s. A. 17), womit wieder agf. s t ô - r m. tus, ladanum
wesentlich identisch ist. Aber θύειν, θύνειν hat auch die Bedeutung
t o b e n wie ffr. d h u, d h û (Praes. dhûnomi, dhûnômi) agitare. Durch
r verstärkt erscheint die Wurzel mit dieser Bedeutung in θοῦρος.
θούριος ungestüm (ου Ablaut von υ), als Beiwort des Ares synonym
mit θοfός von der einfachen Wurzel θυ (vergl. ῥόfος von W. ῥυ, ffr.
sru), lat. f u r e r e, litth. d u r m a s Sturm, Ungestüm und d u r n a s
toll (Curt. I, 222), mhd. tôre insanus und mit abgeschwächter Bedeutung stultus, altfr. d u r i c h thöricht. Hierher gehören nun wieder mit
st agf. s t y r a n (aus sturjan) agitare, ahd. i r - s t u r j a n concutere
und agf. s t o r m, ahd. sturm procella. Statt dhur kann auch eine
Gestalt der Wurzel dhvar gedacht werden, wie z. B. ffr. t u r = t v a r
festinare, und bei dem häufigen Wechsel von r und l auch dhul und
dhval. Hierher gehört θύελλα procella für θfελλα, aber auch das
gleichbedeutende ἄfελλα, in welchem wegen des schwierigen Anlautes

ðF das ð vocalisirt ist, vgl. ἐϝειϰοσι für ðϝειϰοσι (ursprünglicher ðϝιϰατι, agſ. tvêntig); ferner goth. dvals μωρός, agſ. dval, dol stolidus, ahd. tol, tulisc stultus, mhd. tol insanus, desgleichen goth. dvalmôn μαίνεσθαι, ahd. twalm excessus, pavor, mhd. twalm Betäubung und auch der ekstatische Zustand bei einer Vision, ferner fumus der andern Bedeutung der Wurzel entsprechend; dasselbe Wort ist qualm mhd. Betäubung, nhd. fumus (vgl. mhd. quarc, nhd. quark = mhd. twarc u. a.). Hier zeigt nun das Lateinische den Anlaut st in stolidus, stultus. Mit secundärer Labialis erscheint die Wurzel in ſkr. dhûpas tus, dhûpaj fumare, gr. τῦφος (für θῦφος oder θῦπος, was hier unentschieden bleiben kann) fumus, aber auch insania, τύφω (fut. θύψω) fumare, τυφώς procella, agſ. dofjan, ahd. tobên, tobôn furere. Hiermit vergleicht sich wieder lat. stupeo, stupidus, dieses dem stolidus im Begriffe sehr nahe stehend. Mit stupeo ist aber unverkennbar ahd. stûnên, ahd. staunen nahe verwandt, und dieses führt wieder auf gr. θηϝέομαι admirari und θαῦμα von W. θυϝ, einer Variante von θυ, dhu. Es ist aber θύειν wenigstens in Bezug auf Opfer auch gleichbedeutend mit ϰαίειν, und τύφειν ist im weiteren Sinne incendere, τύφεσθαι flagrare, wie auch ſkr. dhuksh flagrare zu W. dhu zu gehören scheint. Somit wird auch hierher gehören lat. fŏcus (für fu-cus) Herd, foveo erwärmen. Mit focus stellt sich aber zusammen isl. stô focus (für stov), niederd. stove, stave Wärmgefäß mit dem Deminutiv stöveken, stäveken Kohlenpfanne (Brem. Wb. IV, 1008, 1054), agſ. stove, ahd. stuba, mhd. stobe, stube geheiztes Zimmer, beſ. Badestube.

Wahrscheinlich steht mit W. dhu auch in Verbindung goth. dumbs, agſ. dumb, ahd. tumb mutus, womit ahd. stum, mhd. stum, stumb gleichbedeutend. Aber auch bei anderen Wurzeln erscheint der Anlaut st für ursprüngliches dh. So läßt sich ahd. stirna, mhd. stirne gut zusammenstellen mit ſkr. dhur frous und gerade auch mit lat. frons, wo f = dh und r wie häufig umgestellt ist, ferner ahd. stero aries, provinciell ster, sterc Zuchteber und sterchi Zuchtstier (ſ. Graff VI, 701) mit θάρνυμαι, θόρνυμαι = ὀχεύω. Agſ. stille, ahd. stilli vergleicht sich mit θελεμός, ἥσυχος. Agſ. sticjan, ahd. stecchan schw. figere ist mit diesem lateinischen Worte nicht allein im Begriffe identisch, sondern wird auch mit demselben auf dieselbe Wurzel dhig zurückzuführen sein. Bei dem häufigen Wechsel von r und l läßt sich auch ahd. stroum, agſ. streám flumen sehr gut etymologisch mit diesem lateinischen Worte zusammenhalten, indem man annimmt, daß die deutsche Wurzel stru und die lateinische flu aus derselben älteren Form dhru hervorgegangen sind, welche sich mit zugetretener Labialis auch in agſ. driopan, ahd. triufan stillare wiederfindet. Was Förstemann 3tfchr. f. vgl. Spr. IX, 276 ff. über W. struinere, ohne ihre Identität mit fin zu erkennen, auch aus andern Sprachen zusammengestellt hat, streitet nicht gegen die gegebene Darstellung. Agf. steáp altus, ahd. stouf rupes ingens sind zu vergleichen mit goth. diups, agf. deop, ahd. tief profundus von einer Wurzel dhup, da die Begriffe hoch und tief nur relativ verschieden sind. Mit dem letzten Worte sind engverwandt goth. dáupjan, agf. deápjan, ahd. toufan mergere, baptisare, und agf. dyppan, ahd. tupfjan immergere, womit wieder niederd. stippen identisch ist, wo i = mhd. ü, f. Gr. I, 471.

Schulnachrichten.

1862. 1863.

I. Lehrerpersonal.

Die beiden verflossenen Jahre haben, nachdem seit Ostern 1857 ein wohlthätiger Stillstand in den Personalverhältnissen des Lehrercollegiums geherrscht hatte, in dieselben wieder eine lebhafte Bewegung gebracht, welche zum Theil einen sehr unerfreulichen Charakter trug. Kurz nach Ostern 1862 erkrankte der Oberlehrer Herr Dr. Stiffer, Ordinarius der Unter-Tertia, und war erst zu Michaelis im Stande den Unterricht wieder aufzunehmen, aber nur theilweise und mit einer neuen vollständigen Unterbrechung im Laufe des Winters. Bald nach Michaelis kam dazu eine Krankheit des Ordinarius der Sexta Herr Schulze, welche ihn bis Weihnachten der Schule gänzlich entzog und auch für den Rest des Schuljahrs wenigstens eine Erleichterung der Stundenlast nothwendig machte. Trotz der aufopferndsten Anstrengungen der Collegen würde es unter solchen Umständen nicht möglich gewesen sein, ohne außerordentliche Hülfe den Unterricht einigermaßen in ordentlichem Gange zu erhalten. Glücklicher Weise war der Candidat des höheren Schulamts, Herr Sander, welcher von Ostern 1860 bis Ostern 1862 am Lyceum seine Probezeit gehalten hatte, noch disponibel und konnte mit Genehmigung der städtischen Behörden als Hülfslehrer eintreten; im Winter übernahm auch Herr Candid. phil. Heinrichs bereitwillig einige Lectionen. Aber es begreift sich leicht, daß nichtsdestoweniger die Interimistica, welche obenein während des Schuljahrs wiederholt wechseln mußten, nur einen sehr nothdürftigen Ersatz geben konnten, und daß bei diesen Zuständen die betroffenen Klassen, namentlich die Unter-Tertia, in beklagenswerther Weise leiden mußten.

Zu Neujahr 1863 sah sich Herr Schloßorganist Enckhausen durch Gesundheitsrücksichten veranlaßt, den seit Ostern 1849 mit liebevoller Treue ertheilten Gesangunterricht abzugeben. An seine Stelle trat der Lehrer der Vorschule Herr Storme,*) welcher seitdem seinen besonderen Beruf für die nicht leichte Aufgabe im vollsten Maße bewährt hat.

Zu Ostern 1863 erhielt Herr Rector Dr. Kühner, seit 39 Jahren eine Zierde des Lyceums, von den städtischen Behörden mit Genehmigung des Hohen Cultus-Ministeriums in liberaler Weise einen wohlverdienten Ruhestand bewilligt. Mit der rühmenswerthesten Humanität wurde zugleich dem Herrn Dr. Stiffer, um seine wankende Gesundheit in einem milderen Klima zu kräftigen, einjähriger Urlaub ertheilt. Der Hülfslehrer Herr Sander folgte einer Berufung ans Gymnasium zu Stade. Da nun zu diesen Lücken im Lehrercollegium noch die Errichtung einer neuen Klasse, der Parallel-Tertia (s. unt.) hinzukam, so trat der seltene Fall ein, daß zu Ostern 1863 gleichzeitig drei neue Lehrer am Lyceum angestellt wurden, nämmöglich die Collaboratoren Herr Dr. Steinmetz**), Herr

---

*) Georg Heinrich Storme, geb. den 25. December 1820 zu Lüneburg, empfing seine Ausbildung im dortigen Johanneum, und von Michaelis 1843 bis Ostern 1846 im hiesigen Schullehrer-Seminar, wo er in den letzten Semestern den Gesangunterricht der Präparanden für das Fach der Volksschullehrer leitete. Nachdem er Ostern 1846 zum Lehrer der hiesigen Altstädter Bürgerschule erwählt war, fungirte er dort bis zu seiner Ostern 1856 erfolgenden Versetzung an die Vorschule des Lyceums.

**) Karl Friedr. Wilh. E. Steinmetz, Sohn des Generalsuperintendenten Steinmetz zu Clausthal, geboren zu Moringen 1835, zuerst durch Privatunterricht, dann von 1849—1853 auf dem Lyceum zu Clausthal vorgebildet, studierte von Ostern 1853—1857 zu Göttingen Philologie. Nachdem er Ostern 1857 das Staatsexamen gemacht, trat er in die zweite Abtheilung des pädagogischen Seminars zu Göttingen ein und unterrichtete 1¼ Jahr am Göttinger Gymnasium. Im Sommer 1858 wurde er vom Magistrate zu Lüneburg zu einer Lehrerstelle

Grahn*) und Herr Capelle**) als Ordinarien von Unter-Tertia, Quarta und Quinta. In das Ordinariat der Unter-Secunda, welches Herr Dr. Wiedasch abgab, um in Prima einen großen Theil des lateinischen Unterrichtes übernehmen zu können, rückte Herr Dr. Deichmann ein (aus III.ᵃ), in das dadurch erledigte der Ober-Tertia Herr Dr. Stisser (aus IIIᵇ) und während dessen Abwesenheit interimistisch Herr Dr. Guthe; das der neuen Parallel-Tertia übernahm Herr Dr. Müller (vorher IV.), während Herr Collaborator Meyer, bis dahin Ordinarius in Quinta, bei der Vielseitigkeit seiner Kenntnisse dem Lyceum durch Verwendung für verschiedenen Fachunterricht die besten Dienste leisten konnte, da durch das Hinzukommen der neuen Klasse und vorübergehend durch das interimisch von Herrn Dr. Guthe übernommene Ordinariat das Bedürfniß nach dieser Seite hin sehr gewachsen war. Herr Conrector Lehners erhielt das Prädicat als Rector, die Oberlehrer Herr Dr. Bruns und Herr Dr. Wiedasch als Conrectoren, der Collaborator Herr Dr. Müller als Oberlehrer. Somit zählte das Lehrercollegium nach Ostern 1863 folgende Mitglieder:

---

am dortigen Johanneum rocirt, und unterrichtete an der genannten Anstalt, bis er Ostern 1863 dem Rufe eines hochlöblichen Magistrates der Stadt Hannover folgte. Im Jahre 1861 promovirte er auf die als Programm des Lüneburger Johanneums erschienene Abhandlung: Ueber Herobot und Nicolaus Damascenus. Ein Beitrag zur Geschichte der Cypseliden.

*) Friedrich Grahn, Sohn des verstorb. Polizeidirectors Grahn, geb. den 4. Mai 1837 zu Hannover, besuchte das Lyceum von Ostern 1847 bis Ostern 1857, studierte in Göttingen Philologie von Ostern 1857 bis dahin 1861, und war nach bestandenem Staatsexamen von Ostern 1861 bis 1863 am Progymnasium zu Nienburg angestellt.

**) Karl Capelle, geb. zu Ilfeld am Harz den 22. Juni 1841, besuchte von Michaelis 1852 bis dahin 1858 das dortige Pädagogium und bis Michaelis 1862 die Universität Göttingen. Nachdem er in classischer Philologie, Geschichte und Deutsch sein Staatsexamen bestanden, ging er Michaelis 1862 nach Weinheim in Baden, um dort eine Lehrstelle am Bender'schen Erziehungsinstitut anzunehmen, die er dann Ostern 1863 aufgab, um an das Lyceum überzugehen.

1. Director Dr. Heinrich Ludolf Ahrens, Ordinarius in I.
2. Rector August Lehners, Ordinarius in II^a.
3. Conrector Dr. Gilges Bruns, Fachlehrer für Mathematik und Physik in den oberen Klassen.
4. Conrector Dr. Wilhelm Wiebasch, Fachlehrer für Deutsch und Lateinisch in I., Geschichte in I. II.
5. Oberlehrer Dr. Ernst Deichmann, Ordinarius in II^b.
6. Oberlehrer Dr. Hermann Guthe, Fachlehrer besonders für Geographie und Naturkunde, interimistisch Ordinarius in III^a.
7. Oberlehrer Dr. Gustav Stisser, Ordinarius in III^a., zeitweilig beurlaubt.
8. Oberlehrer Dr. Adolf Fehler, Fachlehrer für Religion, Hebräisch und neuere Sprachen in den oberen Klassen.
9. Oberlehrer Dr. Albert Müller, Ordinarius in III par.
10. Collaborator Ludwig Mejer, Fachlehrer für verschiedene Unterrichtszweige.
11. Collaborator Karl Steinmetz, Ordinarius in III^b.
12. Collaborator Friedrich Grahn, Ordinarius in IV.
13. Collaborator Karl Capelle, Ordinarius in V.
14. Lehrer Heinrich Schulze, Ordinarius in VI.
15. Kunstmaler Wilhelm Kretschmer, Zeichenlehrer.
16. Lehrer der Vorschule Georg Heinrich Storme, Gesanglehrer.
17. Lehrer der Vorschule Joh. Heinr. Hinrichs, } Hülfslehr. für Rechn.
18.   „   „   „   Heinrich Ahrbeck,   } u. Schönschreiben.
19. Candid. Ernst Heinrichs, Hülfslehrer.
20. Franz Wilhelm Metz, Turnlehrer für den mit der höheren Bürgerschule gemeinsamen Unterricht.

Aber die Personalveränderungen dieses Jahres sollten noch nicht abgeschlossen sein. Zu Michaelis folgte nämlich Herr Dr. Guthe einem ehrenvollen Rufe an die hiesige Polytechnische Schule. Da die Sache sich erst ganz am Schlusse des Semesters entschied, war eine sofortige Wiederbesetzung der erledigten Stelle nicht thunlich, und es mußte wieder ein Intermisticum eingerichtet werden. Glücklicherweise war Herr Collaborator Mejer im Stande, den specifischen Fachunterricht des ausgetretenen Lehrers zu übernehmen, für welchen die meisten Gymnasiallehrer nicht gerüstet zu sein pflegen, und so konnten durch außerordentliche Anstrengung der Collegen und unter Zuziehung des Herrn Candid. theol. Wilhelm Höpfner für den Religionsunterricht in III^a. die erledigten Lectionen in ausreichender Weise besetzt werden. Aber freilich ließen sich die Nachtheile nicht vermeiden, welche mit einem Wechsel mitten im Jahrescursus nothwendig verbunden sind, und von diesen wurde am meisten die Ober-Tertia betroffen, also derselbe Coetus, welcher im Jahre vorher in Unter-Tertia so sehr zu leiden gehabt hatte.

II. Schüler.

Die Zahl der Schüler hat während der beiden verflossenen Jahren in den einzelnen Klassen und der ganzen Anstalt folgende Bewegung erfahren:

	VI	V	IV	IIIb	III par.	IIIa	IIb	IIa	I	Summa
Bestand nach Neujahr 1862	47(4)	48(1)	47(6)	42(7)	—	36(9)	19(4)	15(6)	20(8)	274 (45)
Abgang bis Ostern	2	3	4	9	—	6	1	1	9	35
Also Rest, oder nach der Versetzung	45	45	43	33	—	30	18	14	11	239
	6	47	46	43	—	30	27	18	22	239
Zugang zu Ostern	42	1	2	5	—	10	4	—	—	64
Also Bestand n. Ostern 1862	48	48	48	48	—	40	31	18	22	303
Zugang bis Neujahr	3	3	3	3	—	—	2	—	1	15
Abgang bis dahin	2	2	2	7	—	7	5	1	2	28
Also Bestand n. Neujahr 1863	49(5)	49(4)	49(3)	44(11)	—	33(11)	28(8)	17(3)	21(5)	290 (50)
Abgang bis Ostern	—	1	2	8	—	7	5	—	7	30
Also Rest, oder nach der Versetzung	49	48	47	36	—	26	23	17	14	260
	7	48	48	26	28	27	23	22	31	260
Zugang zu Ostern	42	—	—	2	1	2	—	1	2	50
Also Bestand nach Ostern 1863	49	48	48	28	29	29	23	23	33	310
Zugang bis Neujahr	1	2	1	3	2	2	2	—	1	14
Abgang bis dahin	2	1	1	1	3	3	6	2	7	26
Also Bestand n. Neujahr 1864	48(2)	49(6)	48(3)	30(7)	28(3)	28(11)	19(5)	21(3)	27(7)	298 (47)

Die in Klammern eingeschlossenen Zahlen beziehen sich auf die auswärtigen Schüler.

Die Schülerzahl ist also in beiden Jahren nicht unerheblich gewachsen. Während nach der Errichtung der Parallel-Tertia in den Klassen oberhalb Quarta die Aufnahme neuer Schüler nicht mehr durch den Mangel an Platz behindert wird, so bleibt bei den drei untern Klassen die frühere Schwierigkeit in vollem Maße bestehen, und es können in dieselben nur ganz ausnahmsweise Schüler anders als durch Versetzung aus der niedern Klasse oder der Vorschule eintreten.

Das Durchschnittsalter der Schüler hat sich in den verschiedenen Klassen folgendermaßen herausgestellt:

	VI	V	IV	III^a	III par.^{b}	III^b	II^b	II^a	I^b	I^a
N. Neuj. 1862	10 $\frac{7}{12}$	11 $\frac{9}{12}$	12 $\frac{11}{12}$	14 $\frac{12}{12}$	—	15 $\frac{3}{12}$	16	16 $\frac{9}{12}$	18 $\frac{3}{12}$	18 $\frac{11}{12}$
N. Neuj. 1863	10 $\frac{7}{12}$	11 $\frac{9}{12}$	12 $\frac{9}{12}$	14	—	14 $\frac{11}{12}$	16 $\frac{3}{12}$	17	17 $\frac{9}{12}$	19 $\frac{3}{12}$
N. Neuj. 1864	10 $\frac{10}{12}$	11 $\frac{7}{12}$	12 $\frac{10}{12}$	14	13 $\frac{7}{12}$	15 $\frac{3}{12}$	16 $\frac{1}{12}$	17	18 $\frac{3}{12}$	18 $\frac{7}{12}$

Hinsichtlich der vom Lyceum in den beiden Jahren **abgegangenen** Schüler ist folgendes zu berichten:

1862.

Mit dem Zeugnisse der Reife für die Universitätsstudien giengen aus der Oberprima nach zweijährigem Besuche der Prima zu Ostern ab:

1. **Louis Fischer** aus Hannover, Sohn des Gastgebers (seitdem verst.), 18 Jahr alt, 9 Jahr auf dem Lyceum, um in Göttingen Medicin zu studiren.

2. **Claus von Reden** aus Münder, Sohn des Amtsrichters z. D., 17¾ Jahr alt, 4 Jahr Schüler des Lyceums, um sich in Göttingen der Jurisprudenz zu widmen.

3. **Karl Knoke** aus Landesbergen, Sohn des Predigers, 20¼ Jahr alt, 6 Jahr dem Lyceum angehörig, für das Studium der Theologie in Göttingen bestimmt.

4. **Bodo Cleeves** aus Hannover, Sohn des Geh. Registrators, 19 Jahr alt, 9 Jahr auf dem Lyceum, um in Göttingen Rechtswissenschaft zu studiren.

5. Julius Wellhausen aus Hameln, Sohn des verstorbenen Predigers, 17³/₄ Jahr alt, 3 Jahr auf der Anstalt, um sich in Göttingen der Theologie zu widmen.

6. Heino Heinemann aus Wildeshausen (Großherzogthum Oldenburg), Sohn des Kaufmanns, 18¼ Jahr alt, 2 Jahr Schüler des Lyceums, um in Berlin jüdische Theologie zu studiren.

7. Friedrich Kolbe aus Hannover, Sohn des Kammermusicus, 20½ Jahr alt, 9 Jahr auf dem Lyceum, zum Studium der Rechte in Göttingen.

8. Ernst von Bothmer aus Landesbergen, Sohn des Landraths, 20 Jahr alt, 8 Jahr Schüler des Lyceums, um sich in Heidelberg der Rechtswissenschaft zu widmen.

9. Ferdinand Willige aus Wennigsen, Sohn des Landchirurgus, 20 Jahr alt, 5 Jahr auf dem Lyceum, um in Göttingen Theologie zu studiren.

Außerdem gingen aus den oberen Klassen ab:

aus Ober=Prima zu Johannis Wilhelm Lißmann, um ins Postfach überzugehen;

aus Unter=Prima zu Michaelis nach längerer Krankheit Adolf Grote aus Springe, gleichfalls ins Postfach;

aus Ober=Secunda: (Michaelis) Ernst Höhne aus Hannover auf die polytechnische Schule;

aus Unter=Secunda: (Ostern) Karl Hoyer aus Lemförde ins Steuerfach; (Johanni) Wilhelm Graff von hier, um Apotheker zu werden; Georg Schröder von hier; (Michaelis) Paul Schulz aus Bissendorf ins Apothekerfach, August Hüser von hier auf die polytechnische Schule; (October) Bruno Graf von Sierstorpff aus Driburg auf die Klosterschule zu Roßleben.

Aus den übrigen Klassen gingen im Lauf des Jahres 44 Schüler ab, nämlich 17 ins bürgerliche Leben (9 zur Kaufmannschaft, 1 zur Apothekerei, 2 zur Oekonomie, 1 um Buchdrucker, 1 um Zahnarzt zu werden, 2 zum Seewesen, 1 zu einem Gewerbe), 6 zur Vorbereitung für den Militärstand, 1 auf ein landwirthschaftliches Institut, 16 auf andere Schulen oder in Privatunterricht, (2 auf die Bürgerschule), 1 wegen Krankheit, 3 unbestimmt.

1863.

Mit dem Zeugniß der Reife gingen folgende Schüler aus Ober-Prima ab:

A. zu Ostern nach zweijährigem Besuche der Prima:

1. Theodor Kohlrausch aus Hannover, Sohn des verstorbenen Medicinalraths, 19 Jahr alt, 9 Jahr auf dem Lyceum, zum Studium der Rechtswissenschaft.

2. Karl Reinhold, Sohn des Obergerichtssecretärs hierselbst, 18¼ Jahr alt, 9 Jahr Schüler des Lyceums, um Militär-Ingenieur zu werden.

3. Friedrich Knoke aus Landesbergen, Sohn des Predigers, 19 Jahr alt, 4 Jahr auf dem Lyceum, zum Studium der Theologie.

4. Ernst Heldberg, Sohn des verstorbenen Zollinspectors hierselbst, 18¼ Jahr alt, 9 Jahr auf dem Lyceum, um sich der Jurisprudenz zu widmen.

5. Wilhelm Polstorff, Sohn des verstorbenen Predigers zu Kirchdorf, 20 Jahr alt, 7½ Jahr auf dem Lyceum, um Theologie zu studiren.

6. Otto Schulze aus Bodenfelde, Sohn des Predigers, 19¾ Jahr alt, 6 Jahr auf dem Lyceum, zum Studium der Theologie.

7. Karl Hölting, Sohn des Bankkassierers hierselbst, 21¼ Jahr alt, 6½ Jahr Schüler des Lyceums, um Jurisprudenz zu studiren.

B. zu Michaelis.

8. Kuno Harling aus Hannover, Sohn des verstorbenen Zollraths, 18¾ Jahr alt, 4½ Jahr Schüler des Lyceums, 2½ Jahr in Prima, um Theologie und Philologie zu studiren.

9. Karl Starcke, Sohn des Regierungsrathes hierselbst, 21½ Jahr alt, 11½ Jahr auf dem Lyceum, 2½ Jahr in Prima, um sich dem Rechtsstudium zu widmen.

10. Wilhelm Schmalfuß, Sohn des Schulraths hierselbst, 19¼ Jahr alt, 9½ Jahr auf dem Lyceum, 2½ Jahr in Prima, zum Studium der Medicin bestimmt.

11. Gottfried Büsch, Sohn des Chirurgen hierselbst, 18¼ Jahr alt, 8½ Jahr Schüler des Lyceums, 1½ Jahr in Prima, um sich dem Studium der Rechte zu widmen.

12. Elard Hoffschläger, Sohn des Kaufmanns aus Honolulu (zeitweilig hierselbst), 20 Jahr alt, 6 Jahr auf dem Lyceum, 1½ Jahr in Prima, um Cameralia zu studiren.

Außerdem gingen aus den oberen Classen ab:

aus Prima: (Weihnachten) Gustav Jübell aus Hannover auf das Gymnasium zu Lüneburg.

aus Ober=Secunda: (Johannis) Friedrich v. Werlhoff aus Herzberg wegen Krankheit; (Weihnachten) Henning Oldekop aus Hannover zum Seewesen.

aus Unter=Secunda: (Ostern) Bernhard v. Gülich aus Wertheim zur Kaufmannschaft, Johannes Schemmann aus Hamburg auf das Gymnasium zu Stralsund, Hermann Böttcher aus Kirchrode unbestimmt, Leo Rautenberg aus Polle auf das Gymnasium zu Holzminden; (Johannis) Friedrich Fleck aus Lühnde auf den Rath des Directors, Kurd v. Steinberg aus Hannover, um ins Militair zu treten, Otto Harling von hier, um Kaufmann zu werden; (Michaelis) Georg Leonhard von hier auf das Gymnasium zu Lingen, Ulrich v. Blum aus Hameln auf das Gymnasium zu Lüneburg; (Weihnachten) August Durlach von hier, um Kaufmann zu werden.

Aus den übrigen Classen gingen 29 ab, und zwar 8 ins bürgerliche Leben (2 zur Apothekerei, 5 zur Kaufmannschaft, 1 zu einem technischen Fache), 1 um sich für den Militairstand vorzubereiten, 16 auf andere Schulen oder Unterrichtsanstalten, 2 unbestimmt, 1 wegen Krankheit. Ein hoffnungsvoller Knabe, Friedrich Richter, Sohn des Predigers hierselbst, wurde kurz nach seiner Aufnahme in die Sexta durch den Tod fortgerafft.

III. Schulorganismus.

Während im Laufe des Jahres 1862 die Einrichtungen des Lyceums im Wesentlichen unverändert blieben, traten zu Ostern 1863 zwei bedeutende Neuerungen ein. Zuerst wurden die beiden Abtheilungen der Prima, welche in 13 wöchentlichen Stunden (Lateinische Composition, Griechisch, Mathematik und Physik) gesondert waren, auf Verlangen der städtischen Behörde vollständig combinirt; nur für die Mathematik blieben zwei wöchentliche Selectastunden, deren Theilnehmer von den drei Klassenstunden dispensirt sind. Einigermaßen unglücklich traf es sich, daß die Schülerzahl der Gesammtprima (nach Ostern 1862: 22) gerade erheblich anwuchs, nämlich auf 33.

Ferner, da die Ueberfüllung und der Mangel an Platz in den Tertien am empfindlichsten waren, indem hier einerseits die Erfolge des schon schwierigeren Unterrichts durch die starke Schülerzahl beeinträchtigt wurden, während andrerseits der gymnasiale Unterricht dieser Classen außerhalb des Lyceums sehr schwer ersetzt werden kann, so genehmigte hochlöblicher Magistrat die Einrichtung einer Parallel=Tertia, welche in zweijährigem Curse die beiden Jahrescurse der Ober=Tertia und Unter=Tertia zusammenfassen sollte, wie kleinere Gymnasien überall nur eine einzige zweijährige Tertia haben. Nur für das Griechische, das in Tertia erst begonnen wird, erschien die Sonderung in zwei Jahres=Coetus unentbehrlich. Da nun die einjährigen und die zweijährigen Klassencurse beiderseits ihre eigenthümlichen Vortheile haben, wird sich bei dem Lyceum nunmehr die seltene Gelegenheit finden, beide Einrichtungen ganz unmittelbar mit einander vergleichen zu können. Freilich wird das Urtheil sich nicht durch eine kurze Erfahrung bestimmen lassen dürfen, da die Resultate außer der Einrichtung des Unterrichts auf der Eigenthümlichkeit der Lehrer und den oft sehr verschiedenen Eigenschaften der jedesmaligen Schüler=Coetus beruhen.

In dem Schuljahre von Ostern 1863 erschien zunächst die Einrichtung der Parallel=Tertia nur hinsichtlich ihres untern der Unter=Tertia entsprechenden Coetus geboten. Mit dem bevorstehenden Schuljahre wird sie ihren vollen Umfang erhalten.

Der Lehrplan dieser Classe muß im Wesentlichen alles umfassen, was zum Bereiche der Unter-Tertia und Ober-Tertia gehört, kann aber nicht ganz denselben Gang einhalten, weil sonst der in jedem zweiten Jahre eintretende Coetus seinen Unterricht in verkehrter Reihenfolge erhalten würde, nämlich zuerst den höheren der Ober-Tertia zukommenden Theil und dann den niedern der Unter-Tertia. Das Nähere über die getroffene Einrichtung soll, um erst noch Erfahrungen einsammeln zu können, einer spätern Mittheilung vorbehalten bleiben.

Noch soll hier bemerkt werden, daß die wöchentlichen Schulandachten nicht beibehalten werden konnten, nachdem die Schülerzahl so gewachsen war, daß der dafür benutzte Zeichensaal nicht mehr den ganzen Coetus fassen konnte. Seit Ostern 1863 wird deshalb nur der Beginn des Unterrichts nach den vier Hauptferien durch eine etwas längere Schulandacht in der Aula geweiht.

IV. Schulfeiern.

Die seit alter Zeit am Lyceum übliche Schulfeier am Geburtstage des Königs, welche seit 1854 zwischen dem Lyceum und der höhern Bürgerschule Jahr um Jahr wechselte, hat leider eingestellt werden müssen, weil sie mit der angeordneten kirchlichen Feier sich nicht vereinigen ließ. Der Schulact der Abiturientenentlassung, zu Ostern 1862 in gewohnter Weise gehalten, fiel zu Ostern 1863 aus besondern Gründen aus, wie auch im Winter vorher wegen des Wechsels im Gesangunterricht das herkömmliche Schülerconcert ausgesetzt war. Desto mehr Festlichkeiten brachte die nachfolgende Zeit. Zunächst ward in ähnlicher Weise wie 1861 der Jahrestag der Schlacht bei Waterloo durch ein Schülerfest auf dem Thiergarten gefeiert, welches dieses Mal, da die Angehörigen der Schüler sich zahlreich betheiligt hatten, mit Tanz beschlossen wurde. Am 26. August wurde der Erinnerung an Theodor Körner's vor fünfzig Jahren erfolgten Heldentod eine Schulfeier gewidmet, welche außer einer Festrede des Ober-Primaners Franz Adickes musikalischen und deklamatorischen Vortrag besonders charakteristischer Poesien von Körner umfaßte. Der Erinnerungsfeier der vor fünfzig Jahren gelieferten Leipziger Völkerschlacht wurde vom Lyceum eine Schulfeier gewidmet, bei welcher Herr Collaborator Grahn die Festrede hielt. Außerdem betheiligten sich die Schüler der obern und mittleren Klassen theils als Mitglieder des Schülerturnvereins theils klassenweise an dem großartigen Festzuge nach dem Lindener Berge und zurück.

Das Schülerconcert hat in diesem Winter unter sehr starker Betheiligung des Publicums zum Besten Schleswig-Holsteins stattgefunden.

Oeffentliche Prüfung
der mittleren und unteren Klassen des Lyceums
den 21. und 22. März
in dem Schulsaale.

Montag, Anf. 8 Uhr Vorm.
Choralgesang.

Quarta.

8 Uhr 15 Min.	Lateinisch.	Collaborator Grahn.
8 „ 50 „	Geographie.	Collaborator Mejer.
9 „ 10 „	Geschichte.	Collaborator Grahn.

Declamation.

Quinta.

9 Uhr 30 Min.	Lateinisch.	Collaborator Capelle.
10 „ 10 „	Rechnen.	Lehrer Schulze.
10 „ 30 „	Geschichte.	Collaborator Capelle.

Declamation.

Serta.

10 Uhr 50 Min.	Lateinisch.	Lehrer Schulze.
11 „ 30 „	Naturgeschichte.	Collaborator Mejer.
11 „ 50 „	Deutsch.	Lehrer Schulze.

Declamation.

Dinstag, Anf. 8 Uhr. Vorm.

Unter=Tertia.

8 Uhr 10 Min.	Religion.	Collaborator Dr. Steinmetz.
8 „ 30 „	Französisch.	Collaborator Mejer.
8 „ 50 „	Lateinisch.	Collaborator Dr. Steinmetz.

Declamation.

Ober=Tertia.

9 Uhr 25 Min.	Ovid.	Oberlehrer Dr. Deichmann.
10 „ 5 „	Mathematik.	Oberlehrer Dr. Bruns.
10 „ 25 „	Geographie.	Collaborator Mejer.

Declamation.

Parallel=Tertia.

10 Uhr 45 Min.	Lateinisch.	Oberlehrer Dr. Müller.
11 „ 25 „	Geschichte.	Collaborator Capelle.
11 „ 45 „	Griechisch.	Oberlehrer Dr. Müller.

Declamation.

Die Hefte und Zeichnungen der Schüler werden ausliegen und die Mappencensuren den Angehörigen der Schüler auf Verlangen zur Einsicht ausgehändigt werden.

www.ingramcontent.com/pod-product-compliance
Lightning Source LLC
Chambersburg PA
CBHW032153160426
43197CB00008B/899